Katrin Kraus

Lebenslanges Lernen – Karriere einer Leitidee

Herausgebende Institution

Deutsches Institut für Erwachsenenbildung

Das Deutsche Institut für Erwachsenenbildung ist eine Einrichtung der Wissenschaftsgemeinschaft Gottfried Wilhelm Leibniz (WGL) und wird von Bund und Ländern gemeinsam gefördert. Als wissenschaftliches Institut erbringt es Dienstleistungen für Forschung und Praxis der Weiterbildung. Das Institut wird getragen von 18 Einrichtungen und Organisationen aus Wissenschaft und Praxis der Erwachsenenbildung, die Mitglieder im eingetragenen Verein „DIE" sind.

Die Deutsche Bibliothek – CIP-Einheitsaufnahme

Kraus, Katrin:
Lebenslanges Lernen – Karriere einer Leitidee / Katrin Kraus. Hrsg.: DIE, Deutsches Institut für Erwachsenenbildung. – Bielefeld : Bertelsmann, 2001
 ISBN 3-7639-1827-2

Verlag:
W. Bertelsmann Verlag GmbH & Co. KG
Postfach 10 06 33
33506 Bielefeld
Telefon: (0521) 9 11 01-11
Telefax: (0521) 9 11 01-19

Bestell-Nr.: 81/0080

Inhalt

Vorbemerkungen

„Lebenslanges Lernen" ist heute in aller Munde, zumindest im Munde aller derjenigen, die sich intensiver mit aktuellen und perspektivischen bildungspolitischen Konzepten beschäftigen. Aber weder das Konzept noch der Begriff „Lebenslanges Lernen" sind neu.

Die vorliegende Arbeit von Katrin Kraus geht zurück zu dem Zeitpunkt, an dem erstmals in bildungspolitischem Kontext der Begriff „Lebenslanges Lernen" auftauchte. Es war in den späten sechziger, frühen siebziger Jahren des vorigen Jahrhunderts, Zeiten, in denen erstmals systematisch Krisen des ökonomischen Systems mit Strukturen des Bildungswesens verbunden wurden und Georg Picht den deutschen „Bildungsnotstand" anprangerte. „Lebenslanges Lernen", so schön diese metaphorische Alliteration im Deutschen auch klingen mag, ist jedoch nicht im deutschen Diskussionszusammenhang als Konzept entstanden. Es ist ein primär angelsächsisches, mit anderen Akzenten auch französisches Konzept. „Lifelong Learning" (auch hier eine Alliteration) und „Education permanente" sind die Konzepte, die um diese Zeit formuliert und diskutiert wurden.

Auf europäischer Ebene war es vor allem der Europarat, der sich frühzeitig in dieser Richtung artikulierte, auf interkontinentaler Ebene vor allem die UNESCO, die entsprechende Papiere verabschiedete. Die Akteure haben sich heute gewandelt; in Europa ist es die Europäische Union selbst, die seitdem ein höheres Maß von Staatlichkeit erhalten hat, interkontinental ist es vor allem die OECD, der Zusammenschluss wirtschaftlich entwickelter Staaten.

Die vorliegende Arbeit nähert sich den Konzepten, beschreibt sie, analysiert sie nach argumentativen und pädagogischen Kriterien. Sie bestätigt, was die Konzepte auch selbst behaupten: Zwischen den Lifelong-Learning-Ansätzen der frühen siebziger Jahre und denjenigen, die heute in der Europäischen Union und in der OECD diskutiert werden, bestehen große Unterschiede. Sie betreffen sowohl Begründung und Ausgangssituation als auch pädagogische Konzeptionierung. Insbesondere der heutige Akzent auf dem Lernen lässt sich in den früheren Konzepten nicht finden. Sie waren stärker auf Institutionen, curriculare Strukturen orientiert und gingen von einer Gestaltung des Angebots an lebenslanger Lehre aus. Folgerichtig hießen auch die ersten angelsächsischen Konzepte „Lifelong Education", der Lernbegriff substituierte den Erziehungsbegriff erst zu einem späteren Zeitpunkt.

Aber auch die Beziehung der Konzepte des lebenslangen Lernens zur ökonomischen Prosperität und zur Entwicklung der Gesellschaft wird heute anders gesehen als früher. Die unmittelbare Bedeutung des Lernens als Faktor der wirtschaftlichen und gesellschaftlichen Entwicklung wird klarer herausgestellt, soziale und politische Konsequenzen des Lernens werden direkter benannt. Einig sind sich die konzeptionellen Ansätze insbesondere darin, dass lebenslanges Lernen eine Folge und eine Antwort auf, den ökonomischen und gesellschaftlichen Wandel ist, der in weiterem Maße das Lernen der Menschen erfordert.

So verdienstvoll bereits der Vergleich der früheren und der heutigen Konzepte, die detaillierte und stringente Analyse der Ansätze des lebenslangen Lernens sind, so hilfreich für das Verständnis ist auch der Blick der Autorin auf die Rezeption der Konzepte im nationalen Diskurs. Katrin Kraus stellt fest, dass in den exemplarisch untersuchten deutschen erziehungswissenschaftlichen Zeitschriften der internationale Diskurs zum lebenslangen Lernen insgesamt kaum stattfindet. Dies gilt insbesondere für den Bereich der Schule, die in diesen Konzepten eine wesentliche Rolle spielen sollte. Im Kontext von Berufs- und Wirtschaftspädagogik sowie von Erwachsenen- und Weiterbildung ist die Rezeption der Konzepte zwar ebenfalls nicht überwältigend, aber doch intensiver als im Schulbereich. Bestätigt wird damit zumindest zweierlei: zum einen, dass Konzepte des lebenslangen Lernens nach wie vor am intensivsten verbunden sind mit dem Bereich der Erwachsenen- und Weiterbildung, gelegentlich sogar so weit, dass sie miteinander synonym gesetzt werden; der Bereich von Schule und Hochschule bleibt demgegenüber relativ unbeeindruckt und tendiert dazu, in einer sich selbst genügenden Isolation von gesellschaftlichen Wandlungsprozessen zu verharren. Zum zweiten aber bestätigt sich, dass es nach wie vor eine erhebliche Diskrepanz zwischen internationalen Diskursen und nationaler Diskussion gibt. Die Feststellung, dass in der deutschen erziehungswissenschaftlichen Diskussion internationale Themen nur wenig Niederschlag finden, zeigt sich auch und gerade am Thema „Lebenslanges Lernen". Auch wenn gegenwärtig der Begriff und das Konzept zum Gegenstand erziehungswissenschaftlicher und bildungspolitischer Diskussion in Deutschland geworden sind, ist doch nach wie vor die Beziehung zwischen deutscher und internationaler Argumentation nicht sehr direkt.

Ein Übriges lässt sich nur vermuten: Dass die Konzepte zum lebenslangen Lernen generell bislang keinen Eingang in nationale Realitäten fanden, mag daran liegen, dass es sich um international formulierte Konzepte handelt.. Es mag auch daran liegen, dass so übergreifende Konzepte wie das des „Lebenslangen Lernens", sollen sie realisiert werden, vor kaum überwindlichen strukturellen Barrieren der Institutionen, Organisationen, Zuständigkeiten und Traditionen stehen.

Das Deutsche Institut für Erwachsenenbildung (DIE) hat bereits in den frühen siebziger Jahren dazu beigetragen, die internationale mit der nationalen Diskussion zu verbinden. Es ist Aufgabe des Instituts, einen solchen Bezug herzustellen und in beide Richtungen hin fruchtbar zu machen. Darüber hinaus ist es Aufgabe des DIE, Modethemen in den Zusammenhang einzuordnen, in dem sie verstanden und zugleich relativiert werden können. Die vorliegende Publikation leistet dies exemplarisch mit der kritischen Analyse der früheren und heutigen Konzepte des lebenslangen Lernens, die Entwicklungen erkennbar macht und Ansätze einordnet. Dass darüber hinaus das Buch als Kompendium konzeptioneller Ansätze zum lebenslangen Lernen betrachtet und benutzt werden kann, fügt sich nahtlos in die Dienstleistungsaufgaben des Instituts für die Weiterentwicklung von Praxis und Wissenschaft der Erwachsenenbildung ein.

Ekkehard Nuissl

Einleitung

Im Jahr 2000 erschien erneut ein bildungspolitisches Dokument zum lebenslangen Lernen: das „Memorandum über Lebenslanges Lernen" der EU-Kommission, in dem sie „zunächst begründet, warum die Implementierung lebenslangen Lernens notwendig ist". Als „Antwort auf diese Herausforderungen" verkündet sie dann in Kapitel vier „sechs Grundbotschaften als strukturierender Rahmen für eine offene Diskussion über die praktische Umsetzung lebenslangen Lernens" (alle Zitat S. 4). Dieses neueste Dokument mit seinen Gestaltungsideen zum lebenslangen Lernen hatte schon viele Vorläufer, deren Anteile an der Entwicklung der internationalen und nationalen Diskurse um lebenslanges Lernen aber heute oftmals in Vergessenheit geraten sind. Bereits in den 1970er Jahre hatte das lebenslange Lernen in der internationalen Diskussion Hochkonjunktur, damals firmierte es allerdings eher unter Etiketten wie „Recurrent Education" oder „Education permanente". Das Aufkommen dieser bildungspolitischen Konzepte zum lebenslangen Lernen war eng verknüpft mit den internationalen Bildungsreformdebatten seit den ausgehenden 1960er bzw. 1970er Jahren, die unter anderem von der in dieser in dieser Zeit konstatierten „Welt-Bildungskrise"[1] beeinflusst waren. Das Bildungssystem wurde kritisiert, es schien den Anforderungen der Zeit nicht mehr gewachsen. Vor diesem Hintergrund stellen die Ansätze in den 1970er Jahren Versuche dar, nicht durch einen Ausbau des bestehenden Systems, sondern durch dessen völlige Umstrukturierung zur Behebung dieser Krise beizutragen.[2] Das Echo dieser frühen Konzepte war allerdings in der Bundesrepublik kaum zu vernehmen. Erst das auf der internationalen Bühne in den 1990er Jahren wieder neu erwachte rege Interesse verschiedener Organisationen hat auch die deutsche bildungspolitische Landschaft bewegt und beispielsweise das Bundesministerium für Bildung und Forschung dazu veranlasst, eine offizielle Publikation zu diesem Thema in Auftrag zu geben (vgl. BMBF 1996). Das „lebenslange Lernen" ist in der europäischen Bildungspolitik spätestens seit dem „Europäischen Jahr des lebensbegleitenden Lernens", das 1996 von der Europäischen Kommission ausgerufen wurde, in aller Munde.[3]

Die Auseinandersetzungen um das lebenslange Lernen blieben aber nicht auf den Bereich der Bildungspolitik beschränkt, auch in der wissenschaftlichen Diskussion wurden die Impulse der bildungspolitischen Debatte aufgenommen. Inwieweit und wie die bildungspolitischen Entwürfe zum lebenslangen Lernen in die wissenschaftlichen Debatten in Deutschland integriert wurden, ist daher eine zentrale Fragestellung des vorliegenden Buches. Fungiert die Bildungspolitik als Stichwortgeber, als Legitimationsinstanz oder werden auch inhaltliche Aspekte der bildungspolitischen Konzepte in der erziehungswissenschaftlichen Diskussion aufgegriffen und diskutiert?

Dieses Buches geht aber auch auf den spezifischen Beitrag unterschiedlicher Akteure in der internationalen Bildungspolitik zum Gesamtdiskurs um lebenslanges Lernen ein. Das breite Spektrum der unterschiedlichsten Organisationen und Institutionen, die sich das lebenslange Lernen als Konzept im Bildungsbereich auf ihre Fahnen geschrieben haben, bietet Anlass genug, die einzelnen Konzepte näher zu betrachten. Über die unterschiedlichen Akzente der einzelnen Beiträge hinaus geht es aber auch darum, zu zeigen, was die verschiedenen Ansätze gemeinsam haben und warum es folglich gerechtfertigt ist, von *einem* Konzept „Lebenslanges Lernen" zu sprechen, auch wenn es unterschiedliche Varianten gibt. Angesichts der kontinuierlichen Verwendung des Begriffs, der nun schon seit dreißig Jahren für bildungspolitische Reformkonzepte steht, stellt sich die Frage, welche Verbindung es über das gemeinsamen Schlagwort hinaus zwischen den Konzepten der 1970er und der 1990er Jahre gibt. Es gilt also, dem Phänomen der Integrationskraft des lebenslangen Lernens für die unterschiedlichen Zeiträume, Interessen und gesellschaftlichen Handlungsfelder auf die Spur zu kommen.[4]

Zum Begriff „Lebenslanges Lernen"

In den „Pädagogischen Grundbegriffen" (Lenzen 1997) findet sich in der Liste der verwandten Einträge beim Stichwort „Lernen" auch der Hinweis auf „Lebenslanges Lernen". Die Angabe verweist jedoch nicht auf einen eigenständigen Artikel zu diesem Thema, sondern legt nahe, unter dem Eintrag „Erwachsenenbildung" nachzuschlagen. Dieser Verweiszusammenhang deutet auf die allgemeine Tendenz hin, lebenslanges Lernen als Synonym für Erwachsenenbildung zu gebrauchen. In diesem Zusammenhang resümiert Sutton etwas sarkastisch, dass das Konzept, das in der 1970er Jahren mit dem Anspruch einer revolutionären Veränderung der Bildungssysteme angetreten war, inzwischen zu einer Art Oberbegriff für Erwachsenenbildung geworden sei (vgl. Sutton 1996, S. 30). Mit dieser Ineinssetzung von Erwachsenenbildung und lebenslangem Lernen geht allerdings auch der Blick für die spezifische Qualität dieses Ansatzes verloren, der eigentlich nicht auf den Bereich der Erwachsenenbildung beschränkt, sondern als umfassender Ansatz auf Lernprozesse während des gesamten Lebens ausgerichtet ist.

Im Rahmen dieses Buches wird „Lebenslanges Lernen" als Oberbegriff für all diejenigen Konzepte verwendet, die explizit und in ihrem Kern die Unmöglichkeit bzw. Unangemessenheit eines Endpunktes der Lernbemühungen jedes einzelnen Menschen benennen.[5] Sie gehen sozusagen von der Notwendigkeit aus, Lernen im menschlichen Lebenslauf als „open end"-Veranstaltung zu verstehen. Dieser „kleinste gemeinsame Nenner" wird auch von Sutton für den Begriff „lifelong education" herausgestellt: „The most fundamental aspect of the lifelong education approach is the realisation that each educational experience is one of a lifelong sequence of learning events" (Sutton 1996, S. 30).[6] Neben der Ausdehnung der Lernanforderung auf die gesamte Lebensdauer der einzelnen Menschen verbindet die Konzepte aber auch ein gemeinsames Anliegen in Bezug auf die institutionelle Verfasstheit des Bildungswesens: Es geht nicht in erster Linie darum, der bestehenden Bildungslandschaft einen weiteren Bereich (Erwachsenenbildung) hinzuzufügen, sondern vielmehr um eine Umstrukturierung, Neukonzeption und Erweiterung des bisherigen Bildungswesens für alle Phasen des Lebens. Die Ansätze des lebenslangen Lernens zielen also mit der Ausdehnung der gesellschaftlich-normalen Lernzeit über das ganze Leben sowohl auf eine subjektiv-biographische als auch auf eine politisch-institutionelle Veränderung.

Der Ausdruck „Lebenslanges Lernen" besitzt metaphorischen Charakter, worauf beispielsweise de Haan in seiner Auseinandersetzung mit Metaphern im pädagogischen Denken hinweist. Innerhalb des Begriffspaares „Lebenslanges Lernen" sei nicht Lernen die Metapher, denn das ließe sich „begrifflich, wie auch immer divergent, durchaus markieren und zur Anschauung bringen. Die Metapher ist ‚lebenslang'" (de Haan 1993, S. 367). Er stuft diesen Ausdruck im Anschluss an Hans Blumenberg als „absolute Metapher" und „uneigentliche Rede" ein und begründet dies zunächst mit der Kopplung der Zeit- und Raumdimension im Wort „lebenslang". Die Verschränkung von Raum- und Zeitkategorien liege zunächst daran, dass wir keine konkrete Vorstellung von der Dimension Zeit allein bekommen können. Aus diesem Grund sei es generell notwendig, die Dimension des Raumes in Aussagen über die Zeit mit einzubeziehen. Dies gilt für alle Ausdrücke, die einen Zeitraum, eine Zeitspanne – auch in dieser Kategorisierung findet sich die Verknüpfung von Zeit und Raum – benennen. „Aber Raum und Zeit sind von gänzlich anderer Qualität, und so müßte die Analogiebildung – die zu uneigentlicher Rede führt – sich eigentlich verbieten" (ebd.). Könnte man nun aber aus der Erkenntnis heraus, dass die Kopplung von Raum- und Zeitkategorien unerlässlich ist, um die Zeitdimension deutlich zu machen, diese Kopplung für „lebenslang" noch als notwendig hinnehmen, so bringt doch die Verwendung des Ausdrucks „Leben" neue Schwierigkeiten mit sich. Denn „die Frage, was das Leben sei, ist ebensowenig zur Anschauung zu bringen: Es umfaßt die Totalität des individuellen Daseins, der gegenüber jeglicher Versuch, sie anschaulich zu machen, nur auf Situationen, Stimmungen, Entwicklungen, offen artikulierte oder hintergründige Sinnvorstellungen verweisen kann, wo nach dem Ganzen gefragt wird" (ebd.). Die Authentizität, die der Begriff Leben gemäß der Logik „Wir leben doch alle, also wissen wir auch, was Leben ist" vermittelt, erweist sich so als Trugbild. Hinter der Evidenz der Formel vom Lebenslangen Lernen verbirgt sich vielmehr die Unmöglichkeit, den Inhalt tatsächlich zu erfassen. „Man sieht, der Terminus ‚lebenslanges Lernen' geht über den Bereich des auch nur irgendwie theoretisch Sichtbaren weit hinaus und hat doch gleichzeitig orientierende Funktion für die ganze pädagogische Disziplin erlangt – mit der Suggestion von Sicherheit, die gar nicht gewonnen werden kann" (ebd.).

Dieser Aspekt ist das eigentlich Problematische an der Metapher „Lebenslanges Lernen", denn er hat in der Erwachsenenbildung eine „prominente Stellung" (Kade/Seiter 1996, S. 15) erlangt, ohne dass es möglich ist, ihn anschaulich zu machen, d. h. seinen Sinn in Erfahrung zu übersetzen. Durch diese immanente Diskrepanz des Begriffspaares und seine vordergründige Eindeutigkeit schafft es die Illusion der begrifflichen Klarheit, ohne diese tatsächlich einzulösen – vielmehr wird sogar durch den scheinbar klaren Ausdruck eine intensivere Auseinandersetzung um Begriffe zunächst verstellt. So wird Sicherheit, Klarheit und Orientierung vermittelt in einem Feld, das diese eigentlich gar nicht bereit hält. Die Funktion von sprachlichen Termini wie lebenslanges Lernen „liegt gerade darin, Sicherheit zu schaffen, Erwartungen zu regulieren und Handlungen auszudrücken, also Bedürfnissen der Orientierung zu genügen, die sich begrifflich nicht gewinnen lassen" (de Haan 1993, S. 368). Dieser Zusammenhang zwischen Sprachstruktur und Orientierungsfunktion ist sowohl über den sprachlichen als auch über den erziehungswissenschaftlichen Bereich hinaus bedeutungsvoll und verweist auf den Gebrauch dieses Ausdrucks im politischen Kontext. Die Rede vom lebenslangen Lernen hat gerade auch in (bildungs-)politischen Diskussionen einen hohen Verbreitungsgrad erreicht, verbunden mit dem impliziten Versprechen, durch lebenslanges Lernen den Risiken der Moderne im individuellen Leben begegnen zu können und so eine Strategie zum Umgang mit Unsicherheiten zu haben. Ulrich Beck deklariert den Umgang mit Unsicherheit sogar als „eine biographische und politische Schlüsselqualifikation" (Beck 1986, S. 101) und weist dieser Fähigkeit damit eine zentrale Stellung im Leben der Menschen in der Moderne zu. Er schreibt hierzu: „Wesentliches Gewicht gewinnt hier die *Fähigkeit, Gefahren zu antizipieren, zu ertragen, mit ihnen biographisch und politisch umzugehen.* [...] Wie können wir die Angst bewältigen, wenn wir die Ursachen der Angst nicht bewältigen können? [...] Traditionale und institutionelle Formen der Angst- und Unsicherheitsbewältigung in Familie, Ehe, Geschlechtsrollen, Klassenbewußtsein und darauf bezogenen politischen Parteien und Institutionen verlieren an Bedeutung. Im gleichen Maße wird deren Bewältigung den Subjekten abverlangt. [...] In der Risikogesellschaft werden derart der Umgang mit Angst und Unsicherheit biographisch und politisch zu einer *zivilisatorischen Schlüsselqualifikation* und die Ausbildung der damit angesprochenen Fähigkeiten zu einem wesentlichen Auftrag pädagogischer Institutionen" (ebd., S.102, Hervorhebungen im Original). Lebenslanges Lernen erscheint am Horizont der hier von Beck skizzierten gesellschaftlichen und vor allem auch individuellen Anforderungen als eine mögliche Strategie der Bewältigung und des Umgangs mit Unsicherheit, deren Ursachen nicht beeinflusst werden können. Sie passt sich auch bruchlos in das beschriebene Szenario individueller Verantwortung ein, da das Lernen selbst schon auf das einzelne Individuum verweist. Gerade in Hinblick auf die hier formulierte notwendige Schlüsselkompetenz des Umgangs mit Angst und Unsicherheit erhält die oben dargestellte Funktion des metaphorischen Ausdrucks „lebenslanges Lernen", Sicherheit zu vermitteln und Orientierung zu geben, eine besondere Bedeutung. Schon seine sprachliche Struktur deutet auf die Orientierungsfunktion hin, die im Lichte der gesellschaftlichen Entwicklungen zum Versprechen individueller Bewältigung von Unsicherheit und Risiko wird. Lebenslanges Lernen wird so zum „Allheilmittel" für die Risikolagen der gesamtgesellschaftlichen Situation stilisiert, das zwar kollektiv verordnet, aber von jedem Einzelnen zur Anwendung zu bringen ist. Diese umfassende Funktionalisierung des lebenslangen Lernens führt zu einer Überhöhung der Erwartungen an das Konzept, die nicht einzulösen sind.

Lebenslanges Lernen und Erwachsenenbildung

Betrachtet man den Stand der erziehungswissenschaftlichen Diskussion um das lebenslange Lernen in Deutschland, so hat man den Eindruck, dass sich außer der Erwachsenenbildung kaum eine andere Teildisziplin dieses Themas angenommen hat. Offensichtlich gibt es eine besondere Affinität dieses Konzeptes zur andragogischen Perspektive auf das Lernen, obwohl dies in den ursprünglichen Konzepten keineswegs vorgesehen ist, sie verfolgen vielmehr eine umfassende Umgestaltung. Diesen umfassenden Anspruch der Konzepte betont beispielsweise auch Stephen Brookfield in der „International Encyclopedia of Adult Education and Training": „Conceiving learning and education as lifelong processes removes from schools the impossible necessity of equipping children for all the personal, economic, and political vicissitudes of life in a rapidly changing world. Instead, schools became the setting in which the foundational skills of communication, critical thought, calculation, and cultural understanding are learned. General education, forms of specific inquiry and training for employment become the concern of colleges, universities, technical institutes, and companies. [...] Within the workplace this requires a fundamental reconceptualization of what constitutes labour" (Brookfield 1996, S. 894). In dieser Beschreibung des Ansatzes wird deutlich, dass es um den ganzen Lebenslauf und eine Umstrukturierung der gesamten Lernorganisation geht. Der Ansatz des lebenslangen Lernens sieht also nicht nur vor, dass neben dem bestehenden System von Schule, Ausbildung und Beruf auch Institutionen der Erwachsenenbildung etabliert werden, sondern er beinhaltet vielmehr eine Umgestaltung des gesamten Systems.

Dennoch gibt es auch Gründe für die Konzentration der Diskussion um lebenslanges Lernen in der Erwachsenenbildung. So weist beispielsweise Nuissl darauf hin, dass „die Gründe für die Weiterbildungsbedürfnisse der Menschen und die Art und Weise, wie diese in Angeboten und Einrichtungen befriedigt werden, [...] aufs Engste mit der ökonomischen, sozialen und politischen Bewegung einer Gesellschaft" (Nuissl von Rein 1997, S. 244) verbunden sind. Da Bildungspolitik – und bei den Konzepten zum lebenslangen Lernen handelt es sich um bildungspolitische Entwürfe – ein Teil der Politik ist, die insgesamt versucht, die gesellschaftlichen Entwicklungen zu gestalten, verwundert die Affinität der bildungspolitischen Konzepte zur Erwachsenenbildung wenig. Denn sowohl (Bildungs-)Politik als auch die Teilnahme von Erwachsenen an Bildungsveranstaltungen sind bestimmt von der Auseinandersetzung mit den aktuellen politischen, sozialen und ökonomischen Rahmenbedingungen und Erfordernissen. „Dieses Bewegen in systemischen Überschneidungsbereichen charakterisiert unseren Bildungsbereich vielleicht am deutlichsten gegenüber anderen, da die Erwachsenenbildung unmittelbar mit dem gesellschaftlichen Wandel konfrontiert wird und von daher auch ihre Legitimation als öffentliche Veranstaltung erfährt" (Brödel 1997b, S. 15). Die wichtigsten „Einfallstore" aktueller gesellschaftlicher Entwicklungen in der Erwachsenenbildung sind die in der Regel freiwillige Teilnahme und die plurale Struktur dieses Bildungsbereichs, die ihn fundamental von allen schulischen Formen des Lernens unterscheiden. Aufgrund von Schulpflicht und entsprechendem bürokratischem Apparat weist der schulische Bereich eine wesentlich größere Beharrungstendenz auf.

Die Affinität zwischen der Erwachsenenbildung und dem Konzept „Lebenslanges Lernen" erklärt sich aber auch daraus, dass Lernen als Notwendigkeit in der „Vor-Erwachsenenphase" eine soziale und biographische Selbstverständlichkeit ist, die sich alltäglich und augenscheinlich vollzieht und in der Schule ihren festen, institutionalisierten Ort hat. Die Lernaufforderung an sich stellt für diese Phase des Lebens also nichts Spektakuläres dar, im Gegensatz zur Erwachsenenbildung, die in der Bundesrepublik erst in den 1970er Jahren einen festen Platz im öffentlichen Bildungssystem zugewiesen bekam. Diese Neuheit der selbstverständlichen Lernanforderung im Erwachsenenalter trifft zwar nicht für die Faktizität des Lernens zu – denn leben ohne zu lernen ist nicht vorstellbar –, sie betrifft aber doch bildungspolitische Gesamtkonzepte und (öffentlich finanzierte) Institutionen. Dieser Unterschied lässt sich beispielsweise an der Etablierung der Erwachsenenbildung als vierte Säule des Bildungswesens in der Bundesrepublik in den 1970er Jahren sehen. Die schulisch verfassten Lernformen, die sich auf die Jugend- und Kinderzeit beziehen, waren zu diesem Zeitpunkt schon längst als tragende Säulen im Bildungssystem verankert. Nicht zuletzt wird mit der aktuellen Diskussion um lebenslanges Lernen – trotz ihres zum Teil institutionenkritischen Ansatzes – sicherlich auch ein neuer Schub für eine verbesserte Absicherung der Erwachsenenbildung in der Bildungslandschaft und den öffentlichen Haushalten erhofft.

Diese Aspekte des Verhältnisses zwischen lebenslangem Lernen als Konzept und der Erwachsenenbildung als Theorie- und Praxisfeld verdeutlichen zum einen, aus welchen Gründen die Rezeption des Konzeptes vorwiegend im Bereich der Erwachsenenbildung erfolgt ist, und legen auch nahe, dass die Rezeption für die „Vor-Erwachsenen-Phase" inhaltlich andere Aspekte aufgreifen müsste als die Rezeption für den Bereich Erwachsenenbildung. Bemerkenswert bleibt aber dennoch, dass das umfassende Konzept der Veränderung der Lernprozesse und ihrer Organisation zwar eine rege Diskussion über Erwachsenenbildung angeregt hat und dort auch im Zusammenhang mit innovativen Entwicklungen, z. B. mit der Modularisierung, steht, sein „revolutionäres Potential" – wie Sutton es nennt – aber keine Bewegung in Richtung einer neuen, breiten Schulkritikdebatte angeregt hat. Das Konzept scheint also in besonderer Weise mit der Situation, den Bedingungen und Anforderungen der Erwachsenenbildung kompatibel zu sein, so dass dort – von einzelnen kritischen Stimmen einmal abgesehen (vgl. z. B. Dauber/Verne 1976; Geißler 1997, 1998) – eine breite und überwiegend positive Rezeption und Identifikation stattgefunden hat, während seine Appelle in anderen Bereichen eher im Sande verlaufen sind.

Zum Aufbau des Buches

Form und Ausmaß, mit denen die bildungspolitischen Konzepte zum lebenslangen Lernen die Fachdiskussion in Deutschland beeinflusst haben, d. h. die Frage nach Quantität und Qualität des Einflusses der internationalen bildungspolitischen Diskussionen auf den nationalen wissenschaftlichen Diskurs, stehen im Mittelpunkt des ersten Kapitels. Dieser Frage wird anhand der Rekonstruktion der Diskussionen in einschlägigen Fachzeitschriften von den 1970er Jahren bis Ende der 1990er Jahre nachgegangen. Dieser rekonstruktive Zugriff mittels der Beiträge in Fachzeitschriften wurde gewählt, weil wissenschaftliche Zeitschriften *die* Foren sind, in denen sich aktuelle Auseinandersetzungen in den Disziplinen in schriftlicher Form niederschlagen, und so auch noch zeitlich versetzt Rekonstruktionen und Analysen ermöglichen. Die Auswahl der Zeitschriften wurde so getroffen, dass jede exemplarisch für einen bestimmten Bereich der Erziehungswissenschaft steht: *Zeitschrift für Pädagogik* (Allgemeine Pädagogik), *Zeitschrift für Berufs- und Wirtschaftspädagogik* (Wirtschaftspädagogik), *Die deutsche Schule* (Schulpädagogik) und *Hessische Blättern für Volksbildung* (Erwachsenenbildung).[7]

In den Kapiteln 2 und 3 werden bildungspolitische Dokumente zum lebenslangen Lernen analysiert, die seit Beginn der 1970er Jahre von verschiedenen internationalen Organisationen publiziert wurden. Auf europäischer Ebene werden die Konzepte des Council for Cultural Cooperation (CCC) des Europarates und der Europäischen Union (EU) zum lebenslangen Lernen betrachtet. Der Europarat gilt als Organisation, die in erster Linie der Wahrung der Menschenrechte verpflichtet ist und deren Aktivitäten schwerpunktmäßig in den Bereichen Kultur, Wissenschaft und Soziales liegen. Die Europäische Union hingegen ist aus einem primär ökonomisch bestimmten Einigungsprozess in Europa hervorgegangen. Obwohl sie keine reine Wirtschaftsorganisation ist, liegt ihr Schwerpunkt dennoch in diesem Bereich. Beide Organisationen haben mit ihren Vorstellungen zum lebenslangen Lernen die europäische Debatte beeinflusst, der Europarat vor allem zu Beginn des Untersuchungszeitraums, d. h. in den 1970er Jahren, die Europäische Union hauptsächlich in den 1990er Jahren, insbesondere mit ihrem 1996 initiierten „Europäischen Jahr des lebensbegleitenden Lernens".

Auf internationaler Ebene sind vor allem die Konzepte von UNESCO (United Nations Educational, Scientific and Cultural Organization) und OECD (Organization for Economic Cooperation and Development) für die Diskussion um lebenslanges Lernen wichtig. Beide Organisationen haben sowohl in den 1970er als auch in den 1990er Jahren mit eigenen konzeptionellen Ideen zur Diskussion und Entwicklung des lebenslangen Lernens beigetragen. Die UNESCO ist als Sonderorganisation der Vereinten Nationen für die Bereiche Wissenschaft und Kultur verantwortlich, sie hat folglich einen dem Europarat vergleichbaren Arbeitsschwerpunkt. Die OECD, als Organisation für wirtschaftliche Zusammenarbeit, ist hingegen stärker ökonomisch ausgerichtet.[8]

Im Rahmen der Auseinandersetzung mit den (bildungs-)politischen Konzepten zum lebenslangen Lernen (Kapitel 2 und 3) wurde durch eine leitfadengestützte Analyse dieser Quellen versucht, die Konzepte aus dem engen Zusammenhang zu den politischen Urheber/innen zu lösen, um sie in ihren pädagogischen Dimensionen zu erfassen.[9] Dennoch müssen die Dokumente aber auch als Teil einer umfassenderen politischen Strategie der herausgebenden Organisation gesehen und beispielsweise zu den jeweiligen Organisationsziele in Beziehung gesetzt werden. Um dem Anspruch gerecht zu werden, in die

Analyse sowohl die pädagogischen als auch die politisch-argumentativen Aspekte einzubeziehen, wurde ein zweigliedriger Analyseleitfaden erarbeitet, der diese beiden Bereiche abdeckt, und der Untersuchung der jeweiligen Konzepte des lebenslangen Lernens zugrundegelegt.[10] Die Ebene der Deskription wird durch diesen Leitfaden – und damit eine „strategisch-theoretische" Fundierung des Vergleichsanliegens – verlassen, um so zu einem analytischen Vergleich zu gelangen. Durch den Leitfaden wird eine distanzierte Analyse unterstützt, die versucht, die beiden Ebenen politischer Text und pädagogische Aspekte innerhalb der einzelnen Dokumente zu trennen. Die Ergebnisse der jeweiligen Dokumentanalyse werden anschließend miteinander in Beziehung gesetzt, dies geschieht in vergleichender Absicht zwischen Dokumenten unterschiedlicher Zeitspannen (1970er und 1990er Jahre) und mit Bezug auf die unterschiedliche Ausrichtung der herausgebenden Organisation (kulturell-politisch und ökonomisch). Die Analyseergebnisse werden aber auch in Hinblick auf die Ziele der herausgebenden Organisation interpretiert. Diese Auseinandersetzung mit den bildungspolitischen Positionspapieren der internationalen Organisationen beschäftigt sich mit der Besetzung von Themen in der politischen Sphäre, der Propagierung von Inhalten, der Begründung von Veränderungen – kurz: Es geht um eine Skizze des internationalen Diskurses zum lebenslangen Lernen.

Durch diese beiden Zugänge zum Thema „Lebenslanges Lernen" – die Analyse der wissenschaftlichen Diskussion in Deutschland und die Untersuchung der internationalen bildungspolitischen Debatte – wird einem zweifachen Erkenntnisinteresse Rechnung getragen. Zunächst geht es um Fragen wie: In welcher Form wird das Thema einer originär bildungspolitischen Diskussion in einen erziehungswissenschaftlichen Diskussionszusammenhang übertragen? Wie werden die Elemente der bildungspolitischen Konzeptentwicklung in den wissenschaftlichen Diskurs importiert und dort verarbeitet? Lassen sich bestimmte Muster des Aufgreifens der bildungspolitischen Vorstöße zum lebenslangen Lernen in der wissenschaftlichen Diskussion finden?

Die zweite Ebene des Erkenntnisinteresses bezieht sich auf Gemeinsamkeiten und Unterschiede zwischen den verschiedenen Dokumenten zum lebenslangen Lernen, die von verschiedenen Organisationen und zu verschiedenen Zeiten publiziert wurden. Es geht hier sowohl um die Intentionen als auch um das pädagogische Programm.

Durch die Auseinandersetzung mit den wichtigsten bildungspolitischen Publikationen der letzten 30 Jahre zum lebenslangen Lernen Jahre werden die inhaltlichen Fundamente des mittlerweile äußerst populären Slogans überprüft. Eine rückblickende Analyse der Dokumente zum Konzept „Lebenslanges Lernen" – in ihren Gemeinsamkeiten wie in ihren Unterschieden – ist die Voraussetzung für eine aktuelle kritische und fundierte Auseinandersetzung mit diesem Konzept. Es geht also darum, einen Blickwinkel auf diese Diskussion einzuführen, der die Sicht auf die politischen Komponenten der Konzepte nicht verstellt, aber auch nicht bei diesen stehen bleibt.[11]

Zum Verhältnis der beiden Untersuchungsfelder

Bildungspolitische Dokumente werden von verschiedenen Institutionen und Organisationen in Auftrag gegeben und publiziert, um im Feld der politischen Auseinandersetzungen zur (Um-)Gestaltung des Bildungswesens die jeweilige Position und zu ihrer Untermauerung ein zusätzliches (wissenschaftliches) Gewicht in die Auseinandersetzung mit konkurrierenden Politikentwürfen einbringen zu können. Ihr Bezugspunkt liegt somit im politischen Feld des Interessenausgleichs. Den publizierten Dokumenten kommt daher in erster Linie eine bildungspolitische Funktion zu, auch wenn sie beispielsweise von wissenschaftlichen Abteilungen der Organisationen ausgearbeitet wurden. Sie weisen als Bestandteile der Bildungspolitik eine doppelte Ausrichtung auf: Einerseits müssen sie sich inhaltlich mit pädagogischen Aspekten beschäftigen, da dies die Unterscheidung der einzelnen Politikbereiche ausmacht und der Gegenstand „Bildung" die Bildungspolitik von der Umweltpolitik, der Verkehrspolitik oder der Wirtschaftspolitik unterscheidet. Andererseits muss Bildungspolitik als Bestandteil des politischen Systems nach politischen Funktionsprinzipien strukturiert sein, dadurch unterscheidet sie sich von Erziehungswissenschaft oder Schulunterricht. In den bildungspolitischen Dokumenten müssen sich daher sowohl politische als auch pädagogische Aspekte finden lassen.[12]

Bei den Artikeln in Fachzeitschriften hingegen ist der Bezugspunkt ein wissenschaftsinterner: Es geht in der Regel um die Profilierung gegenüber anderen Analyseansätzen, anderen theoretischen Bezügen, um Abgrenzung bzw. Anschluss an andere Wissenschaftler/innen. Beide Arten von Publikationen können für ihren Bereich – Wissenschaft bzw. Politik – als Prototypen der schriftlichen Form von Diskursbeiträgen gelten. Die bildungspolitischen Dokumente stehen exemplarisch für den bildungspolitischen Diskurs, der jenseits von internen Papieren und Konferenzen in Form solcher Publikationen in die Öffentlichkeit gebracht wird. Die Zeitschriften wiederum können als exemplarisch für den wissenschaftlichen Diskurs gelten. Bedingt durch ihren Erscheinungsturnus reagieren sie schneller und pointierter auf aktuelle Entwicklungen als beispielsweise Monographien. Fachzeitschriften ermöglichen daher eine Rekonstruktion der Diskussionen, wie sie in der „scientific community" zur jeweiligen Zeit geführt wurden.[13]

Beim „Lebenslangen Lernen" handelt es sich um ein Konzept, das seinen Ursprung in den bildungspolitischen Überlegungen zur Gestaltung des zukünftigen Bildungssystems hat. Ob und wie es einer originär bildungspolitischen Diskussion gelingt, auch in der wissenschaftlichen Diskussion Fuß zu fassen, ist gerade vor dem Hintergrund der unterschiedlichen Funktionsbestimmung der beiden Bereiche interessant. Ausgangpunkt hierfür ist die Tatsache, dass es sich um zwei fundamental verschieden strukturierte Felder handelt, die jeweils eigenen Handlungslogiken, Sachzwängen, Anforderungsprofilen und Zielsetzungen unterliegen. Bildungspolitik ist ebenso eine „Sonderform" bereichsspezifischer Politik (wie z. B. auch Familienpolitik oder Umweltpolitik), wie die Erziehungswissenschaft eine „Sonderform" bereichsspezifischer Wissenschaft (also eine Disziplin) ist. Sowohl Wissenschaft als auch Politik unterliegen prinzipiell und strukturell eigenen Gesetzmäßigkeiten und Logiken, die sich vor allem aus der Zugehörigkeit zum jeweiligen Feld ergeben.[14]

In Anlehnung an die Diskursanalyse lässt sich für den umfassenden Diskursstrang „Lebenslanges Lernen" sagen, dass es sich bei Erziehungswissenschaft und Bildungspolitik um verschiedene Ebenen des Diskurses handelt. Sie werden jeweils von unterschiedlichen Personen mit einem je spezifischen (professionellen) Selbstverständnis getragen, die mit jeweils unterschiedlichen Selbst- und Fremdanforderungen und institutionellen Eingebundenheiten und Zwängen konfrontiert sind. Dennoch wird auf beiden Ebenen der Diskursstrang „Lebenslanges Lernen" weitergetragen, das heißt, es gibt ganz offensichtlich über diese Begrifflichkeit eine Verbindung beider Ebenen. Lebenslanges Lernen ist mittlerweile in beiden Sphären heimisch und scheint dabei auch eine integrierende Funktion über traditionelle Interessengegensätze hinweg zu haben.

1. Lebenslanges Lernen im Spiegel deutscher Fachzeitschriften (1970 bis 1998)

Bei dieser Untersuchung der Zeitschriften geht es um die Rekonstruktion des Diskursstranges „Lebenslanges Lernen", wie er in der Fachöffentlichkeit in Deutschland über fast dreißig Jahre hinweg geführt wurde. Ziel dieser Rekonstruktion ist es zunächst, herauszufinden, inwieweit die internationale Bildungspolitik als Impulsgeber für die Fachdiskussion wirkt und ob die bildungspolitischen Dokumente in der deutschen Fachöffentlichkeit überhaupt zur Kenntnis genommen wurden. Das heißt, es geht um die Frage, ob das Thema „Lebenslanges Lernen" generell aufgegriffen und diskutiert wurde. Bei dieser Rekonstruktion interessiert daher vor allem die Anzahl der Artikel aus den Zeitschriften, die sich eindeutig auf das lebenslange Lernen beziehen. Unterschieden wird dabei sowohl nach den verschiedenen Zeitschriften als auch – soweit möglich – zwischen den einzelnen Rubriken innerhalb der Zeitschriften.

Die zweite Frage geht über den Ansatz der Häufigkeit hinaus, hier steht vielmehr die Art und Weise des Aufgreifens im Mittelpunkt: Wie thematisieren die einzelnen Artikel lebenslanges Lernen? Dieser Punkt beinhaltet Aspekte wie beispielsweise den Stellenwert, der dem Thema im gesamten Artikel zukommt, den Bezug zu internationalen bildungspolitischen Dokumenten oder pädagogische Inhalte, die mit dem Konzept „Lebenslanges Lernen" in Verbindung stehen. Ziel dieser qualitativen Rekonstruktion des Fachdiskurses ist es herauszufinden, ob sich bestimmte konstante Muster des Umgangs mit dem bildungspolitischen Impuls innerhalb der Fachdiskussion finden.

Um diesen beiden Fragen nachzugehen, wurden jeweils achtundzwanzig Jahrgänge von vier verschiedenen deutschen Fachzeitschriften analysiert. Die Auswahl der Zeitschriften orientierte sich an folgenden Kriterien: 1) dem politisch-geographischen Bezugsraum, 2) dem Erscheinungszeitraum und 3) der inhaltlich-disziplinären Ausrichtung der Zeitschrift.

    1) Erstes Anliegen ist es, im Gegensatz zur internationalen bildungspolitischen Diskussion die deutsche Debatte im Bereich der Fachzeitschriften zu erfassen, die Auswahl wird daher auf bundesdeutsche Zeitschriften beschränkt. Auch Zeitschriften mit explizit internationalem Charakter, wie z. B. das Internationale Jahrbuch der Erwachsenenbildung, werden durch dieses Kriterium ausgeschlossen.

    2) Die Zeitschrift muss kontinuierlich von 1970 bis 1998 erschienen sein. Diese Zeitspanne wird durch das „Internationale Erziehungsjahr" der

UNESCO 1970 eingeleitet und schließt ungefähr mit dem „Europäischen Jahr des lebensbegleitenden Lernens" 1996. Diese beiden „deklarierten" Jahre sind wichtige zeitliche Eckpunkte für die internationale Diskussion um lebenslanges Lernen, in deren zeitlicher Umgebung auch jeweils die wichtigsten bildungspolitischen Dokumente erschienen sind. Der Zeitraum wurde für die wissenschaftliche Diskussion auf 1998 ausgedehnt, da die neuen Impulse durch die 1996 erschienenen Dokumente nicht notwendigerweise bereits im gleichen Jahr auch in den Zeitschriften ihren Niederschlag gefunden haben müssen.

3) Das dritte Auswahlkriterium bezieht sich schließlich auf die inhaltliche Ausrichtung der Zeitschrift. Ausgewählt wurde nach diesem Kriterium die *Zeitschrift für Pädagogik* (ZfPäd), da sie eine „klassische" Zeitschrift der allgemeinen Pädagogik ist. Für die *Zeitschrift für Berufs- und Wirtschaftspädagogik* (ZBW) gilt dies analog für den Bereich der Wirtschaftspädagogik. *Die deutsche Schule* (DDS) bezieht sich auf die Schule, und mit den *Hessischen Blättern für Volksbildung* (HBV) wurde darüber hinaus eine Zeitschrift aus der Erwachsenenbildung einbezogen. Gegenüber den wissenschaftlichen Zeitschriften ZfPäd und ZBW repräsentieren die DDS und die HBV einen eher „praxisorientierten" Zugang, obwohl auch sie dem Bereich der wissenschaftlichen Zeitschriften zuzuordnen sind. Diese Orientierung spiegelt sich auch in der Herausgeberschaft: Die HBV werden vom Hessischen Volkshochschulverband und die DDS wird von der Gewerkschaft Erziehung und Wissenschaft publiziert. Die ZfPäd und die ZBW werden demgegenüber jeweils von einem Kreis von Wissenschaftlerinnen und Wissenschaftlern herausgegeben.

Durch die ausgewählten Schwerpunkte der Zeitschriften soll die Resonanz in den verschiedenen wissenschaftlichen Disziplinen verfolgt werden. Die Aufnahme der Diskussion um lebenslanges Lernen im Bereich der Erwachsenenbildung wurde bereits in der Einleitung herausgestellt, daher ist es notwendig, eine Zeitschrift aus diesem Bereich zu berücksichtigen. Die allgemeine Pädagogik wurde aufgenommen, um die Diskussion außerhalb der spezialisierten Disziplinen zu erfassen. Die Bereiche Wirtschaftspädagogik und Schule ergeben sich gewissermaßen aus den verschiedenen Ansätze zum lebenslangen Lernen. Denn in den Konzepten selbst wird ein enger Zusammenhang zwischen lebenslangem Lernen und Ökonomie hergestellt; es ist daher von besonderem Interesse, ob und inwieweit diese Diskussionen in der Wirtschaftspädagogik Einzug gehalten haben. Ähnliches gilt auch für die Schulpädagogik: Sowohl in Bezug auf die Frage der Institutionen als auch bezüglich neuer Inhalte, Methoden und Rollen von Lehrenden und Lernenden zielen die Konzepte auf Veränderungen *auch* im schulischen Bereich. Inwieweit diese Veränderungsanliegen in Diskussionen innerhalb der Disziplin Schulpädagogik aufgegriffen wurden, ist daher ebenfalls von besonderem Interesse.

Die Zeitschriften stehen jeweils exemplarisch für ihren Bereich, es wird nicht davon ausgegangen, die gesamte Diskussion in der Disziplin durch die Analyse einer Zeitschrift abzudecken. Allerdings wurde bei der Auswahl darauf geachtet, dass es sich um Zeitschriften handelt, die repräsentativ für die Diskussion in der jeweiligen Disziplin sind. Nicht zuletzt das vorgängige Kriterium des kontinuierlichen Erscheinens mindestens von 1970 bis 1998 lässt auf eine gewisse Resonanz und Bedeutung der Zeitschriften schließen. Insofern ist davon auszugehen, dass die Beiträge in den Zeitschriften einen repräsentativen Einblick in die Debatte um lebenslanges Lernen gewähren.

Aus den ca. 30 Jahrgängen der vier genannten Zeitschriften wurden in einem weiteren selektiven Zugriff einzelne Artikel zur Analyse herausgezogen. Es wurden diejenigen Artikel bestimmt, die sich explizit auf das Konzept „Lebenslanges Lernen" beziehen und dies im (Unter-)Titel deutlich machen.[1] Durch dieses selektive Vorgehen konnten für die vorliegende Untersuchung diejenigen Artikel, die sich in den konzeptionellen Diskussionsstrang zum lebenslangen Lernen einordnen lassen und ihre Zugehörigkeit zu diesem Diskurs in der Überschrift explizieren, herausgefiltert werden. So wurde der Diskussionsstrang in dem entsprechenden Publikationszeitraum rekonstruiert und analysiert.

1.1 Zeitschrift für Pädagogik (ZfPäd)[2]

Vor einer genaueren Sichtung und Analyse der Artikel in der ZfPäd kann – in rein quantitativer Hinsicht – festgehalten werden, dass sich in den analysierten achtundzwanzig Jahrgängen kaum Artikel finden lassen, die sich explizit auf das lebenslange Lernen beziehen. Lediglich 1981 haben sich zwei mit dem „Lernbericht" des Club of Rome, der 1979 erschienen ist, auseinandergesetzt.[3] Darüber hinaus gibt es im Themenspektrum „Lebenslanges Lernen" noch eine Rezension des Buches „Die Schweiz auf dem Wege zur Education permanente. Versuch einer Gesamtkonzeption des schweizerischen Bildungswesens" (Aarau 1972) von Joachim Knoll in der Ausgabe 5/73 (S. 837-840), die sich allerdings auf den Bereich Erwachsenenbildung konzentriert. Zwar gab es im Jahre 1988 von sechs Heften zwei, die Lernen als Schwerpunktthema hatten und eines zur Lebenslaufforschung[4], das Thema Lebenslanges Lernen wurde allerdings auch in diesen Ausgaben der ZfPäd nicht aufgegriffen. Gleiches gilt für die beiden 1990er Ausgaben, die sich der internationalen Pädagogik (Heft 2) und dem Thema „Bildung und Europa" (Heft 6) widmen.

Der einzige eigenständige, größere Artikel in der ZfPäd, der zwischen 1970 und 1998 zum lebenslangen Lernen publiziert wurde und sich auch am Titel erkennbar darauf bezieht, ist ein Aufsatz von Heinrich Dauber, Helmut Fritsch, Ludwig Liegle, Wolfgang Sachs, Christoph Th. Scheilke und Marlies Spiekermann mit dem Titel „Lebenslanges Lernen – lebenslängliche Schule? Analyse und Kritik des OECD-Berichts ‚Recurrent Education‘" im zweiten Heft von 1975 (S. 173 – 192).[5]

Dauber u. a. sehen sich zu einer Stellungnahme zum Recurrent-Education-Dokument der OECD[6] veranlasst, „um durch Analyse und Kritik Illusionen und unbeabsichtigte Folgen durchschaubar zu machen, bevor sie Wirklichkeit produzieren" (S. 174). Aus den „Alternativstrategien zur gegenwärtigen Bildungsproduktion" (S. 173), die von UNESCO, OECD und Europarat in den letzten Jahren entwickelt worden sind, wählen sie dieses Dokument aus, weil es „sich hierbei um einen folgenreichen Versuch handelt, bedenkenswerte Leitideen einer alternativen Bildungspolitik an Vorschläge zu ihrer Realisierung zu binden, die [...] in ähnlicher Weise die ursprünglichen Zielsetzungen zu verfehlen scheinen wie im Fall der Bildungsexpansion in tradierten Strukturen" (S. 174). Die Autoren identifizieren sich zunächst ausdrücklich mit den Prämissen – Kritik an der Expansion des traditionellen Bildungssystems, dem widersprüchlichen Verhältnis von Ausbildung und Arbeitswelt und der Notwendigkeit, neue Lernfelder zu erschließen (vgl. S. 174) – und den Zielen des Dokuments, wie Selbstbestimmung, Chancengleichheit, bessere Vermittlung zwischen Ausbildung und Arbeitswelt, periodischer Wechsel im Rahmen einer neuen Lernorganisation (vgl. S. 174). Die kritische Auseinandersetzung setzt also nicht an den grundlegenden Prämissen, sondern an der Umsetzungsstrategie an. Der Ansatz der Recurrent Education versuche, „die mit der Schule verbundene soziale Kontrolle auf das ganze Erwachsenenalter auszudehnen", da die Motivation zur Veränderung im Erwachsenenalter als „Kontrolle ohne Zwang" (S. 177) sichergestellt werden solle. Die Kritik richtet sich auch gegen die im Konzept mit angelegten, aber „ungewollten Folgen" (S. 178), wie beispielsweise „Internalisierung des Zwangs zur Mobilität" (S. 178), die Steigerung von „Karriere- und Konkurrenzdenken" (S. 178), die Individualisierung der „Ursachen für Versagen" (S. 178) und damit die Verhinderung von Solidarität (vgl. S. 178). Dass mit der Einführung der Recurrent Education „mehr Chancengleichheit" (S. 178) zu erreichen sei, wird bestritten, da der intendierte Ansatz ein „Antigleichheitsprogramm" (S. 179) sei. Soziale Ungleichheit werde hier durch soziale Platzierung mittels Leistung zu kompensieren gesucht (vgl. S. 179) und die Chancengleichheit richte sich lediglich auf gleiche Ausgangschancen im Wettbewerb um privilegierte Positionen. Die Beseitigung der privilegierten Positionen selbst stehe nicht zur Disposition (vgl. S. 180). Außerdem bringe ein „Fahrstuhleffekt" lediglich das Niveau sozialer

Ungleichheit in Bewegung, nicht aber die Abstände zwischen den einzelnen Positionen. Ein Ausbildungsdruck schaffe vielmehr eine „Monopolisierung von Privilegien" (S. 181) und außerdem schöpfe das Beschäftigungssystem die „Bildungshierarchie von oben nach unten ab" (S. 181). Die Kosten für den erhöhten Bildungskonsum derer, die sowieso privilegiert sind, müssten „von der Allgemeinheit, d. h. besonders von den bildungsmäßig Nicht-Privilegierten getragen werden" (S. 181). Neben der Umsetzung wird auch der Begründungszusammenhang der „Veränderungen in der Arbeitswelt" (S. 182) als nicht haltbar angesehen: Eine „Vermittlung von Ausbildungsangebot und Qualifikationsnachfrage" (S. 183) könne nicht gelingen, da „die Probleme, die in der Arbeitswelt produziert werden, nicht durch Maßnahmen im Bildungswesen allein behoben werden können" (S. 183). Die „kapitalistischen Produktionsverhältnisse" (S. 183) seien im Recurrent-Education-Dokument nicht in ausreichendem Maße berücksichtigt worden. Ebenso wenig wie die Vermittlung zwischen Ausbildungsangebot und Qualifikationsnachfrage könne über das Bildungssystem die „Aufhebung menschlicher Entfremdung" (S. 184), ein ebenfalls mit dem Konzept der Recurrent Education angestrebtes Ziel, erreicht werden (vgl. S. 184f.). Am Organisationsprinzip des periodischen Wechsels wird ferner kritisiert, dass dadurch die „Trennung von Lernen, Leben und Arbeiten" (S. 187) nicht aufgehoben werde, sondern es sogar zu einer „Verstärkung der Desintegration von Lernen, Leben und Arbeiten" (S. 189) komme, obwohl eigentlich eine engere Verzahnung der Lebensbereiche als Ziel angegeben sei. In ihren Schlussbemerkungen betonen die Autoren, dass der Artikel „nicht der Ort ist, Alternativstrategien zu diskutieren" (S. 191), dennoch solle „angedeutet werden, unter welchen Bedingungen lebenslange Bildungsprozesse ein emanzipatorisches Potential entfalten und zu den auch im OECD-Bericht vertretenen Zielen von mehr Selbstbestimmung und sozialer Gerechtigkeit führen können" (S. 191). Dieser Einleitung schließt sich ein kurzer Abschnitt mit „allgemeinen Bestimmungen" (S. 191) an, die für die Einlösung der Ziele notwendig sind.

Der Artikel setzt sich also kritisch mit der innerhalb des Recurrent-Education-Ansatzes präsentierten Strategie und ihrer Verknüpfung mit der Umsetzung bildungspolitischer Reformbestrebungen auseinander. Er versucht, argumentativ die Allianz zwischen Recurrent Education und erstrebenswerten Zielen – die auch von den Autor/innen des Artikels als erstrebenswert angesehen werden – aufzubrechen. Dabei teilen Dauber u. a. ausdrücklich sowohl die Kritik, die die Autoren des Dokumentes am bestehenden Bildungssystem und dessen Expansion üben, als auch die Zielvorstellungen des Dokumentes. Bestritten wird allerdings, dass die Recurrent Education in der Lage sei, eine Alternative zum Bestehenden zu bieten, die die von ihr selbst gesteckten Ziele erfüllen könne. Nicht die Ziele an sich werden somit kritisiert, sondern die Verkopplung der

Zielerreichung mit der Einführung der Recurrent Education. Die durchaus richtigen Ziele seien mit diesen Mitteln nicht zu erreichen. Die Autor/innen argumentieren hier mit anderen Untersuchungen bzw. Theorien (z. B. mit Bourdieu-Paseron 1971, Gorz 1973 oder Offe 1970) oder versuchen, den eigenen Zielen zuwiderlaufende mögliche Folgen der Recurrent Education aufzuzeigen. Die Auseinandersetzung verbleibt damit in Bezug auf die Struktur des Dokuments auf der argumentativen Ebene, d. h., es erfolgt keine Auseinandersetzung mit den Aspekten der Gestaltung der pädagogischen Situation. Angeknüpft wird vielmehr an Aspekte innerhalb der Argumentation und in diesem Bereich vorwiegend an Zielvorstellungen.

Der Artikel von Dauber u. a. aus dem Jahre 1975 ist der einzige eigenständige Diskussionsbeitrag, der in der ZfPäd bis 1998 zum lebenslangen Lernen veröffentlicht wurde. Daneben wurde das Thema lediglich noch mit drei Rezensionen gestreift.

1.2 Zeitschrift für Berufs- und Wirtschaftspädagogik (ZBW)[7]

In der ZBW kann – im Vergleich zur ZfPäd – von einer etwas größeren Aufmerksamkeit gegenüber dem lebenslangen Lernen gesprochen werden, wenngleich es dennoch im Themenspektrum der untersuchten achtundzwanzig Jahrgänge nur einen Randbereich darstellt.

Die Rezension von Wolfdietrich Jost zum EU-Weißbuch „Lehren und Lernen. Auf dem Weg zur kognitiven Gesellschaft"[8] (5/96, S. 553-557) diskutiert ausführlich die politischen Rahmenbedingungen, die der EU-Kommission auch für die Formulierung ihrer eigenen Standpunkte nur einen engen Spielraum zubilligten. Die Kommission müsse insbesondere darauf achten, dass sie „nicht die eifersüchtig auf die Einhaltung des Subsidiaritätsprinzips bedachten Mitgliedsstaaten auf den politischen Plan ruft" (S. 554). Inhaltlich wird dem Weißbuch daher auch „eine Zusammenstellung mittlerweile gängig gewordener Allgemeinplätze zum sozioökonomischem Wandel und zu den notwendigen Anpassungsprozessen der Bildungssysteme an diesen Wandel" (S. 554) bescheinigt. Es müsse „politische Leerstellen" (S. 555) suchen, wo es Inhalte formuliere, um nicht in den Kompetenzbereich der Mitgliedsstaaten einzugreifen. Lediglich die „kognitive Gesellschaft" wird als eigenständige Perspektive der EU-Kommission hervorgehoben, verbunden mit der Einstufung des Einzelnen nach seinem Wissen (vgl. S. 555), die zu einer „Individualisierung des Wissenserwerbs" (S. 555) führe. In der Leitlinie zur „Ermittlung und Validation der Teilkompetenzen als europäische Bildungsperspektive" (S. 557) finde diese Individualisierung als „,moderner Weg´ europäischer Bildung" (S. 556) ihren Ausdruck. Von den Inhalten des Weißbuches wird in dieser Rezension also in erster Linie das modulare Organisationsprinzip aufgegriffen.

Ähnlich verfährt derselbe Autor auch in der Rezension zu dem UNESCO-Dokument „Learning: The Treasure Within" (Delors-Bericht)[9] (5/97, S. 553-557), in der er zunächst auch auf die Organisation der UNESCO eingeht, die wegen ihrer internationalen Ausrichtung die unterschiedlichsten Standpunkte zu berücksichtigen habe (vgl. S. 553). Die UNESCO-Kommission beschreibt zunächst die „Entwicklung im Zeichen der Globalisierung" (S. 554). Da mit dieser Globalisierung und den veränderten internationalen politischen Bedingungen die „Entwicklungssicherheit" (S. 554), die es für den Faure-Bericht[10] in den 1970er Jahren noch gegeben habe, abhanden gekommen sei, werde „das Individuum [...] zur Grundlage einer Weltbildungspolitik" (S. 554). Referiert werden dann die im Delors-Bericht vorgeschlagenen vier Säulen des Lernens und die Bedeutung des „learning throughout life", das als „globales Entwicklungskonzept" (S. 555) das revidierte Konzept „Lebenslanges Lernen" darstelle und in dem „alle Lebenssituationen [...] auch als Lernsituationen begriffen werden" (S. 555). Der Delors-Bericht hebt, so Jost, auf die Forderung nach „Flexibilität und Dezentralisierung" (S. 556) der Bildungssysteme ab, z. B. als Modularisierung, die eine „Infragestellung der bestehenden Bildungssysteme mit ihren begrenzten Bildungswegen" (S. 556) bedeute. Eine Parallele wird hier zum Weißbuch der EU gezogen: Beide Ansätze seien in Deutschland ignoriert worden, weil sie als „Gefährdung etablierter Positionen" (S. 556) gesehen würden. Aus beiden Dokumenten greift Jost also – neben einer Diskussion der politischen Rahmenbedingungen – die Ansätze zur Flexibilisierung des Bildungssystems als wesentliche Punkte auf.

Neben diesen beiden Rezensionen werden in der Ausgabe DtBFSch 7/73 (S. 554-556) von Urs Haeberlin das Buch „Die Schweiz auf dem Weg zur Education permanente" von 1972, das auch in der ZfPäd rezensiert wurde, und in der Ausgabe 1/97 von Gottfried Kleinschmidt der Band „Neues Lernen für die Gesellschaft von morgen", der in der Reihe „Zukunftsforum" des österreichischen Bundesministeriums für Unterricht und kulturelle Zusammenarbeit 1996 herausgegeben wurde, besprochen. Urs Haeberlin geht ausführlich auf den Entstehungshintergrund des Buches ein, dessen Impulse seien „zu einem beachtlichen Grad von Personen aus der Wirtschaftswelt" (S. 555) gegeben worden. Als entscheidend wird die Forderung nach einer „Rekurrenz des Bildungswesens" (S. 556) hervorgehoben. Gottfried Kleinschmidt geht in seiner Rezension auf die „Schlüsselbegriffe der Schulpädagogik" ein, die den Inhalt des Buches im Wesentlichen bestimmten. In einer abschließenden „persönlichen Anmerkung" (S. 111) stellt er die Frage: „Woran mag es denn liegen, daß es die Schule und die

Informationsgesellschaft so schwer hat, das Konzept des ‚lebenslangen, lebensbegleitenden Lernens' zu konkretisieren?" (S. 111) – und das, obwohl die Forderung schon seit dem Gutachten des Deutschen Bildungsrates, also seit mehr als zwei Jahrzehnten, im Raum steht. Diese Frage bleibt aber als abschließender Satz unbeantwortet.

Joachim Münch widmet sich in der Vorstellung der Arbeitsgruppe 2 der Nationalen Konferenz Deutschland für lebenslanges Lernen 1996 – „Probleme, Ansätze und Perspektiven der Weiterbildung in Klein- und Mittelbetrieben" (2/97, S. 201-205) in erster Linie allgemein dem Problem der Weiterbildung in den kleinen und mittleren Unternehmen, das lebenslange Lernen taucht lediglich im Konferenztitel auf. Außerdem gibt es noch ein „Call for Paper" zu einer Konferenz zu lebenslangem Lernen (6/97, S. 657).

In der ZBW hat Lebenslanges Lernen aber auch Eingang in vier eigenständige Beiträge gefunden. Zunächst beschäftigt sich Gerhard Lachmann in seinem Artikel „Further Education in England und Wales. Modell für ein Organisationssystem permanenter beruflicher Weiterbildung?" (12/82, S. 888-903) mit lebenslangem Lernen. Der Begriff wird allerdings nur in der Eingangspassage erwähnt.[11] Das eigentliche Anliegen ist der Vergleich der Berufsbildungssysteme in England, Wales und der Bundesrepublik Deutschland unter dem Aspekt permanenter Weiterbildung. Auf das lebenslange Lernen wird während des gesamten Beitrags nicht mehr verwiesen. Der Begriff wird hier lediglich als Aufhänger für eine Thematisierung des Berufsbildungssystems in England aufgegriffen.

Der Beitrag von Herbert Grüner „Die Berufsbildungspolitik in der Schweiz unter dem Aspekt der permanenten Weiterbildung" (6/90, S. 483-490) stellt die Ergebnisse einer Untersuchung Grüners dar, in der er „die in der Schweiz vorhandenen Ideen, Vorschläge, Forderungen und Konzepte über berufliche permanente Weiterbildung gesammelt und einander gegenübergestellt" hat (S. 483). Der Artikel folgt einem ähnlichen Schema wie Lachmanns Beitrag: In der Eingangspassage wird das lebenslange Lernen als unumstritten dargestellt, und mit dieser Feststellung wird übergeleitet zum eigentlichen Thema. Grüners Schema unterscheidet sich allerdings insoweit, als er die Gründe für das lebenslange Lernen in Kurzform referiert.[12] Dokumente und Interviews verschiedener Organisationen, Institutionen und Parteien aus der Schweiz zur beruflichen permanenten Weiterbildung werden von Grüner nach folgenden Grobkategorien analysiert: Sinn und Zweck von Bildung, Beurteilung der gegenwärtigen Bildungssituation, Konzepte der Weiterbildung und Einstellung zur Zusammenarbeit im Bereich der Weiterbildung. Als Abschluss wird eine „Kritische Beurteilung" (S. 488) der Ergebnisse vorgenommen. Konstatiert wird eine „wichtige Stellung im

Gefüge der schweizerischen Bildungspolitik" (S. 488) für die education permanente, aber „gefordert sind vor allem geschlossene Konzepte und die Kraft der Durchführung" (S. 490). Die Diskussion um lebenslanges Lernen wird also eingangs aufgegriffen und es wird im nationalen Rahmen eine Untersuchung von bildungspolitischen Vorstellungen zu diesem Thema durchgeführt. Insofern wird an die bereits vorhandenen Konzepte auf internationaler Ebene angeknüpft, indem sie als „Stichwortgeber" für die Untersuchung im nationalen Rahmen dienen, es findet keine Auseinandersetzung mit den internationalen Konzepten statt, sondern eine Analyse der in der Schweiz vorhandenen konzeptionellen Ansätze zum lebenslangen Lernen, allerdings beschränkt auf den Bereich der beruflichen Weiterbildung.

Der dritte Artikel zum lebenslangen Lernen in der ZBW erschien 1997 und wurde von Franz Eberle unter dem Titel „Anforderungen an den Hochschulunterricht zur Förderung des lebenslangen Lernens" (2/97, S. 145-159) verfasst. Er greift im Gegensatz zu den beiden vorherigen Artikeln einen inhaltlichen Aspekt – nämlich das „Lernen lernen" – auf und fächert diesen Aspekt in unterschiedliche Dimensionen auf. Lebenslanges Lernen sei „nicht nur ein Schlagwort, sondern tatsächlich ein immer wichtiger werdendes Erfordernis unserer Zeit" (S. 145), das aufgrund der „Explosion des Wissens" (S. 145) notwendig ist und auf das auch die „Bildungsstätte Universität" reagieren muss, da Wissen „zum zentralen Produktionsfaktor" (S. 146) wird. In der einführenden Auseinandersetzung mit dem Thema verweist Eberle auf einen institutionellen, einen didaktischen und einen betriebswirtschaftlichen Aspekt des lebenslangen Lernens an der Universität, der Artikel selbst beschränke sich allerdings auf den didaktischen Aspekt (vgl. S. 147). Im Weiteren geht es dann um „unterrichtsmethodische Ansätze zur Förderung des selbstgesteuerten lebenslangen Lernens" (S. 150), die auf verschiedenen Studien über Wissensarten, Lernstrategien, metakognitives Wissen und affektiv-motivationale Aspekte des Lernens aufgebaut sind. Daraus werden dann „Konsequenzen für den Hochschulunterricht" (S. 154) abgeleitet. Eberle schließt also in seinem Artikel an den in den bildungspolitischen Dokumenten zum lebenslangen Lernen verfolgten Ansatz der selbstgesteuerten, autonomen Lernenden an, die in der Lage sind, sich beständig neues Wissen mittels einmal gelernter Lernstrategien anzueignen. Dieser „pädagogische Aspekt", der sich in den Konzepten zum lebenslangen Lernen findet.[13] wird aufgegriffen und wissenschaftlich bearbeitet. Es erfolgt aber wiederum keine Auseinandersetzung mit dem Konzept „Lebenslanges Lernen", sondern eine Vertiefung der Forschung an einem inhaltlichen Punkt, den Lernstrategien, der auch in den Konzepten gefordert wird. Aus dem Diskussionsstrang um lebenslanges Lernen wird so die Begründung für die Auseinandersetzung mit einem Einzelaspekt abgeleitet.

Karlheinz A. Geißler und Frank Michael Orthey nehmen in ihrem Artikel „Warum wird eigentlich so viel gelernt? Über die Einbildungen einer ‚Lerngesellschaft'" (2/97, S. 205-208) gegenüber dem Konzept „Lebenslanges Lernen", hier in Gestalt der „Lerngesellschaft", eine kritische Haltung ein: Lebenslanges Lernen werde zum „universellen Fortschrittsprogramm" (S. 205). Lernen verheiße „Sinnstiftung", und dies sei „eine stark gefragte Leistung, wenn sich Sinnstrukturen im Modernisierungsprozess verflüchtigen" (S. 206). Erwachsenenbildung fungiere in diesem gesellschaftlichen Gefüge als „Orientierungsmedium innerhalb der Pluralität von Lebensstilen und Wertvorstellungen" (S. 206). Sie basiere dabei allerdings auf einigen „notwendigen Illusionen" (S. 207), die in dem Beitrag als solche herausgestellt werden sollen. Es handele sich dabei um die Illusion, dass man durch Lernen klug werde; dass man durch den Besuch von Bildungsveranstaltungen unabhängiger würde; dass man durch Erwachsenenbildung/Weiterbildung sozial aufsteigen könne und dass man durch mehr Bildung Arbeit bekomme (vgl. S. 207).[14]

Der Hauptkritikpunkt wird folgendermaßen formuliert: „Gesellschaftliche Probleme werden in pädagogischen Formen ästhetisiert, d. h. sie werden immer häufiger pädagogisiert – und insofern werden sie auch individualisiert" (S. 207). Gleichzeitig sei die Aufforderung, permanent zu lernen, eine Integrationsformel, die unabhängig von der Einbeziehung sozialer Unterschiede für alle Menschen gleichermaßen Geltung beanspruche. In dieser kritischen Auseinandersetzung werden mit den Illusionen der Erwachsenenbildung Ziele, die in den Konzepten mit dem lebenslangen Lernen verknüpft werden („Klugheit", Unabhängigkeit, sozialer Aufstieg und Zugang zur Erwerbsarbeit), von ihrer Kopplung an das Bildungssystem gelöst und als gesellschaftliche Probleme verortet, die durch lebenslanges Lernen individualisiert würden. Geißler/Orthey kritisieren also Aspekte innerhalb der Argumentation der Konzepte zum lebenslangen Lernen und bestreiten die Erreichbarkeit der propagierten Ziele über Lernen. Darüber hinaus kritisieren sie die soziale und gesellschaftliche Funktion, die der Erwachsenenbildung aktuell zukommt und sie von ihrem Ursprung, „der Aufklärung" durch umfassende Bildung (S. 206), entfernt. Aus den verschiedenen Konzepten zum lebenslangen Lernen wird dabei das übergreifende Organisationsprinzip aufgegriffen, dass Lernen sowohl über die „Länge" als auch über die „Breite" des Lebens ausgedehnt werden soll. Die Kritik setzt, ohne dass auf die Einzelelemente eingegangen wird, an der Verknüpfung des Lebenslangen Lernens mit sozialen Zielvorstellungen an. Die angegebenen Ziele könnten nicht über Lernen erreicht werden.

In der ZBW finden sich innerhalb des Zeitraums vom 1970 bis 1998 also insgesamt zwei Besprechungen von internationalen bildungspolitischen

Dokumenten (allerdings vom gleichen Rezensenten) sowie zwei weitere Rezensionen von Büchern zu diesem Thema. Neben zwei Hinweisen zu bzw. Berichten von Tagungen wurden zwischen 1982 und 1997 auch insgesamt vier eigenständige Artikel veröffentlicht, die sich in unterschiedlicher Weise mit dem lebenslangen Lernen auseinander setzten.

1.3 Die Deutsche Schule (DDS)[15]

Das Aufgreifen und die Auseinandersetzung mit dem lebenslangen Lernen nehmen innerhalb des Themenspektrums der DDS einen marginalen Rang ein. Insgesamt sind drei Artikel aus den achtundzwanzig Jahrgängen unter der hier zugrundegelegten Perspektive des Bezuges zur Diskussion um lebenslanges Lernen relevant.

Wolfgang Klafki stellt in einer Ausgabe der DDS die Schrift „Lernen für die Zukunft. Das Schulkonzept der NRW-Denkschrift zur Bildungsreform" (2/ 96, S. 156-170) vor.[16] Ausdrücklich wird darauf verwiesen, dass der Ministerpräsident diese neue Kommission in der Tradition des Deutschen Bildungsrates eingesetzt habe (vgl. S. 156). Der Titel der „Denkschrift" weist auch schon auf den Schwerpunkt des neuen Konzeptes hin: „Zukunft der Bildung – Schule der Zukunft"; es geht also in erster Linie um ein neues Konzept für die Schule. Auch wenn der Beitrag von Klafki die „Denkschrift" in die deutsche Tradition der Bildungsreformen stellt und nicht in den internationalen Diskussionsstrang um lebenslanges Lernen, so lassen sich auf einer inhaltlichen Ebene dennoch viele Überschneidungen zwischen den internationalen Konzepten und dieser programmatischen Publikation zur Schulentwicklung feststellen. Beispielsweise wenn gefordert wird, dass sich die Schule als „Haus des Lernens" „für die Probleme des kommunalen Umfeldes" (S. 157) öffnen solle oder wenn „Lernkompetenz" als „zentraler Begriff im Schulkonzept" (S. 159) bezeichnet wird. Auch die ebenfalls in den internationalen Dokumenten erwähnten „Schlüsselqualifikationen" (S. 160), die Notwendigkeit der „Neugestaltung des Verhältnisses von Lehrenden und Lernenden" (S. 161), die „aufgabenspezifische Flexibilisierung der Lernzeiten" (S. 162) und eine „Teilautonomie der Schulen" (S. 163) werden in der Schul-Publikation angesprochen. Für den hier zu behandelnden Zusammenhang ist hervorzuheben, dass Klafki in seinem Beitrag das Konzept trotz inhaltlicher Übereinstimmungen nicht in die Tradition der internationalen Diskussion stellt – lediglich im Zusammenhang mit den Schlüsselqualifikationen werden Bereitschaft und Fähigkeit „zu lebenslangem Lernen" (S. 160) als unverzichtbar bezeichnet –, sondern die „Denkschrift" eindeutig im Kontext der deutschen Bildungsreformtradition verortet.[17]

Hasso von Recum beschreibt in seinem Artikel „Perspektiven des Bildungswesens in den 80er Jahren. Entwicklung unter veränderten Konstellationen" (1/82, S. 10-22) die „veränderten Konstellationen" für das Bildungswesen eingangs folgendermaßen: „Die Fehlentwicklungen haben in zahlreichen westlichen Industrieländern zu einer übereinstimmenden Reaktion geführt: Mit bisher nicht gekannter Radikalität werden Ziele, Inhalte und Methoden institutionalisierter Bildung kritisch in Frage gestellt" (S. 10). Er greift hier die zunehmende Kritik am Bildungswesen auf, bemerkt dabei allerdings, dass sich die Hauptkritik gegen die Sekundarschule richtet und die Erwachsenenbildung nicht nur von der Kritik ausgenommen, sondern ihr Ansehen sogar im Wachsen begriffen ist (vgl. S. 11).[18] Als Ausgangspunkt seiner Überlegungen zu den Perspektiven des Bildungswesens konstatiert von Reccum, dass „die bildungspolitische Lage in den westlichen Industrieländern gekennzeichnet [sei, K.K.] durch teilweise dramatisch veränderte Rahmenbedingungen" (S. 12) insbesondere in Bezug auf „Finanzierbarkeit und Effizienz" (S. 12), „Demographische Zyklen" (S. 14) und „Bildungsverhalten" (S. 16). Dieses Veränderungen zu diskutieren stellt denn auch das Hauptanliegen des Artikel dar. Bei den abschließend eingebrachten „Alternativen staatlicher Anpassungspolitik" (S. 19), d. h. der Anpassung des Bildungswesens an die sich verändernden Rahmenbedingungen, geht von Recum noch auf das „Modell der Recurrent Education" (S. 19) ein, von dem er behauptet: „Es spricht einiges dafür, daß das Recurrent Education-Konzept den Erfordernissen moderner Massenbildung besser entspricht als herkömmliche Bildungsreformen" (S. 19). Es sei ein spezielles Modell lebenslangen Lernens, „das auf dem periodischen und flexiblen Wechsel von Arbeit und Bildung im Lebenszyklus beruht und das herkömmliche System eines kompakten Ausbildungsganges vor Eintritt in das Berufsleben ablöste durch ein System einzelner Qualifizierungsschritte" (S. 19). An konkreter Bezugnahme auf das Konzept Recurrent Education findet sich hier lediglich der Aspekt des „periodischen und flexiblen Wechsel zwischen Arbeit und Bildung" (S. 19). Mit Hinweis auf das Buch „The School in Question" von Torsten Husén (Oxford 1979), der darin „das Bild eines erneuerten Bildungswesens skizziert, das am Modell der rekurrente[n] Bildung orientiert ist" (S. 19), verweist von Recum auf die Elemente der Aufhebung der institutionellen Trennung von Jugend- und Erwachsenenwelt, das breite Spektrum individueller Wahl- und Umsteigemöglichkeiten, den erleichterten Übergang von der Schule ins Berufsleben, den Verzicht auf einen Zeugnis- und Diplomkult sowie die Gewährleistung einer wirksamen Mitbestimmung von Eltern und Schülern (vgl. S. 19f.). Von Recum greift hier gegen Ende seines Artikels einzelne pädagogische Aspekte des Recurrent-Education-Konzeptes auf und stellt sie kursorisch dar. Auch bei der Skizzierung der drei wesentlichen, sich verändernden Rahmenbedingungen fehlt der Verweis auf zwei Arbeitspapiere der OECD zur Recurrent Education Ende der 1970er Jahre nicht.[19] Von Recum scheint also mit den Arbeiten der OECD vertraut zu sein, wenngleich seine Befürwortung des Konzeptes der Recurrent Education eher zögerlich ausfällt. Das eigentliche Thema seines Artikels ist aber die Diskussion der veränderten Rahmenbedingungen für das Bildungswesen. Abschließend hebt von Recum hervor, dass die „herrschende bildungspolitische Grundstimmung" (S. 20) nicht günstig für umfassende Reformen sei, dass aber ein Aussitzen der Probleme zu einem „Problemstau" (S. 20) führe, „der die politische Problembewältigungsfähigkeit in einem Maße überfordert, dass dem Bildungssystem schwerer Schaden entsteht" (S. 20).

Der Aufsatz von Dietrich Hoffmann „‚Lernen ist ein lebenslanger Prozeß.' Zur Erinnerung an Heinrich Roth" (6/83, S. 460-468) greift im Titel ein Zitat von Roth auf, das dieser im Kontext seiner „Begabungstheorie" geäußert hat, und stellt dieses Zitat im Artikel in den Zusammenhang mit der Arbeit des Deutschen Bildungsrates (vgl. S. 463). Eine weitere Bezugnahme auf das lebenslange Lernen wird in dem Beitrag von Hoffmann nicht hergestellt. Es geht vielmehr um die Darstellung des theoretischen Ansatzes von Roth – seine „Theorie der Begabung" (S. 461) – und um seine Wirkung auf die Arbeit des Deutschen Bildungsrates und den „Strukturplan für das deutsche Bildungswesen" von 1970. Es geht dem Autor darum, anlässlich des Todes von Roth und verschiedentlich erschienener Nachrufe „nochmals den Kern der Bemühungen Roths herauszuarbeiten, ehe die Entwicklung darüber hinweggeht, als handle es sich um ein so oder so abgeschlossenes Kapitel" (S. 460). Die bildungspolitische Bezugnahme erfolgt also auch in diesem Artikel auf deutsche Bildungsreformdokumente und -debatten der 1970er Jahre und nicht auf die internationale Diskussion.

Von Recums Beitrag ist der einzige in den untersuchten Jahrgängen der DDS, der sich explizit auch auf den internationalen bildungspolitischen Kontext bezieht. Die anderen Artikel, die einen Bezug zum lebenslangen Lernen vermuten lassen, verorten sich in der Tradition deutscher Bildungsreformbemühungen.

1.4 Hessische Blätter für Volksbildung (HBV)

Den Raum, den die Diskussion um lebenslanges Lernen in den HBV einnimmt, ist im Vergleich der hier ausgewählten Zeitschriften mit Abstand am größten. In quantitativer Hinsicht lässt sich also für die HBV eine im Vergleich zu den anderen Zeitschriften starke Resonanz auf die internationale Diskussion um lebenslanges Lernen feststellen.

Als einzige der hier analysierten Zeitschriften weisen die HBV in ihrem *Nachrichtenteil*, in dem jeweils von der Redaktion mit kurzen Notizen auf aktuelle Ereignisse und wichtige Meldungen hingewiesen wird, sowohl 1970 auf das

Internationale Erziehungsjahr der UNESCO (2/70, S. 152) hin als auch 1996 auf das Europäische Jahr des Lebensbegleitenden Lernens (1/96, S. 73). Im Nachrichtenteil der Ausgabe 1/77 (S. 58) ist auch ein Hinweis auf die „Internationale Empfehlung der UNESCO zur Erwachsenenbildung" zu finden. Ein Kurzbericht der Konferenz „Schule und lebenslanges Lernen", die 1979 in Düsseldorf stattfand, ist ebenso abgedruckt (4/79, S. 381) wie eine Notiz zum Erscheinen der Dokumentation zu dieser Tagung (1/82, S. 81). Für das Weißbuch „Lehren und Lernen" findet sich zwar kein Ankündigungshinweis, allerdings wird der Inhalt einer Stellungnahme des Deutschen Volkshochschul-Verbandes zum Weißbuch wiedergegeben (3/96, S. 280). Auf das Erscheinen des UNESCO-Reports „Learning: The Treasure Within" wird durch eine kleine Notiz im Nachrichtenteil der HBV hingewiesen (2/97, S. 177).

Für die Rubrik *Nachrichten* der HBV kann also konstatiert werden, dass in diesem Teil Hinweise auf Dokumente, Tagungen o. Ä. im Zusammenhang mit dem lebenslangen Lernen aufgenommen und so die Lesenden über verschiedene Beiträge zur Diskussion um lebenslanges Lernen informiert wurden.

Ebenfalls um redaktionelle Beiträge handelt es sich bei den Annotationen von Büchern in der Rubrik *Hinweise mit Inhaltsangabe*. Hier werden sehr kurze Texte über das jeweilige Buch verbunden mit der Auflistung der Beiträge bzw. bei Monographien der Kapitelschwerpunkte, die insgesamt nicht den Status von Rezensionen haben, sondern eher der Information der Lesenden über die jeweiligen Publikationen dienen.[20] Die Lesenden werden hier insgesamt – von Ausnahmen abgesehen, es fehlt z. B. der von Rainer Brödel herausgegebene Sammelband zum lebenslangen Lernen – mit den wichtigsten Beiträgen der deutschen Diskussion um lebenslanges Lernen bekannt gemacht.

Bei den *Rezensionen* werden ebenfalls Bücher zum Themenbereich „Lebenslanges Lernen" besprochen. Von Günther Holzapfel wird zunächst – gemeinsam mit einem Buch von Horst Siebert – der von Joachim Knoll herausgegebene Sammelband „Lebenslanges Lernen. Erwachsenenbildung in Theorie und Praxis" (Hamburg 1974) rezensiert (1/76, S. 84-88). Dem Buch von Knoll ist jedoch weniger als die Hälfte des Rezensionstextes gewidmet und der Rezensent befasst sich darin vornehmlich mit dem Aufbau des Sammelbandes.

Der von Dauber und Verne herausgegebene Sammelband „Freiheit zum Lernen. Alternativen zur lebenslänglichen Verschulung" (Reinbek 1976), der sich kritisch mit dem lebenslangen Lernen auseinandersetzt, wird von Günther Böhme besprochen (3/77, S. 263f). Er ordnet ihn ein in die von Illich angestoßene Entschulungsdebatte und bescheinigt dem Sammelband, „die Debatte temperamentvoll in den Bereich der Erwachsenenbildung hinein" (S. 264) fortzusetzen. Die Reduzierung von Erwachsenenbildung auf „schulisch-reglementierte Weiterbildung" (S. 264) sei – so der Rezensent zustimmend – in der Tat bedenklich. Die im Band von Dauber und Verne angebotenen Alternativen zur „lebenslangen Verschulung" (S. 264) führten nicht weiter, da sie von der „Ideologie des Klassenkampfes" (S. 264) ausgingen. Der Rezensent übernimmt mit dieser Argumentation die von Dauber/Verne vertretene Sicht des lebenslangen Lernens als lebenslanger Verschulung und stimmt mit ihrer Kritik an dieser Entwicklung ausdrücklich überein. Die Freiheit der Erwachsenenbildung in Teilnahme, Themenwahl usw., die von Dauber/Verne in ihrem Buch gegen die „Verschulung" verteidigt wird, wird auch von Böhme als Ziel anerkannt. Er bestreitet allerdings, dass dieses Ziel mit den im Sammelband vorgeschlagenen Alternativen zu bewerkstelligen sei.

Ebenfalls von Günther Böhme verfasst ist die Rezension des von Gerd Kadelbach herausgegebenen Buches „Leben heißt Lernen. Konzepte der Erwachsenenbildung" (Ravensburg 1975) in der Ausgabe 2/78 (S. 160). Dieses Buch, das auf Rundfunkvorträgen zu „Bildungsfragen der Gegenwart" beruht, sei – so Böhme – eine „gedrängte Problemschau aller der Fragen, mit denen Erwachsenenbildung seit ihrer Wendung zur Integration in das Bildungssystem" (S. 160) zu tun habe.

Das „International Journal of Lifelong Education" wird von Joachim Knoll rezensiert (4/82, S. 341f.). Knoll umreißt kurz die Debatte um lebenslanges Lernen und ordnet „Lifelong Education" der UNESCO und dem Council for Cultural Cooperation (CCC) des Europarates zu. Er beschreibt sie als „lebensbegleitenden Erziehungsprozeß [...], in dem alle Erziehungseinrichtungen und -inhalte auf den verschiedenen Schul- und Altersstufen diesem Ziel zugeordnet seien" (S. 342). Knoll kritisiert denn auch, dass dieser umfassende Anspruch zwar im Vorwort vertreten wird, die Beiträge aber in der Regel lebenslanges Lernen mit Erwachsenenbildung gleichsetzen. Der Hinweis auf Recurrent Education wird in einer kurzen Umschau der in dem Heft angesprochenen Inhalte platziert, allerdings ohne dieses Konzept zu erläutern oder bildungspolitisch zu verorten. In der Rezension wird also als Hintergrundinformation eine kurze bildungspolitische Rückschau des lebenslangen Lernens geliefert, die Auseinandersetzung mit der neuen Zeitschrift beschränkt sich hingegen im Wesentlichen auf die Entstehungsbedingungen und die Kritik daran, dass lebenslanges Lernen mit Erwachsenenbildung gleichgesetzt wird.

Abschließend bleibt noch die – wiederum von Böhme verfasste – Rezension des Sammelbandes „Invitation to Lifelong Learning" (Chicago/Illinois

1982) zu erwähnen (4/83, S. 343f.). Auch hier die Feststellung: „Der Begriff ‚Lebenslanges Lernen' wird als Synonym für Erwachsenenbildung genommen" (S. 343), wobei in dieser Rezension keine Kritik an dieser Gleichsetzung geübt wird. Das Werk lese sich, „wie ein Kompendium für Erwachsenenbildung in den Vereinigten Staaten" (S. 344), allerdings lasse es die „kritische Distanz gegenüber dem Gegenstand" (S. 344) vermissen, so dass „man sich gern von dem pädagogischen Optimismus mitreißen [lasse], der diese Sammlung durchzieht und jede Skepsis gegenüber einem alles durchdringenden Lebenslangen Lernen zu ersticken vermag" (S. 344).

Als Ergebnis der Analyse der *Rezensionen* ist erstens festzuhalten, dass sich unter Publikationen mit dem Titel „Lebenslanges Lernen" häufig Auseinandersetzungen mit der Erwachsenenbildung finden, die beide Ausdrücke gleichsetzen, was je nach Standpunkt des Rezensenten kritisiert oder übernommen wird. Zweitens beschränken sich die Rezensionen in den meisten Fällen auf eine Beschäftigung mit dem Aufbau des Buches und geben dessen Inhalte kurz wieder, eine Einbettung in einen übergeordneten Diskurs um lebenslanges Lernen wird nur selten geleistet. Dies kann an den Publikationen selbst liegen, an einem Versäumnis der Rezensenten oder an einer fehlenden übergeordneten Auseinandersetzung mit den Konzepten zum lebenslangen Lernen. Da alle Rezensionen vor Mitte der 1980er Jahre veröffentlicht wurden, kann aufgrund der Diskussionslage bis in die 1980er Jahre die fehlende allgemeine Auseinandersetzung mit den Konzepten in Deutschland als Grund für die Nicht-Verankerung der Rezensionen in einem breiteren Kontext vermutet werden.[21]

Der Überblick über die in den Hauptteilen der HBV zum lebenslangen Lernen veröffentlichten *Artikel* zeigt, dass sich diese um das Schwerpunktheft zum Lebenslangen Lernen von 1983 (4/83) gruppieren. In diesem Heft sind insgesamt zehn Artikel, die jeweils unterschiedliche Aspekte fokussieren, aufgenommen. In Heften vor der Schwerpunktausgabe gibt es von 1970 bis 1982 vier und danach im Zeitraum von 1984 bis 1998 drei Artikel, die allerdings alle in den Jahren 1996/97 veröffentlicht wurden. Der Schwerpunktnummer folgt also keine kontinuierliche Diskussion mehr zu diesem Thema.

Der Artikel „Lernen in der zweiten Lebenshälfte. Überlegungen zur lebenslangen Sozialisation" von Barbara Fülgraff (3/72, S. 249-256) bezieht sich ebenso wie der Aufsatz von Otto Polemann „Education permanente für die ältere Generation" in der gleichen Ausgabe (S. 276-278) auf Altenbildung. Fülgraff versucht, die Idee der lebenslangen Sozialisation und mit dieser „die Begriffspaare Kontinuität und Diskontinuität der Lebensführung vom Erwachsenenalter zum Alter sowie relative Deprivation und relativen Gewinn" (S. 252) der isolierten, häufig defizitorientierten Betrachtung der Lebensphase Alter entgegenzusetzen. Dies soll einmünden in eine „von den Voraussetzungen kritischer Theorie geleitete Sozialisationstheorie" (S. 253). Die Perspektive, die der Artikel in Hinblick auf das Lernen von älteren Menschen entwirft, lautet, „daß Lernen in der zweiten Lebenshälfte eines Tages zur Selbstverständlichkeit gehört und der Erwähnung nicht mehr nötig sein wird" (S. 255). Der Artikel ist also aus der Sicht der Altersforschung geschrieben, die auch das Lernen im Alter als Bestandteil der „lebenslange[n] Sozialisation, so wie sie jedermann praktisch erfährt" (S. 254), betont. Es handelt sich daher ebenso wenig um eine Auseinandersetzung mit Konzepten des lebenslangen Lernens wie der Artikel von Polemann, der zwar „Education permanente" im Titel führt, sich aber darauf beschränkt, die Umstrukturierungen und Anpassungen auszuführen, die für die Volkshochschulen notwendig wären, wenn sie sich aktiv an die Bedürfnisse der „älteren Generation" (S. 276) unter den Teilnehmenden anpassen würden. Education permanente wird dabei lediglich im Zusammenhang mit der Notwendigkeit von im Hinblick auf die Altersstruktur koedukativen Seminaren (vgl. S. 277) erwähnt und im Rahmen der „für die älteren Menschen lebensnotwendig gewordenen lebenslänglichen Lernproze[sse]" (S. 277) quasi als fachsprachlicher Terminus in Klammern zusätzlich erwähnt.

In beiden Artikeln dient also der Bezug auf die „lebenslange Sozialisation" bzw. die „Education permanente" dazu, das Aufgreifen eines randständigen „Forschungsgegenstandes", nämlich die älteren Generationen, mit dem Verweis auf „größere" Diskussionszusammenhänge ausweisen.

Unter der Überschrift „Über den Begriff des lebenslangen Lernens und seine Folgen" (2/78, S. 93-100) wendet sich Günther Böhme dem lebenslangen Lernen zu. Sein Fokus liegt zum einen darin, „unhaltbare" bzw. unklare Ziele (beispielsweise „Glück" (S. 96)), die von einzelnen Autor/innen als durch das lebenslange Lernen erreichbar dargestellt werden, zu kritisieren. Zum anderen weist er auf generelle Unschärfen in der Konturierung dessen, was lebenslanges Lernen sein soll, bzw. auch auf Widersprüche innerhalb der Begriffsbestimmungen hin. Er stellt hierzu sieben verschiedene Bestimmungen des lebenslangen Lernens in seinem Artikel vor[22] und zeigt unklare Formulierungen innerhalb der Konzepte auf. Böhme bezieht sich neben den Begriffsbestimmungen und den mit dem lebenslangen Lernen verknüpften Zielen auch auf die Begründungszusammenhänge, die in den einzelnen Definitionen für lebenslanges Lernen angeführt werden und hinterfragt auch diese kritisch, indem er auf Unschärfen und Widersprüche hinweist. Er bestreitet, dass sich aus den angeführten Begründungszusammenhängen klare Inhaltsdefinitionen gewinnen lassen, und plädiert daher für eine „Pluralität der Bildungsvorstellungen" (S. 99). Dabei geht Böhme davon aus, „daß lebenslanges Lernen dem individuellen Leben immanent ist" (S. 97), er lehnt aber eine „pädagogische Doktrin" (S. 97) ab, die diese „naturwüchsige Entwicklung" und den „mehr oder minder sporadischen Bildungswillen des einzelnen" (S. 97) in organisatorisch oder inhaltlich festgelegte Bahnen leiten will. Die Heranziehung der unterschiedlichen Definitionen dient Böhme also letztendlich dazu, aus der Unbestimmtheit der Begründungszusammenhänge und Zielvorstellungen die Notwendigkeit der Pluralität der Bildungsziele in Selbstverantwortung der einzelnen Erwachsenen argumentativ herzuleiten und die „Wiederbelebung eines humanistischen Bildungsideals" (S. 99) mit seinem „breiten Fundament" (S. 99) jenseits aller Spezialisierungen als „etwas Bestechendes" (S. 99) zu bezeichnen und zu vertreten. Die Auswahl der Definitionen speist sich ausschließlich aus der bundesdeutschen Debatte. Indem Böhme auf verschiedene Lexika-Einträge, den Strukturplan und einzelne Monographien zurückgreift, deckt er ein breites Spektrum an Publikationszusammenhängen ab und bezieht mit dem Strukturplan neben den Definitionsversuchen im erziehungswissenschaftlichen Kontext auch ein bildungspolitisches Dokument ein. Diese beiden Kontexte werden allerdings von ihm analytisch nicht getrennt.

Herbert Jocher geht in seinem Artikel „Der Beitrag des Europarates zur Erwachsenenbildung" (1/82, S. 8-12) auf drei Schwerpunkte in der Arbeit des Europarates von den späten 1960er Jahren bis zum Zeitpunkt der Publikation seines Beitrags 1982 ein. Er zeichnet dabei die bildungspolitische Diskussion, wie sie innerhalb des Europarates zum lebenslangen Lernen geführt wurde, anhand der erschienenen Publikationen, der Konferenzen und Modellprojekte nach. Er konstatiert zunächst eine Phase der Konzeptentwicklung, in der u. a. das Kompendium „Permanent Education" publiziert wurde, gefolgt von einem Schwerpunkt, der sich mit der Frage nach der Weiterbildung auseinandersetze, die einen „gleichberechtigten, konstituierenden, aber auch eigenständigen Teil des Gesamtkonzeptes der Education Permanente" (S. 9) darstelle. Die dritte Phase schließlich, die zur Zeit der Publikation des Artikels noch anhalte, sei die Entwicklung eines modulartigen Sprachlernprogramms, das sich auf Erkenntnisse aus der Auseinandersetzung mit der Education Permanente und dem Lernen Erwachsener aus den Phasen eins und zwei stütze. Jocher geht in seinem Artikel hauptsächlich auf diese dritte Phase ein. Schon in der Überschrift bezieht er sich eindeutig auf den Beitrag der Arbeit des Europarates zur Erwachsenenbildung. Dennoch weist er darauf hin, dass die Konzeptualisierung in der ersten Phase nicht nur auf die Erwachsenenbildung ausgerichtet, sondern umfassend angelegt sei, und formuliert die Hinwendung zur Erwachsenenbildung als Beschränkung der Perspektive (vgl. S. 9). Das zentrale Anliegen dieses Beitrag ist, die bildungspolitische Diskussion, wie sie im Rahmen des Europarates geführt wurde und sich durch Publikationen und Konferenzen nach außen dokumentiert, zu rekonstruieren und damit den Beitrag, den der Europarat für die Erwachsenenbildung geleistet hat, zu dokumentieren. Der dokumentarische Charakter von Jochers Beitrag wird nicht zuletzt auch in der sehr umfangreichen Bibliographie der „Veröffentlichungen des Europarates zur Weiterbildung" (S. 11f.) deutlich.

Das *Schwerpunktheft* der HBV (4/83) wird eingeleitet von Günther Böhme (S. 253f.). Lebenslanges Lernen sei als Thema „fast so alt wie die Erwachsenenbildung selbst" (S. 253) und könne zum „Synonym für Erwachsenenbildung – oder auch Weiterbildung" (S. 253) werden. Es gehe auch bei diesem Thema, wie bei jedem „genuin pädagogische[n]" (S. 253) um die Beziehung von Theorie und Praxis, allerdings sei der „Brückenschlag zwischen Theorie und Praxis, die Ableitung didaktischer Konsequenzen" (S. 253) in diesem Falle besonders schwierig, denn „,Lebenslanges Lernen' ist mehr ein Prinzip denn eine Methode" (S. 254). Böhme schränkt lebenslanges Lernen auf Erwachsenenbildung ein, ohne dies als Begrenzung des Konzeptes zu explizieren. Ein Bezug zu bildungspolitischen Konzepten wird nicht hergestellt. Die „Diskussion begleitet die Erwachsenenbildung durch ihre verschiedenen Entwicklungsphasen hindurch" (S. 253), konstatiert Böhme, und dies wird zum Anlass genommen, sich in einer eigenen Ausgabe der HBV diesem Thema zu widmen.

Böhme ist gleichzeitig auch der Autor des ersten Artikels „Neue Aspekte eines alten Begriffs. Reflexionen über ,lebenslanges Lernen'" (S. 255-262). Durch eine Gleichsetzung von lebenslangem Lernen und Erwachsenenbildung, die im Vorwort bereits angedeutet ist, wird der neue Ausdruck von Böhme mit allen Problemen der Erwachsenenbildung konfrontiert und soll gleichzeitig einige davon auch lösen. 1) „,Lebenslanges Lernen' mahnt darzu, partielle Ziele einem größeren unterzuordnen und könnte den Bezugspunkt unterschiedlicher Modelle abgeben" (S. 258). 2) Damit tritt jener andere Aspekt lebenslangen Lernens nach vorne, der sich diesen für eine Konstituierung von Erwachsenenbildung nützlich machen kann. Es ist die Tatsache, dass „Lernen je das Lernen einzelner ist" (S. 259). Nicht die Auseinandersetzung mit Konzepten des lebenslangen Lernens ist von Böhme in seinem Beitrag angestrebt worden, sondern die Diskussion aktueller Probleme der Erwachsenenbildung, wobei ihm der Begriff lebenslangen Lernen zur Stärkung seiner Position in den aktuellen Auseinandersetzungen dient. Böhme betont, „daß die Identifikation von Erwachsenenbildung mit ,lebenslangem Lernen' weite Bezirke der Erwachsenenbildung ausschließt – angefangen bei dem Begriff der Bildung selbst, der über jeden Begriff von Lernen hinausreicht" (S. 260f.) Die Synonymisierung von Erwachsenenbildung und lebenslangem Lernen wird also als Beschneidung der Erwachsenenbildung problematisiert, nicht als Beschneidung des Konzepts „Lebenslanges

Lernen". An diesem Punkt wird die Perspektive Böhmes nochmals deutlich: Er geht von der Erwachsenenbildung aus und bearbeitet ihre Probleme, das lebenslange Lernen dient dabei lediglich als Vehikel der Verdeutlichung von bestimmten Aspekten und der Unterstützung bestimmter Lösungsvorstellungen. Böhme verortet den Begriff denn auch im ersten Teil seines Artikels zum einen in der Tradition deutscher Erwachsenenbildung, die schon zu Beginn des 19. Jahrhunderts den Gedanken des lebenslangen Lernens hervorgebracht hat, und „im angelsächsischen Sprachraum, aus dem der Begriff auf uns gekommen ist" (S. 256). Sein Fazit aus der Beschäftigung mit dem Begriff: Lebenslanges Lernen erscheine zwar als „Schlüsselwort der Erwachsenenbildung" (S. 255), die Frage des lebenslangen Lernens sei aber „eher eine methodisch-formale denn eine didaktisch-inhaltliche" (S. 261). Als solche könne sie aber zur Bearbeitung einiger gegenwärtiger Probleme der Erwachsenenbildung durchaus beitragen. Böhme bezieht sich hier im Kern auf die immanente Grundbedeutung lebenslangen Lernens und darauf, dass Lernen nicht in der Jugendphase beendet werde, um schließlich auf der Folie dieses Begriffs eine Diskussion der Erwachsenenbildung zu führen.

Im zweiten Artikel des Schwerpunktheftes, dem von Hans Tietgens geschriebenen Aufsatz „Zur Psychologie der Lebensspanne" (S. 263-269), geht es in erster Linie um die Etablierung dieses Ansatzes innerhalb der Erwachsenenbildung. Dieses neue Konzept in der Psychologie könne die einseitige Orientierung der Erwachsenenbildung an der Soziologie aufbrechen und sie sozusagen zur Psychologie hinführen. Denn in der Psychologie der Lebensspanne würde „anstelle segmentierter Betrachtung die Beachtung vielschichtiger Motivationsstränge des Handelns" (S. 265) den Forschungsansatz bestimmen, und dies sei vor allem für die Frage der „Bildungsmotivation" (S. 265) und den „Aspekt der Entwicklung von Selbstkonzepten" (S. 267) für die Erwachsenenbildung von Bedeutung. Tietgens' Beitrag ist zwar in das Schwerpunktheft aufgenommen, das lebenslange Lernen ist jedoch kein Thema für ihn, es geht ihm um die „Psychologie der Lebensspanne", auf die er sich ausschließlich bezieht und deren Bedeutung er allein für die Erwachsenenbildung herausarbeitet.

Auch Jochen Kade zeigt in seinem Artikel „Der Erwachsene als normatives Leitbild menschlicher Entwicklung. Historisch-systematische Aspekte lebenslaufbezogener Erwachsenenbildung" (S. 270-278) keinen direkten Bezug zu Konzepten des lebenslangen Lernens. Zu Beginn setzt er sich mit verschiedenen Begrifflichkeiten auseinander: Zunächst hätten Volksbildung und Erwachsenenbildung weitgehend deckungsgleich existiert, dann sei Erwachsenenbildung zum zentralen Begriff geworden und seit Ende der 1960er Jahre „in Konkurrenz zum Begriff Weiterbildung" (S. 270) getreten, der seinerseits mit Konzepten des lebenslangen Lernens verbunden sei und „von einem Lernkontinuum im Lebenslauf aus[gehe]" (S. 270). Neben dieser Thematisierung unterschiedlicher Bezeichnungen der Erwachsenenbildung und der Feststellung, dass „Erwachsensein und Erwachsenwerden [...] seine Selbstverständlichkeit eingebüßt und [...] zum individuellen wie gesellschaftlichen Problem geworden" (S. 270f) sei, geht Kade in erster Linie auf gesellschaftlich-kulturelle „Entwicklungsmomente des Erwachsenenbegriffs" (S. 271-275) ein. Abschließend erörtert er „Lebensalter- und generationsrelevante Aspekte der Erwachsenenbildung", denen er einen „lebensalter- und generationsintegrierenden dialektischen Erwachsenenbegriff" (S. 276) zugrunde legt, der eine Abkehr vom „formalen Konzept lebenslangen Lernens" (S. 276) beinhalte. Kade führt das lebenslange Lernen als ein mit Weiterbildung – und damit einem linearen Lernprozess – verbundenes Konzept ein, das im Artikel als Negativfolie zu einer auf einem dialektischen Erwachsenenbegriff beruhenden Erwachsenenbildung fungiert. Eine Auseinandersetzung mit den bildungspolitischen Konzepten zum lebenslangen Lernen findet auch hier nicht statt. Es handelt sich vielmehr um eine sozial-historische Auseinandersetzung mit der Kategorie „Erwachsene" und ihren Implikationen für die Erwachsenenbildung, der die Rede vom lebenslangen Lernen als Hintergrund zur Abgrenzung von einer funktionalistischen Weiterbildung dient (vgl. S. 270).

Ähnlich wie Herbert Jocher in seinem Beitrag von 1982 für den Europarat versucht auch Joachim H. Knoll in seinem Artikel „‚Lebenslanges Lernen' im internationalen Vergleich" (S. 279-287) im Schwerpunktheft der HBV eine Rekonstruktion der internationalen Debatte um lebenslanges Lernen, die er hauptsächlich bei den beiden Organisationen Europarat und UNESCO verankert, OECD und EG werden lediglich am Rande erwähnt. Knoll weist zu Beginn seines Beitrages ausdrücklich darauf hin, dass lebenslanges Lernen den Rahmen der Erwachsenenbildung überschreite (vgl. S. 279) und diese „vielleicht gar den unproblematischen Aspekt der ‚Lifelong Education' ausmacht" (S. 279), da in ihr die Tatsache, dass Lernen mit der Schule kein Ende finde, bereits berücksichtigt sei. Die Anerkennung der Permanenz des Lernens müsste aber für die Schulen ebenfalls zu erheblichen Veränderungen führen, dies sei allerdings „bis heute, zumal hierzulande, noch nicht erkannt und begriffen" (S. 279). Lebenslanges Lernen sei „in den internationalen Organisationen als eine ‚neue Philosophie'" (S. 280) entwickelt worden, besonders von der UNESCO und dem Europarat, die eine Neugestaltung des gesamten Bildungsbereichs beinhalte. Die Diskussionsverläufe zum lebenslangen Lernen dieser beiden Organisationen werden in Knolls Artikel ausführlich dargestellt. In Bezug auf das Konzept der Recurrent Education der OECD verweist er kurz auf die deutsche Diskussion, die ihren Ausgangspunkt darin gehabt hat, dass „mit den konsekutiven Kurzzeitstudiengängen an den Universitäten [...] und dem Bildungsurlaub Realisierungen der

‚recurrent education' zur Verfügung stünden" (S. 282). Darüber hinaus wird die Kritik von Dauber u. a. in der ZfPäd an dem OECD-Papier zur Recurrent Education referiert. Resümierend stellt Knoll jedoch fest, dass sich außer im Faure-Bericht der UNESCO „das Konzept der ‚Lifelong education' weder strukturell noch inhaltlich profiliert hat. Fast alle Autoren reden in der Sprache des Wünschbaren und Denkbaren, ohne freilich konkret zu bedeuten, wie und wo strukturelle Veränderungen erforderlich wären, um ‚Lifelong education' zu praktizieren" (S. 285). Hinsichtlich der Perspektive der strukturellen Reformen sei der Lernbericht des Club of Rome am weitesten ausgebaut. Von der internationalen Diskussion um lebenslanges Lernen erwartet Knoll eine „stimulierende Wirkung internationaler Gesprächszusammenhänge für nationale Bildungspolitik" (S. 286) – dies wohl vor allem auch, weil er an einigen Stellen des Artikels erhebliche Kritik an den Reformen des deutschen Bildungswesens übt.

Horst Siebert setzt sich in der Ausgabe zum lebenslangen Lernen mit „Schule und ‚lebenslange[m] Lernen'" (S. 288-294) auseinander. Nach einem kurzen Überblick über den Zusammenhang von Schulbildung und Weiterbildungsbeteiligung geht Siebert in dem Abschnitt „Bildungspolitische Aspekte" (S. 289) in erster Linie auf die „‚realistische Wende' der Erwachsenenbildung mit einer Aufwertung langfristiger, lernziel- und prüfungsorientierter, curricular geplanter Zertifikatskurse und Komplexlehrgängen" (S. 289) ein. Dieser Wende sei allerdings wiederum ein „Kurswechsel" (S. 290) innerhalb der erwachsenenpädagogischen Diskussion durch eine explizite Institutikonenkritik gefolgt. Die referierten bildungspolitischen Aspekte beziehen sich in erster Linie auf Dimensionen der Erwachsenenbildung. Im abschließenden Kapitel, in dem sich Siebert mit der Sicht der Lernenden auseinandersetzt (S. 291), hebt er hauptsächlich auf Unterschiede des Lernens zwischen Jugendlichen und Erwachsenen ab: „Das Lernen der Erwachsenen ist in der Regel eher lebenswelt- als lehrplanorientiert" (S. 292). In seinem Ausblick geht auch Siebert auf den Lernbericht des Club of Rome ein und weist darauf hin, dass das „ständige Weiterlernen nicht mit lebenslanger Beschulung gleichgesetzt werden" (S. 292) könne. Als Anforderungen an die Erwachsenenbildung – hauptsächlich in der Gestalt der Volkshochschule – stellt Siebert Offenheit und „flexible lokale Vernetzungen" (S. 293) als wichtige Gestaltungsprinzipen in den Vordergrund. Die institutionelle Seite allein reiche jedoch nicht aus: „Lebenslanges Lernen muß organisiert werden, dazu sind die Institutionen der Erwachsenenbildung unverzichtbar, aber die Bildungsorganisation muß so flexibel bleiben, daß möglichst viel Eigeninitiative und Spontaneität der Lernwilligen angeregt und entfaltet wird" (S. 293). Im letzten Abschnitt geht Siebert dann auf die Frage ein, „wie die Schule lebenslanges Lernen vorbereiten und unterstützen kann" (S. 293): Lerntechniken vermitteln, Lernmotivation schaffen, über Weiterbildungsangebote informieren und Elternbildung betreiben. Auch für Siebert hat lebenslanges Lernen seinen Platz im Erwachsenenalter, was nicht zuletzt in der Frage, wie die Schule darauf *vorbereiten* könne, deutlich wird. Lebenslanges Lernen findet nach der Schule statt, als hierfür zuständige Institution wird in erster Linie die Volkshochschule benannt. Unter dem Vorzeichen des lebenslangen Lernens setzt sich Siebert mit den Institutionen der Erwachsenenbildung auseinander. Einführend wird dabei auf den Zusammenhang zwischen Schulbesuch und Erwachsenenbildungsbeteiligung verwiesen und abschließend werden bestimmte Aufgaben für die Schule benannt, damit diese bereits auf das lebenslange Lernen vorbereiten könne. Das (bildungspolitische) Fazit aus Sieberts Artikel lautet: Lebenslanges Lernen braucht die Institutionen der Erwachsenenbildung. Er setzt sich nicht mit den Konzepten auseinander, sondern argumentiert aus der bildungspolitischen Entwicklung der Erwachsenenbildung heraus, die durch das lebenslange Lernen erneut an Aktualität gewonnen hat.

Das „Lerninteresse als Ursprung und Ziel ständiger Bildung" (S. 295-302) ist das Thema des Artikels von Klaus Senzky. Neben der Feststellung, dass Leben und Lernen zusammengehören, und einer kurzen Replik auf die bildungspolitischen Ereignisse in Deutschland in den 1960er Jahren, die unter anderem zu einer gesamtgesellschaftlich höheren Bildungsbeteiligung geführt hätten, macht Senzky Gefahren für die Erwachsenenbildung aus. Diese entstünden vor allem, wenn angesichts der „ökonomischen Schwierigkeiten" (S. 296) nur noch auf aktuelle Notwendigkeiten reagiert wird. Dies setze voraus, im Gegensatz zur „herkömmlichen Deutung des ‚lebenslangen Lernens' [...], die unaufhebbare Verflechtung von organisierter und selbständiger Weiterbildung anzuerkennen" (S. 296). Diese Anerkennung beider Formen der Weiterbildung müsse „von Politik und Erwachsenenbildung" (S. 297) geleistet werden. Im Zusammenhang mit dem Lerninteresse, für dessen Klassifikation Senzky auf eine Studie von Cyril O. Houle (1961) zurückgreift, betont er ebenfalls beide Dimensionen des Weiterlernens: „Lebenssituativ kann indessen niemand dem einzelnen die Entscheidung über die Gewichtung der beiden Dimensionen abnehmen" (S. 300). Senzky beschäftigt sich in seinem Beitrag mit dem Lerninteresse von Erwachsenen, einen Bezug zu den internationalen bildungspolitischen Konzepten zum lebenslangen Lernen stellt er nicht her. Er ordnet seine Auseinandersetzung vielmehr in die bildungspolitische Entwicklung in der Bundesrepublik Deutschland ein. Theoretisch bezieht er sich auf Lyman Brysons „Adult Education" (New York 1936), der bereits einen frühen Entwurf zum lebenslangen Lernen geleistet habe (vgl. S. 298). Senzky fokussiert das Lerninteresse der Erwachsenen und fordert die Einbeziehung des organisierten wie des selbstständigen Lernens, die Rede vom lebenslangen Lernen dient ihm dabei lediglich als Rahmen, der die Begründung für die Auseinandersetzung mit dem Lerninteresse liefert.

„Teilnehmerorientierung und lebenslanges Lernen aus systemtheoretischer Sicht. Überlegungen zur Professionsstruktur der Erwachsenenbildung" (S.
303-312) lautet der Titel des Beitrages von Klaus Harney und Bernhard Krieg
zum HBV-Band. „Beide Formeln stehen symbolisch für den Sinn der EB. Mit
ihrer Handlungsstruktur haben sie jedoch wenig gemein" (S. 309) – zu diesem
Fazit kommen die beiden Autoren in ihren systemtheoretisch fundierten und auf
die Professionsstruktur ausgerichteten Überlegungen zum lebenslangen Lernen
und zur Teilnehmerorientierung. Der „Dauerkontakt zwischen Person und Lebenslauf" (S. 303), zu dem Lernen in einer Umwelt wird, die mehr Reiz und
Lernherausforderungen für das Individuum bereithält, als dieses handelnd kon-
trollieren kann, vollziehe sich im Rahmen der alltäglichen Lebenspraxis unorga-
nisiert. „Im Rahmen der Lebenspraxis ist er [der Dauerkontakt, K.K.] der Fall und
der Übergang zu organisiertem Lernen der Sonderfall" (S. 304). Die alltägliche
Lebenspraxis stehe unter ständigem Lernzwang, insofern vollziehe sich auch
alltägliches Lernen. Von der Umwelt (dem Lebenslauf) werden allerdings mehr
Lernanreize gegeben, als das Individuum bewältigen könne, daher seien „Lernen und der Verzicht auf Lernen strukturell verknüpft" (S. 304). Durch die Teilnahme an organisierten Lernveranstaltungen werde die Verknüpfung von Lernen und Lernverzicht für die Individuen deutlich, da diese sich mit ihrer Teilnahme in einen Adressatenstatus begeben. Dieser beziehe sich jedoch in der jeweiligen Veranstaltung nur auf ein abgegrenztes Gebiet, und eben diese Beschränkung mache die Professionalität der Erwachsenenbildung aus. Außerdem liege
die Entscheidung der einzelnen Individuen außerhalb des direkten Einflussbe-
reichs der professionellen Erwachsenenbildung, die Teilnahme entstehe aufgrund
„alltagspraktischer Relevanz" (S. 304), die eben durch die Profession nicht herzustellen sei. Im Unterschied zum Alltag, in dem sich das lebenslange Lernen
ohnehin vollziehe, gehe es im organisierten Lernen darum, „daß man im Rahmen dieser Notwendigkeit [des Lebenslangen Lernens, K.K.] organisierte Offer-
ten erhält, durch die man das, was man lernt, wählen kann. Das kann man im
Alltag nicht" (S. 306). Von Harney und Krieg wird also das lebenslange Lernen
auf der Alltagsebene verortet, in Bezug auf die Profession sei es ein „normativ
besetzte[r] Grenzwert" (S. 309), der zwar eine sinngebende Funktion für die
Erwachsenenbildung erfülle, allerdings auf „ihre Handlungsstruktur" (S. 309) nicht
passe, weil ein organisiertes „Dauerlernen" schlichtweg nicht möglich sei. Ähnlich wie das lebenslange Lernen wird von Harney und Krieg auch die Forderung
der „Teilnehmerorientierung" (S. 308) vor einem professionstheoretischen Hintergrund als „unerreichbarer Grenzwert" (S. 303) analysiert, der, vollständig und
dauerhaft eingelöst, eine Überforderung der Lehrenden darstellt, der aber in
Maßen immer praktiziert werden muss, da die Lehrenden die Teilnehmenden
nicht ignorieren können. Durch die Lernenden definiert sich auch der Status als
Lehrende, daher stelle die Teilnehmerorientierung eine „Unausweichlichkeit"

(S. 308) dar. Harney und Krieg gehen in ihrem Beitrag von zwei theoretischen Standpunkten aus: zum einen von der Systemtheorie und zum anderen von einer Theorie der Profession der Erwachsenenbildung. Vor diesem Hintergrund werden sowohl lebenslanges Lernen als auch die Teilnehmerorientierung auf einer alltäglichen bzw. praktischen Ebene zwar als faktisch vorhanden angesehen, allerdings in Bezug auf die strukturelle Professionalisierbarkeit erwachsenenpädagogischen Handelns als Extreme analysiert, die in professionellem Handeln nicht eingelöst werden können. Der Ansatzpunkt für die Auseinandersetzung liegt dabei in der bereits im Begriff „lebenslanges Lernen" deutlich werdenden Forderung nach der Ausdehnung des Lernens auf die gesamte Lebensspanne. Die Kompatibilität dieser Ausdehnungsforderung mit strukturellen Professionsanforderungen der Erwachsenenbildung wird geprüft, es erfolgt keine Auseinandersetzung mit den bildungspolitischen Konzepten. Das lebenslange Lernen wird so in Hinblick auf die ihm innewohnende Logik analysiert, nicht in Bezug auf bildungspolitische Konzepte.

„Lebenslanges Lernen als Erwachsenenbildung?" fragen Dieter H. Jütting und Werner Jung in der Überschrift ihres Beitrags (S. 313-318) und konkretisieren ihr Vorhaben im Untertitel: „Versuche zur Bestimmung zwischen staatlicher Fremdversorgung und lebensweltlicher Selbstfindung". Um dies zu realisieren, werfen die Autoren zunächst einen Blick auf die Geschichte der Erwachsenenbildung, die sich – historisch herausgebildet in der Moderne – stets sowohl als „individuelle Lernbewegung" wie auch als „soziale Bewegung" artikuliert habe. Die Einbettung des Lernens Erwachsener, und zwar sowohl des organisierten wie des unorganisierten, in ihren Alltag sei aber inzwischen von „dem erreichten Stand der gesellschaftlichen Entwicklung" (S. 314) überholt worden. Mit dem Strukturplan des Bildungsrates sei der Rahmen abgesteckt „für ein Politikkonzept des ‚lebenslangen Lernens'. Der ‚Gesamtbereich Weiterbildung' wird als Teil des Bildungssystems konzipiert" (S. 314). Durch diese Verankerung, die die tradierte Praxis der Erwachsenenbildung lediglich modifiziere, aber einen grundsätzlichen Strukturwandel nicht vollziehe, und die ihr nachfolgende praktische Erwachsenenbildung werde die „Diffusität ihres Erscheinungsbildes" (S. 315) verstärkt. Erwachsenenbildung bleibe darüber hinaus eine „interessengebundene Aufgabe der gesellschaftlichen Großgruppen" (S. 315) und werde außerdem zu einem „Instrument der Politik, die von technischer Rationalität bestimmt ist" (S. 315). Diese Tendenzen äußern sich als Krise (S. 315), deren gegenwärtige Lösungsversuche entweder einem liberal-konservativen Modell oder einem Modell alternativen Lebens und Arbeitens folgen (S. 316). Beide Modelle werden als „Antimodernismus" (S. 316) bezeichnet. Von den Autoren wird dieser Problemlage nun ein Alternativmodell für Erwachsenenbildung gegenübergestellt, die „Perspektive: kommunikative Rationalität" (S. 316), die im Anschluss an die „Theorie kommunikativen Handelns" von Habermas entwickelt wird. Die Autoren liefern mit diesem Beitrag eine Analyse der Erwachsenenbildung in der Folge des Strukturplans. Der Bezug zum lebenslangen Lernen ergibt sich lediglich dadurch, dass sie davon ausgehen, mit dem Strukturplan sei lebenslanges Lernen bildungspolitisch im deutschen Bildungswesen verankert worden. Der Beitrag ist insofern eine Auseinandersetzung mit faktischen strukturellen und bildungspolitischen Aspekten der Erwachsenenbildung, verbunden mit einem eigenen Vorschlag zur Organisation von Erwachsenenbildung, aber keine Auseinandersetzung mit (internationalen) bildungspolitischen Konzepten für lebenslanges Lernen bei der zukünftigen Gestaltung des Bildungswesens.

Rainer Dittmann wendet sich im letzten Artikel des Themenhefts der „Teilnehmerfluktuation in der Weiterbildung" (S. 319-325) zu. Nach einem kurzen Einstieg über lebenslanges Lernen als „bildungspolitische oder -programmatische Auffassung" (S. 319) konzentriert er sich in seinem Artikel schwerpunktmäßig auf die Teilnehmerfluktuation. Zunächst unterscheidet er Teilnehmerfluktuation im weiten Sinn (das Wegbleiben bestimmter Bevölkerungsgruppen) und Teilnehmerfluktuation im engen Sinn (den Abbruch von Veranstaltungen) – im weiteren Textverlauf geht er vorwiegend auf Letzteren ein. Er referiert Versuche zur Erforschung von Zusammenhängen zwischen dem „Drop-out" und verschiedenen Personenmerkmalen, die allerdings zu keinen schlüssigen Ergebnissen geführt hätten. Dem stellt er eine Theorie des kanadischen Psychologen Roger Boshier gegenüber, der in Bezug auf die Teilnahmemotivation in der Weiterbildung „zwei motivationale Grundorientierungen: die Mängel- und die Wachstumsorientierung" (S. 321) als wichtige Komponenten hervorgehoben hat. Das lebenslange Lernen wird von Dittmann ausschließlich in der Einleitung erwähnt, die Beschäftigung mit dem Drop-out in Veranstaltungen der Erwachsenenbildung wird unabhängig davon erörtert. Lediglich in dem Hinweis, dass in die jeweiligen Grundorientierungen der Personen „Faktoren des gesamten individuellen Sozialisationsprozesses (die lebenslangen Lernerfahrungen) einer Person" (S. 324) Eingang finden, wird der Blick nochmals auf die Lebensspanne gelenkt. Allerdings findet auch an dieser Stelle keine Auseinandersetzung mit Konzepten des lebenslangen Lernens statt. Es wird nur also aufgegriffen, um die Beschäftigung mit einem allgemein für die Erwachsenenbildung relevanten Thema einzuleiten, und ist nicht selbst Gegenstand der Auseinandersetzung oder der Analyse.

Fast alle Artikel des HBV-Schwerpunktheftes greifen das lebenslange Lernen auf, um daran anknüpfend allgemein für die Erwachsenenbildung relevante Aspekte und Fragestellungen zu diskutieren. Ausnahmen bilden lediglich der Artikel von Knoll, der den internationalen Diskussionszusammenhang rekonstruiert, und der Beitrag von Harney/Krieg, die sich mit der immanenten Logik des lebenslangen Lernens vor dem Hintergrund der Professionslogik der Erwachsenenbildung auseinandersetzen. Man kann resümierend für die Schwerpunktausgabe der HBV sagen, dass das „Lebenslange Lernen" von der wissenschaftlichen Erwachsenenbildungsdiskussion, wie sie im Umfeld der HBV geführt wird, adaptiert wurde – in der Regel allerdings ohne Anknüpfung an die internationalen bildungspolitischen Konzepte zu diesem Ansatz. Die Publikation des Schwerpunktheftes 1983 fällt allerdings auch zeitlich genau zwischen die beiden „Hochphasen" der Veröffentlichung wichtiger internationaler bildungspolitischer Dokumente zum lebenslangen Lernen. Lediglich der Lernbericht des Club of Rome, auf den in den Artikel nauch zum Teil kurz Bezug genommen wird, wurde zeitnah publiziert.

In den fünfzehn Jahrgängen nach der Ausgabe zum lebenslangen Lernen gibt es nur noch drei Artikel, die sich explizit auf diesen Diskussionsstrang beziehen; sie wurden alle in den Jahren 1996/97 veröffentlicht.

In dem ersten Artikel setzt sich Dieter Nittel mit der Bedeutung von Zertifikaten auseinander: „Zertifikate ohne Ende – einige Anmerkungen über ‚abschlußbezogene' Varianten des lebenslangen Lernens." (3/96, S. 243-255). Er betont mit Johannes Tews die Notwendigkeit, sich sowohl mit der planmäßigen als auch mit der unbewussten Erwachsenenbildung zu beschäftigen, und leitet von dieser Feststellung über zur Notwendigkeit der Beschäftigung sowohl mit der in speziellen Institutionen als auch mit der in anderen Institutionen stattfindenden Erwachsenenbildung. Zum eigentlichen Thema „Zertifikate" gibt er zunächst einen kurzen Eindruck der aktuellen „Zertifikate-Landschaft", die dadurch gekennzeichnet sei, „daß Bildungszertifikate auf dem besten Wege sind, zum Bestandteil unserer (Alltags-)Kultur zu avancieren" (S. 247). Danach wirft Nittel einen Blick zurück in „die Welt der Bildungszertifikate Anfang der 70er Jahre [...] vor dem Hintergrund des vom Bildungsrat erstellten Strukturplans" (S. 247). Diese beiden Skizzen der Zertifikat-Konjunkturen in den 1970er bzw. den 1990er Jahren bilden den Hintergrund, vor dem Nittel die Funktion der Zertifikate analysiert und sie als „Schmierstoff in der Maschinerie des lebenslangen Lernens" (S. 244) beschreibt. Zertifikate gehörten sachlogisch in das gesellschaftliche Berechtigungswesen, darüber hinaus hätten sie in der Weiterbildung einen spezifischen Charakter.[23] Sie seien „Abschlüsse, die wieder neue Abschlüsse generieren" (S. 250). Nittel begründet dies einerseits mit dem „fehlenden Systemcharakter" (S. 251) des Berechtigungswesens, das entweder innerhalb anderer Systeme, wie z. B. der Ausbildung, Funktionen einnehme oder zwischen verschiedenen Systemen vermittle, beispielsweise zwischen Ausbildung und Beschäftigungssystem. Andererseits hätten auch die „Zeugnisse und Zertifikate keinen ‚Wert an sich'" (S. 251), sondern seien an einen gesellschaftlichen Attribuierungsprozess gebunden, der sich häufig über die Reputation der Institution realisiere, bei der das Zertifikat erworben wurde. Das führe dazu, „daß Zertifikate in der Erwachsenenbildung entweder notorisch unter- oder notorisch überbewertet werden" (S. 251). Dies steht zwar in Beziehung zu der allgemeinen „Entwertung der Bildungstitel und Abschlüsse" (S. 251), ist aber nicht einfach das erwachsenenbildnerische Pendant zur allgemeinen Entwertung, sondern „trägt zu einer Bearbeitung der mit der strukturellen Deklassierung verbundenen Folgeprobleme bei" (S. 252). Die Zertifikate in der Erwachsenenbildung seien „eine Art Als-ob-Reparatur der Erwartungsenttäuschung" (S. 252), die durch die Deklassierung regulärer Abschlüsse hervorgerufen werde. So drehe sich die Zertifikat-Spirale immer weiter, da notwendigerweise immer wieder versucht werden müsse, durch erneute Anstrengung ein Zertifikat zu erwerben, um die unausweichliche Erwartungsenttäuschung zu kompensieren. Damit funktioniere das Ganze „in gewisser Weise ähnlich wie der Selbstaufzug in einer automatischen Uhr: Bewegung produziert Energie, Lernen produziert Lernabschlüsse" (S. 253). In dieser Analyse der Zertifizierung als Bestandteil der Erwachsenenbildung stellt Nittel einen Zusammenhang her zwischen dem lebenslangen Lernen und der Tatsache, dass immer neue Zertifikate in der Erwachsenenbildung oder in anderen Institutionen zu erwerben sind. Diese Identifizierung berücksichtigt wiederum nur die Ausdehnung des Lernens auf das gesamte Leben. Und auch Nittel sieht den Anfang dieses lebenslangen Lernens in den deutschen Bildungsreformen im Anschluss an den Strukturplan. Insofern findet keine Auseinandersetzung mit den internationalen bildungspolitischen Konzepten statt. Die Analyse der Zertifizierungspraxis und der ihr innewohnenden Logik der Produktion immer neuer Lern- bzw. Zertifizierungsbedürfnisse ist das eigentliche Thema. Dies hätte ohne Bezug auf das lebenslange Lernen in gleicher Weise bearbeitet werden können, da nicht dessen Logik, sondern die Logik der Zertifizierung untersucht wird. Bei Nittel lässt sich daher ebenso wie bei vorangegangenen Autoren festhalten, dass er sich unter dem „Etikett Lebenslanges Lernen" mit einem speziellen Problem der Erwachsenenbildung auseinandersetzt, das im Zuge der Debatte ebenfalls einen Aufschwung erfahren hat, allerdings nicht das gesamte Konzept widerspiegelt.

„Perspektiven weiterbildender Studien. Der Beitrag der Hochschule zum lebensbegleitenden Lernen" (1/97, S. 37-52) – so lautet der Titel des Beitrags von Ortfried Schäffter. Auch er skizziert zunächst die Wendung der bildungspolitischen Diskussion hin zu selbstgesteuertem Lernen, die mit einer Abwertung des institutionellen Lernens verbunden sei und die Institutionen in ihrem Bestand gefährde. Daher macht er es sich zur Aufgabe, den Zusammenhang von „Institutionen der ‚Erwachsenenbildung' mit den Aneignungsstrukturen des ‚Lernens Erwachsener'" (S. 38) zu erkunden. Er versucht in seinem Beitrag also, die subjektive und die institutionelle Seite des Lernens Erwachsener zusammenzubringen, diesen Zusammenhang verdeutlicht er am Beispiel der Hochschule. Zunächst setzt er sich jedoch mit der „Formel vom ‚Lifelong Learning‘" (S. 38) auseinander, die sowohl die Wahrnehmung alltäglicher Lernprozesse außerhalb der Bildungsinstitutionen impliziere als auch die Gefahr einer Verpflichtung zur ständigen Rückkehr in organisierte Bildungsprozesse. Er unterscheidet im Folgenden vier in der Formel enthaltene „gegensätzliche Begründungen" (S. 39), die in der bildungspolitischen Debatte zum lebenslangen Lernen innerhalb bestimmter Argumentationsstränge angeführt werden:

1) Die institutionelle Begründung, die Erwachsenenbildung „zu einer Fortsetzung des Erziehungssystems mit anderen Mitteln" (S. 39) erkläre und ihr die Aufgabe zuschreibe, Defizite des vorherigen Bildungssystems auszugleichen. Beispielhaft wird hier auf den Strukturplan verwiesen.

2) Die modernisierungstheoretische Begründung, die „auf das Phänomen eines zunehmend beschleunigten gesellschaftlichen Wandels, eines exponentiellen Wissenszuwachses" (S. 39) verweise und daraus ableite, der Mensch müsse ein Leben lang lernen, um stets „auf der Höhe der Zeit" zu bleiben.

3) Die biographische Begründung des lebenslangen Lernens beziehe sich auf ähnliche Phänomene wie die modernisierungstheoretische, allerdings aus der Perspektive des einzelnen Subjekts. Die „Erosion der ‚Normalbiographie‘" (S. 40) führe innerhalb der Biographie mehrfach zu kritischen Lebensereignissen, die über Lernen zu bearbeiten seien, hier verweist Schäffter vor allem auf die Arbeiten von Jochen Kade.

4) Schließlich wird von ihm noch der bildungstheoretische Begründungszusammenhang angeführt, der auf „die komplementäre Struktur eines ‚Gesamtbildungssystems‘, in dem unterschiedliche Lernmöglichkeiten zugänglich gemacht und nach besonderen Erfordernissen kombinierbar werden" (S. 41), verweise.

Aus diesen unterschiedlichen Begründungszusammenhängen schließt Schäffter dann auf eine steigende Bedeutung der Bildungsinstitutionen.[24] Den Institutionen soll innerhalb des lebenslangen Lernens eine Form der Lern-Unterstützung, eine „flankierende Entwicklungsbegleitung für offene Prozesse lebenslangen Lernens" (S. 42) zukommen. Diese Aufgabe erfüllten die Hochschulen bereits heute, dies werde jedoch „noch unzureichend erkannt" (S. 42). Hochschulen sollten daher aus ihrer „bisherigen Verengung auf Teilfunktionen" (S. 45) ausbrechen und bewusster als bisher Lernmöglichkeiten organisieren, „die quer zu den formalen Bildungsphasen liegen" (S. 45). Weiterbildende Studien hätten in Bezug auf lebenslanges Lernen vier Funktionen mit unterschiedlichen Wirkungsrichtungen:

1. Einwirkung, das heißt dem Individuum von außen Lernimpulse geben,
2. Binnenwirkung, die mit Selbsterfahrung und biographischem Lernen beschrieben wird,
3. Außenwirkung, das heißt ein Qualifikationserwerb als „utilitaristische Begründung von Lernen" (S. 49),
4. Gesamtwirkung, „wofür im Deutschen der Bildungsbegriff zu Verfügung steht" (S. 49).

Gerade mit der vierten Funktion sei „die Institution Hochschule in bezug auf ihr Leitbild ‚Universität' herausgefordert" (S. 49). Denn Wissenschaft sei „nicht nur Symptomträger von Zeitgeist und Weltanschauung, sondern vor allem Reflexionsinstanz" (S. 50). Die Universität werde bereits jetzt faktisch von den unterschiedlichsten Studierenden mit sehr heterogenen Interessen und Lebenszusammenhängen besucht. Ihr „institutionelles Profil" (S. 50) müsse daher dieser heterogenen Nutzung angepasst werden, um auch nach außen ihre vielfältigen Funktionen, die sie in Bezug auf die unterschiedlichsten Interessen der Studierenden wahrnimmt, zu dokumentieren. Schäffters Darstellung der unterschiedlichen Begründungszusammenhänge des lebenslangen Lernens findet nach seinen Vorstellungen ihre idealtypische Verkörperung bereits in der Realität der Institution Universität. Diese sei in der Lage, allen vier Begründungszusammenhängen zu entsprechen, daneben könne sie auch die vier unterschiedlichen Funktionen von lebenslangem Lernen befriedigen. Sie wird diesen beiden Dimensionen bereits heute gerecht, obwohl sie sich dessen selbst noch nicht bewusst sei, hier gebe es folglich noch Forschungsbedarf. Schäffter setzt sich in diesem Artikel ausschließlich mit den Anforderungen an Institutionen durch lebenslanges Lernen auseinander, bezieht sich aber dabei nicht auf die entsprechenden bildungspolitischen Konzepte.

Der letzte Artikel aus den HBV, der sich mit dem lebenslangen Lernen beschäftigt, ist der Aufsatz „Lebenslauf und Bildung: Potentiale und Zwänge für lebenslanges Lernen" (2/97, S. 109-116) von Franz Kolland. Dieser Autor setzt sich mit dem sozialwissenschaftlichen Konzept des Lebenslaufs auseinander. Der Lebenslauf habe Mitte der 1960er Jahre Einzug in die sozialwissenschaftliche Forschung gehalten, beispielsweise in den Ansätzen von „Lebensrückblick und Erinnerungsarbeit" (S. 113) oder „Biographieforschung" (S. 113). Dies müsse vor allem auch vor dem Hintergrund der „institutionalisierten Individualisierung" (S. 109) betrachtet werden, die in den modernen Gesellschaften mit der allgemeinen Verbesserung der Lebensbedingungen den Zwang zur Individualität (vgl. S. 109) und das selbstreflexiv Werden der Biographien (vgl. S. 111) mit sich gebracht habe. Die vorherige „Dreiteilung des Lebenslaufs in Bildung, Arbeit, Freizeit" (S. 110), sei dabei abgelöst worden von der „Bastelbiographie" (S.

111). In diesem Kontext platziert Kolland auch das lebenslange Lernen, dem der letzte Abschnitt des Artikels gewidmet ist. Es sei dem sozialwissenschaftlichen Konzept des Lebenslaufs ähnlich: Beide seien „Folgen des Strukturwandels von Erwerbsarbeit, Familie und Freizeit" (S. 115) und „sehr stark um das Erwerbsleben organisiert." In seine Ausführungen zur Bedeutung des lebenslangen Lernens bezieht Kolland Ergebnisse aus einer „empirischen Studie über lebenslanges Lernen" (S. 114) ein, er gibt auch – in indirektem bzw. direktem Zitat – wieder, was „die Autoren" (S. 114) herausgefunden haben, nennt aber weder die Namen der Autoren noch macht er Angaben zur Veröffentlichung der Studien.[25] Dies ist symptomatisch für die Auseinandersetzung des Autors mit dem lebenslangen Lernen. Es geht ihm in erster Linie um die Darstellung der Veränderungen des Lebenslaufs und der Biographie der Einzelnen. Aufgrund der Ähnlichkeit, die das Konzept des Lebenslaufs und des lebenslangen Lernens haben, zieht er hier Parallelen, die schließlich darin münden, dass lebenslanges Lernen „Teil eines institutionalisierten Lebenslaufs wird" (S. 115).

In den Artikeln im Hauptteil der HBV wird der Begriff lebenslanges Lernen weitgehend in der begrifflichen Kontroverse um Erwachsenenbildung – Weiterbildung als „neuer" oder zusätzlicher Begriff verortet und damit für den Bereich der Erwachsenenbildung eingeführt. Außer in den Aufsätzen von Knoll und Jocher wird in keinem Beitrag ein Bezug zu den großen internationalen bildungspolitischen Dokumenten hergestellt. Lediglich der Lernbericht des Club of Rome findet als internationales Dokument Erwähnung, was aber nicht notwendigerweise mit dessen Inhalt in Verbindung gebracht werden muss, sondern auch der zeitlichen Nähe seiner Veröffentlichung (1979) und der Herausgabe des Schwerpunktheftes zum lebenslangen Lernen (1983) geschuldet sein kann. Denn die Erwähnungen beinhalten weder eine explizite Darstellung noch eine Diskussion der Inhalte. Als relevantes bildungspolitisches Dokument für das lebenslange Lernen wird vielmehr vorwiegend der Strukturplan für das Deutsche Bildungswesen einbezogen. Dabei herrscht generell die Auffassung vor, dass mit der dem Strukturplan folgenden Bildungspolitik das lebenslange Lernen in Deutschland etabliert worden sei.

Insgesamt erweckt die Thematisierung des lebenslangen Lernens in den HBV den Eindruck, dass in den jeweiligen Artikeln unter dem Titel „Lebenslanges Lernen" die Auseinandersetzung mit verschiedenen für die Erwachsenenbildung grundsätzlich relevanten Themen und Aspekten erneut erfolgt. Außer Knoll, der eben dies vehement bestreitet, sehen die Autoren in der Regel das lebenslange Lernen in der Bundesrepublik durch den „Strukturplan für das Deutsche Bildungswesen" verankert, d. h. auch, dass zunächst lebenslanges Lernen mit den Möglichkeiten der Erwachsenenbildung gleichgesetzt wird. Im Wesentlichen greifen die einzelnen Autor/innen diesen Begriff denn auch als Synonym für Erwachsenenbildung auf und thematisieren verschiedene Aspekte, die allgemein in Hinblick auf die Erwachsenenbildung von Interesse sind, wie z. B. Lerninteresse, Zertifikate oder Institutionen.

Innerhalb der Beiträge in den HBV zum lebenslangen Lernen weichen vier von dem gerade skizzierten, dominierenden Bezug ab. Dies sind zunächst die Beiträge von Jocher und Knoll, die sich rekonstruktiv mit der internationalen Debatte um lebenslanges Lernen auseinander setzen. Darüber hinaus kritisiert Böhme (2/78) Unschärfen in verschiedenen Begriffsbestimmungen und interne Widersprüche, die er vor allem auf der Ebene unklarer Zielvorstellungen festmacht. Harney/Krieg gehen über ein kurzes Aufgreifens des Themas ebenfalls hinaus, indem sie die Forderung des lebenslangen Lernens auf struktureller Ebene mit den Anforderungen der Professionalisierung konfrontieren und als unvereinbar mit dieser analysieren.

1.5 Die drei Perspektiven der wissenschaftlichen Auseinandersetzung mit dem lebenslangen Lernen

In Hinblick auf die erste Fragestellung, das quantitative Aufgreifen der Impulse der internationalen bildungspolitischen Diskussion um lebenslanges Lernen und der entsprechenden Dokumente, muss eine eher geringe Resonanz in der deutschen Fachdebatte konstatiert werden. Es gibt in allen vier Zeitschriften in achtundzwanzig Jahrgängen insgesamt fünfundzwanzig Artikel, die sich

Tabelle 1: Häufigkeit des Aufgreifen des lebenslangen Lernens in den Zeitschriftenartikeln unterschieden nach Zeitschrift und Rubrik

	Artikel im Hauptteil / Diskussionsbeiträge	Rezensionen von bildungspolitischen Dokumenten	Rezensionen von Büchern	Redaktionelle Hinweise / Annotationen von Büchern u. Ä.	gesamt
ZfPäd	1	2 (beide Lernbericht des Club of Rome)	1		4
ZBW	4	2 (Delors-Bericht und Weißbuch)	2	2	10
DDS	3				3
HBV	17		5	14	36
gesamt	25	4	8	16	53

im Titel auf die Auseinandersetzung um lebenslanges Lernen beziehen. Interessante Unterschiede ergeben sich, wenn man die Ergebnisse zwischen den einzelnen Zeitschriften differenziert, denn von diesen fünfundzwanzig Artikeln sind siebzehn in den HBV erschienen – also in der Zeitschrift aus dem Erwachsenenbildungsbereich. An zweiter Stelle steht die ZBW. In der ZfPäd und in der DDS ist die Thematisierung des lebenslangen Lernens hingegen marginal (vgl. Tabelle 1). Diese Differenzen zwischen den verschiedenen Zeitschriften lassen wiederum einen Rückschluss auf die Thematisierung in der jeweiligen (Sub-)Disziplin zu.

In der *DDS,* die insgesamt drei Artikel zum lebenslangen Lernen veröffentlicht hat, ordnen sich die Auseinandersetzungen hauptsächlich in die deutsche Tradition bildungspolitischer Reformbestrebungen (Strukturplan für das deutsche Bildungswesen, Deutscher Bildungsrat) ein. Ein Bezug zur internationalen Debatte wird kaum hergestellt, obwohl die im internationalen Bereich vertretenen Konzepte den Schulen in der Regel sowohl inhaltlich besondere und neue Aufgaben zuweisen und auch die Schulorganisation durch die Umgestaltungsvorschläge auf institutionell-organisatorischer Ebene mitbetroffen wäre. Darüber hinaus wird in den Dokumenten betont, dass auch die Mitwirkung der Lehrer/innen an der Umsetzung des neuen Konzeptes des lebenslangen Lernens notwendig und auch ein verändertes Lehrende-Lernende-Verhältnis intendiert sei, das gleichfalls nicht ohne Auswirkungen auf die schulische Organisation bleiben könnte. Dieser Veränderungsimpuls verhallt in der DDS jedoch weitgehend ungehört – er wird weder affirmativ noch kritisch bearbeitet.

Für die *ZfPäd* ist ein ähnlich marginales Aufgreifen der internationalen Beiträge zum lebenslangen Lernen zu verzeichnen. Insgesamt gibt es in dieser Zeitschrift in fast dreißig Jahrgängen vier Beiträge, von denen allerdings nur einer ein eigenständiger Artikel im Hauptteil ist. Auch in der Zeitschrift, die ihm Rahmen dieser Untersuchung exemplarisch für den Bereich der allgemeinen Pädagogik steht, befindet sich das randständige Aufgreifen im Gegensatz zu der umgreifende Veränderungsperspektive des lebenslangen Lernens in den konzeptionellen Entwürfen. Denn innerhalb der Konzepte werden Veränderungen und Umstrukturierungen für das gesamte Bildungssystem vorgeschlagen – mit den entsprechenden Implikationen für alle Bereiche des Lehrens, Lernens und Sich-Bildens. Eine Auseinandersetzung mit diesem Anspruch findet jedoch innerhalb der ZfPäd kaum statt.

Gegenüber dem marginalen Aufgreifen in der DDS und der ZfPäd ist das Thema „Lebenslanges Lernen" in der *ZBW* auf mehr Resonanz gestoßen, wenngleich auch hier mit insgesamt zehn Beiträgen – davon vier als eigenständige Artikel – keine größere Diskussion um dieses Thema geführt wurde. Dass es als Diskussionsgegenstand überhaupt aufgegriffen wurde, könnte an den Begründungszusammenhängen für lebenslanges Lernen liegen, die sich immer auch aus dem Bereich der Wirtschaft speisen, wie beispielsweise der Aspekt der Vermeidung von Arbeitslosigkeit. Auch die Intention, durch das lebenslange Lernen mit den sich ständig verändernden Bedingungen in der Arbeitswelt Schritt zu halten und so die eigene „Beschäftigungsfähigkeit" – ein Ausdruck, der vor allem in dem EU-Weißbuch häufig zu lesen ist – zu erhalten, weist in diese Richtung. Insofern besteht hier durchaus eine Nähe zur Berufs- und Wirtschaftspädagogik, der ein besonders Interesse nahe legt.

Auf die Affinität von lebenslangem Lernen zur Erwachsenenbildung, die das relativ häufige Aufgreifen des Themas in den *HBV* sicherlich begünstigt, wurde bereits in der Einleitung hingewiesen. Die große Anzahl der Artikel ist allerdings in erster Linie auf die Publikation des Schwerpunktheftes zurückzuführen, da alle Beiträge dieses Heftes in die Analyse mit einbezogen wurden. Mit Bezug auf die bildungspolitische Diskussion ist jedoch festzuhalten, dass die internationalen Konzepte sich keineswegs ausschließlich auf die Lebensphase „Erwachsene" beziehen. Vielmehr wird dort ein umfassender Ansatz vertreten. Die Rezeption innerhalb des hier analysierten Zeitschriftenspektrums zeigt aber einen deutlichen Schwerpunkt im Bereich Erwachsenenbildung, der sich allerdings vor allem daraus ergibt, dass das Thema in den drei anderen Zeitschriften kaum aufgegriffen wurde. Im Vergleich mit diesen Zeitschriften erscheint daher die Anzahl der Beiträge in den HBV außergewöhnlich hoch.

Die weitergehende Frage nach der Art und Weise der Beschäftigung mit dem lebenslangen Lernen in der Fachöffentlichkeit – repräsentiert durch die analysierten Zeitschriftenartikel – eröffnet die Möglichkeit, die wiederkehrenden Muster der Thematisierung dieses Konzeptes herauszustellen. Denn über die verschiedenen Zeitschriften und Jahrgänge hinweg gibt es einige Konstanten der Thematisierung innerhalb der Kategorie der eigenständigen Artikel, die in ihrem Titel einen Bezug zum lebenslangen Lernen ankündigen. Strukturell lassen sich für die Auseinandersetzung mit dem bildungspolitischen Konzept „Lebenslanges Lernen" drei Muster feststellen. Diese Muster lassen sich darstellen, wenn man von einem Modell des Rahmens ausgeht, der durch die bildungspolitischen Debatten gesteckt ist und der bestimmte Elemente umschließt (vgl. Abb. 1).

Das Konzept „Lebenslanges Lernen" wurde als Rahmenvorschlag für die Gestaltung von Erziehung von verschiedenen internationalen Organisationen über Dokumente, Konferenzen und Deklarationen gesetzt und mit zum Teil differierenden, zum Teil aber auch übergreifenden Inhalten gefüllt. Die übergreifenden Inhalte, die in mehreren Konzepten vorkommen, können als Bestandtei-

1) „Der bildungspolitische Rahmen lebenslanges Lernen"

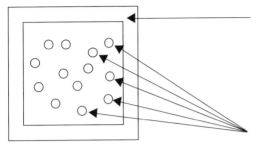

Der Rahmen „LLL" entsteht durch die unterschiedlichen bildungspolitischen Beiträge zum Konzept „Lebenslanges Lernen".

Einzelne (pädagogische) Aspekte, die im Rahmen verschiedener Konzepte genannt werden und so zu Elementen des generellen Konzeptes „Lebenslanges Lernen" werden.

2) Perspektiven der Auseinandersetzung mit den internationalen Beiträgen zum lebenslangen Lernen in den deutschen Fachzeitschriften

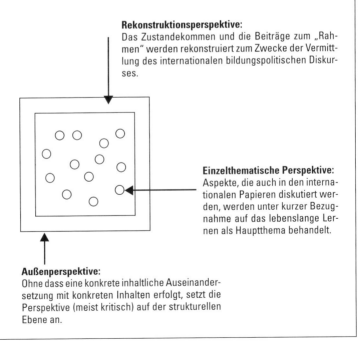

Rekonstruktionsperspektive:
Das Zustandekommen und die Beiträge zum „Rahmen" werden rekonstruiert zum Zwecke der Vermittlung des internationalen bildungspolitischen Diskurses.

Einzelthematische Perspektive:
Aspekte, die auch in den internationalen Papieren diskutiert werden, werden unter kurzer Bezugnahme auf das lebenslange Lernen als Hauptthema behandelt.

Außenperspektive:
Ohne dass eine konkrete inhaltliche Auseinandersetzung mit konkreten Inhalten erfolgt, setzt die Perspektive (meist kritisch) auf der strukturellen Ebene an.

Abb. 1: „Der bildungspolitische Rahmen lebenslanges Lernen"

le eines „generellen Konzepts" zum lebenslangen Lernen bezeichnet werden.[26] Aus erziehungswissenschaftlicher Sicht gibt es nun verschiedene Möglichkeiten, sich mit diesem Rahmen und/oder den Inhalten auseinander zu setzen, die sich zu drei Perspektiven bündeln lassen.

1. Zunächst kann der Rahmen von außen thematisiert werden, d. h., es findet keine Auseinandersetzung mit den Inhalten der Konzepte statt. Die Beiträge, die aufgrund ihrer Art der Thematisierung des lebenslangen Lernens zu dieser Kategorie zählen, greifen vielmehr an der Argumentationsstruktur der Konzepte an. Sie versuchen damit in der Regel deren Legitimität in Frage zu stellen. Diese Perspektive kann als *„Außenperspektive"* bezeichnet werden, denn die Beschäftigung mit den Konzepten aus dieser Perspektive bleibt sozusagen außerhalb des von der Bildungspolitik gesteckten Rahmens. Ein Beispiel für diese „Außenperspektive" ist der Artikel von Dauber u. a. (ZfPäd 2/75), die zwar mit den Zielen des von ihnen kritisierten Konzeptes der Recurrent Education übereinstimmen, aber das Konzept nicht als den richtigen Weg der Zielerreichung ansehen; oder der Beitrag von Geißler und Orthey (ZBW 2/97), die die Zuschreibung der entsprechenden Ziele zur Erziehung ablehnen: Die mit dem lebenslangen Lernen verknüpften Ziele seien durch Lernen nicht erreichbar. Harney und Krieg (HBV 4/83) führen die Inkompatibilität der Struktur lebenslangen Lernens mit der Struktur einer pädagogischen Profession vor. Wie sich diese Perspektive im Rahmen der oben abgebildeten Skizze als Rahmen verorten lässt, zeigt folgende Graphik.

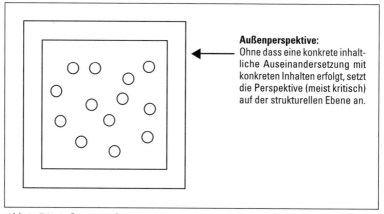

Abb 2: Die Außenperspektive

2. Die zweite Form der Auseinandersetzung, die in den analysierten Artikeln gewählt wurde, ist die *„einzelthematische Perspektive"*. In dieser Perspektive wird das lebenslange Lernen meist als aktueller Aufhänger

genutzt, um sich einem bestimmten Thema zu widmen, das auch innerhalb der Konzepte aufgegriffen wird. Die Beiträge erwähnen den Rahmen auf diese Weise zwar explizit als übergeordnete Struktur des Themas, zum Gegenstand einer Diskussion bzw. Analyse wird er allerdings in den Artikeln nicht gemacht. Eine Beschäftigung mit Zertifikaten, mit der Entwicklung der Erwachsenenbildung, mit Institutionen, Lernstrategien, der Psychologie der Lebensspanne oder der Lebenslaufforschung wäre auch ohne den Bezugsrahmen lebenslanges Lernen möglich. Bei diesen Artikeln findet es denn auch häufig nur in der Einleitung oder im Schluss Erwähnung, während den Kern des Artikels die Beschäftigung mit dem eigentlichen Thema ausmacht.

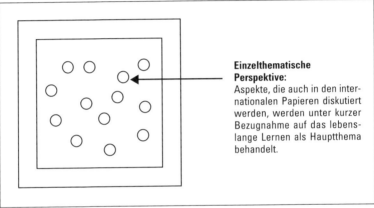

Abb 3: Die Einzelthematische Perspektive

3. Das dritte Muster der Auseinandersetzung mit dem lebenslangen Lernen, das bei der Analyse der Zeitschriftenartikel deutlich wurde, ist die Rekonstruktion des bildungspolitischen Rahmens. Es geht bei dieser Perspektive ausdrücklich um dessen Beschaffenheit. Diese Artikel, vor allem die Beiträge von Knoll und Jocher in den HBV, verfahren beschreibend, indem sie die Anteile verschiedener Organisationen zur Debatte um lebenslanges Lernen vorstellen. Darüber hinaus ist die Rekonstruktion der Debatte mit dem Anliegen verbunden, die Inhalte aus dem internationalen Zusammenhang in die nationale Diskussion einzubringen, da eine Kenntnis der Diskussionsverläufe nicht als allgemein bekannt vorausgesetzt wird. Diese Art der Beschäftigung mit dem lebenslangen Lernen kann also als „Transport- und Rekonstruktionsperspektive" bezeichnet werden, denn mit dem Nachzeichnen der Diskussion sollen gleichzeitig auch ihre Inhalte vermittelt werden. Hier werden die Dokumente als Diskussionsbeitrag in einem größeren Zu-

sammenhang verortet, der „Rahmen Lebenslanges Lernen", wie er durch die Bildungspolitik geschaffen wurde, wird sozusagen beschrieben.[27]

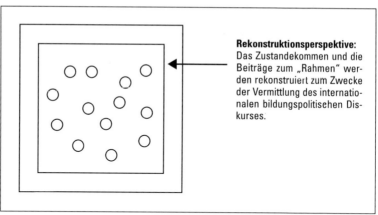

Rekonstruktionsperspektive:
Das Zustandekommen und die Beiträge zum „Rahmen" werden rekonstruiert zum Zwecke der Vermittlung des internationalen bildungspolitischen Diskurses.

Abb 4: Die Rekonstruktionsperspektive

In der folgenden Tabelle sind die einzelnen Artikel den verschiedenen Perspektiven zugeordnet.[28] Dabei wird deutlich, dass insgesamt die einzelthematische Bearbeitung von Elementen des lebenslangen Lernens mit Abstand überwiegt. Sie stellt somit die dominierende Form dar, in der das bildungspolitische Konzept „Lebenslanges Lernen" Einzug in die Fachdiskussion gehalten hat.

Tabelle 2: Zuordnung der Zeitschriftenartikel zu den verschiedenen Perspektiven

	Außenperspektive	Transport- und Rekonstruktionsperspektive	Einzelthematische Perspektive
ZfPäd	Dauber u. a. 2/75		
ZBW	Geißler/Orthey 2/97		Lachmann 12/82 Grüner 6/90 Eberle 2/97
DDS		Jocher 1/82 Knoll 4/83	Hoffmann 6/83 von Reccum 1/82
HBV	Böhme 2/78 Harney/Krieg 4/83		Fülgraff 3/72 Polemann 3/72 Böhme 4/83 b Tietgens 4/83 Kade 4/83 Siebert 4/83 Senzky 4/83 Jütting/Jung 4/83 Dittmann 4/83 Nittel 3/96 Schäffter 1/97 Kolland 2/97
gesamt	4	2	17

2. Die Konzepte internationaler Organisationen[1] zum lebenslangen Lernen – Darstellung und Analyse

Bildungspolitik ist nicht nur eine nationale Angelegenheit, die beispielsweise in Deutschland in der Hand von Bund und Ländern liegt, mit bildungspolitischen Fragestellungen beschäftigen sich auch Akteure auf internationaler Ebene. Da aber auf überstaatlicher Ebene in der Regel bildungspolitische Ideen und Konzepte nicht über verbindliche Regelungen direkt umgesetzt werden können,[2] stellen in diesem Feld bildungspolitische Dokumente, Stellungnahmen oder auch Konferenzen wichtige politische Instrumente dar, mit denen internationale Organisationen versuchen, die Diskussion auf internationaler wie auch auf nationalstaatlicher Ebene zu beeinflussen und so die eigenen Themen, Konzepte und Ansätze in der öffentlichen Diskussion zu verankern. Die Möglichkeiten der politischen Einflussnahme dieser Organisationen bewegt sich also weitgehend im Bereich des (bildungs-)politischen Diskurses.

Zwei wichtige Daten in der internationalen bildungspolitischen Diskussion zum lebenslangen Lernen sind die Jahre 1970 und 1996. Die UNESCO hat 1970 das Internationale Erziehungsjahr ausgerufen, zu dem auch der Europarat mit einem fünfhundert Seiten starken Sammelband zur „permanent education" einen Beitrag geleistet hat. Auf europäischer Ebene war das „Europäische Jahr des Lebensbegleitenden Lernens" 1996, von der Europäischen Kommission proklamiert, von großer Bedeutung. Diese beiden, bildungspolitischen Themen gewidmeten Jahre stecken den zeitlichen Rahmen der vorliegenden Untersuchung ab und grenzen so auch den Zeitraum ein, aus dem Dokumente zur Analyse herangezogen werden. Über die Analyse zentraler Publikationen verschiedener Organisationen wird mittelbar eine Analyse ihres Konzeptes des lebenslangen Lernens zum jeweiligen Zeitpunkt vorgenommen.

Da es in den 1980er Jahren kaum bildungspolitische Veröffentlichungen zu Konzepten lebenslangen Lernens seitens der internationalen Organisationen gab, konzentriert sich die Analyse zum einen auf die 1970er Jahre, in denen es eine erste „Hochphase" des Themas gab, und zum anderen auf die 1990er Jahre, die ein weiterer Höhepunkt der Auseinandersetzung mit konzeptionellen Ideen zum lebenslangen Lernen auf internationaler bildungspolitischer Ebene waren (vgl. Giere 1996; Field 2000). Durch die Häufung der bildungspolitischen Publikationen zum lebenslangen Lernen in diesen beiden Dekaden kann eine annähernd ähnliche politisch-ökonomische Gesamtsituation für den jeweiligen Entstehungszeitraum angenommen werden, eine Bedingung, die dem angestrebten Vergleich der Konzepte entgegenkommt.

Die Ergebnisse der Konzeptanalysen werden in diesem Kapitel zunächst entlang der Organisationen vorgestellt: Europarat (1971), Europäische Union (1995), UNESCO (1972 und 1996) und abschließend die Konzepte der OECD (1972 und 1996). Jedes dieser insgesamt sechs „Portraits" beginnt mit einem kurzen Überblick über das Publikationsspektrum der jeweiligen Organisation zum Thema „Lebenslanges Lernen" und einer Einordnung der ausgewählten Publikationen innerhalb dieses Spektrums. Daran schließt sich ein Unterkapitel an, das überblicksartig auf Inhalt und Struktur des ausgewählten Dokuments eingeht. Abgeschlossen wird die Auseinandersetzung mit dem jeweiligen Konzeptdokument durch eine zusammengefasste Präsentation der zentralen Ergebnisse einer leitfadengestützten Konzeptanalyse, die sowohl auf Aspekte der Argumentation innerhalb des Dokumentes eingeht als auch auf Elemente des pädagogischen Konzeptes zum lebenslangen Lernen.[3] Im dritten Kapitel werden dann die Ergebnisse der einzelnen Konzeptanalysen anhand ausgewählter Aspekte miteinander verglichen und die Elemente eines übergreifenden, die Ebene des Einzeldokumentes verlassenden bildungspolitischen Konzeptes zum lebenslangen Lernen zusammengetragen.

2.1 Europäische Beiträge

2.1.1 Europarat: „Permanent Education. Fundamentals for an Integrated Educational Policy" (1971)

In der Publikation „Permanent Education. Fundamentals for an Integrated Educational Policy", die vom Europarat und dem Rat für kulturelle Zusammenarbeit 1971 veröffentlicht wurde,[4] sind in komprimierter Form die Ergebnisse der konzeptionellen Arbeiten des Europarates zur Permanent Education der 1960er und 1970er Jahre zusammengefasst. Sie gehört noch zur sogenannten konzeptionellen Phase[5] der Auseinandersetzung des Europarates mit dem lebenslangen Lernen. Im Vorwort heißt es hierzu: „Following the Compendium and the Synopsis, it is to some extend the third attempt to condense the studies. [...] It concludes the phase of conceptualisation of permanent education" (Preface)[6]. Diese Publikation fasst also die Kernpunkte des Konzeptes zusammen, wie sie sich aus Sicht des Europarates und des Council for Cultural Cooperation (CCC) darstellen. Daher sind die Fundamentals aus der Vielzahl der Publikationen, die Ende der 1960er bis Anfang der 1970er Jahre vom Europarat veröffentlicht wurden, für eine Konzeptanalyse besonders geeignet. Die Grundlagen für die Veröffentlichung der Fundamentals wurden im Wesentlichen in fünfzehn

Studien bzw. Gutachten erarbeitet, die im Auftrag des Europarates von Bildungs-experten aus verschiedenen Ländern zu unterschiedlichen Aspekten des The-mas Permanent Education durchgeführt wurden. Mit der Veröffentlichung dieser Einzelstudien in einem Sammelband (vgl. Council of Europe 1970) und einigen diese Studien „verarbeitenden" Publikationen, z. B. einer Synopse der Ergebnis-se (vgl. Council of Europe u. a. 1971b), war die Phase der Konzeptentwicklung des Europarates 1972 zunächst abgeschlossen. Zwar gibt es auch hierbei wich-tige Publikationen zur Permanent Education, allerdings sind diese eher darstel-lender Art, indem sie die Ergebnisse der Studien wiedergeben. Eine Art Zusam-menfassung und Akzentuierung der Ergebnisse aus Sicht des Europarates erfolgt dagegen im ausgewählten Dokument. Der Schwerpunkt der Arbeiten des Euro-parates zur Permanent Education lag in den 1970er Jahren, es liegen keine neu-eren Publikationen vor, die sich explizit mit diesem Thema auseinandersetzen.[7]

Inhalt und Struktur

Ein flexibles System von Lerneinheiten, verbunden mit freier Zeiteintei-lung und einer möglichst großen Wahlfreiheit – diese Ansprüche werden vom Europarat für alle Lernzeiten im Laufe des Lebens gestellt, sofern diese als ein Teil der Permanent Education verstanden werden sollen. Permanent Education beinhaltet neben diesen Ansprüchen an die Gestaltbarkeit von konkreten Lernsi-tuationen aber auch, dass es sowohl für Jugendliche als auch für Erwachsene jederzeit möglich sein muss, eine (Aus-)Bildung fortzusetzen – unabhängig von Bildungsgrad und Ländergrenzen (S. 53). Ein Bildungssystem, dass der Perma-nent Education verpflichtet ist, ist folglich gekennzeichnet durch eine größtmög-liche Offenheit nach außen – die Dimension des Zugangs zum Bildungssystem – und eine größtmögliche Flexibilität im Inneren – die Dimension der freien Ge-staltung des Lernprozesses durch die lernenden Individuen. Dabei geht das Kon-zept nicht von der Abschaffung der traditionellen Institutionen aus, um die erfor-derliche Flexibilität zu erlangen, sondern legt vielmehr deren Veränderung ge-mäß den genannten Prinzipien nahe.

Auf dem Ziel der Entfaltung von verantwortungsbewussten und zur Verwirklichung eines glücklichen Lebens fähigen Menschen (vgl. S. 1) baut der Europarat das Konzept „Permanent Education" auf. Konsequenterweise beginnt der erste Teil des Konzeptes, in dem es um die Klärung der heutigen[8] Anforde-rungen an das Bildungssystem geht, daher mit der Frage, welches aktuell die individuellen Bedürfnisse des Menschen seien. Insgesamt werden drei Grund-bedürfnisse herausgestellt: Das Bedürfnis nach Sicherheit, das Bedürfnis nach Selbstverwirklichung und das Bedürfnis nach Teilhabe an kollektiven Aktivitä-ten. Im Anschluss an die individuellen Bedürfnisse wird die Frage nach den Bedürfnissen der Gesellschaft gestellt, die mit Wachstum (vor allem in ökonomischer Sicht), innerem Zusammenhalt und Regulation benannt werden. Der dritte Bereich, aus dem Anforderungen an das Bildungswesen erwachsen, ist schlicht mit „conflicts" überschrieben. Skizziert werden hier der – vorher aufgebaute – Gegensatz zwischen individuellen und gesellschaftlichen Bedürfnissen, Konflikte im Zusammenhang mit sozialer Ungleichheit, Ideologien, die Beharrungstendenzen des etablierten Systems gegenüber Veränderungen und der Grundwiderspruch von Gesellschaft und Erziehungssystem. Diese Konflikte, so wird prophezeit, werden sich in Zukunft noch zuspitzen, was vor allem den wachsenden Kommunikationsmöglichkeiten, dem steigenden Ausbildungsstand und dem technischen sowie ökonomischen Wandel geschuldet sei.

An diese Hinführung über die individuellen und gesellschaftlichen Bedürfnisse und gesellschaftlichen Konfliktpotenziale anschließend werden die Anforderungen an das Bildungssystem formuliert, die auf ihre wesentlichen Gehalte gebracht in Chancengleichheit, Demokratie und Transparenz bestehen sollen.

Im zweiten Teil des Konzeptes werden Leitlinien eines Bildungsprogramms entwickelt, das den Anforderungen, die im ersten Teil als Essenz aus den individuellen wie gesellschaftlichen Bedürfnissen und Konflikten abgeleitet wurden, gerecht wird. Um diesen Anforderungen zu genügen, müsse das Bildungswesen auf folgende Fragen Antworten bereithalten: Wie kann jedes Individuum in die Lage versetzt werden, seinen eigenen Fortschritt zu organisieren? Wie kann den Menschen geholfen werden, mit einer sich verändernden Arbeitsmarktsituation zurechtzukommen? Wie kann jeder Mensch dazu befähigt werden, seine kreativen Fähigkeiten auszuleben und sich selbst als Person zu verwirklichen?

Ausdrücklich wird in der Publikation betont, dass mit den formulierten Grundzügen für einen Entwurf der Permanent Education innerhalb des vorliegenden Konzeptes keine allgemeingültigen, umsetzbaren Anleitungen gegeben werden, nach denen ein beliebiges Bildungssystem so umgestaltet werden könne, dass es in der Lage sei, diese Anforderungen zu erfüllen und sich so zu einem System der Permanent Education transformiere. Es handle sich vielmehr um Prinzipien und Vorschläge, die auf Beobachtungen beruhen (vgl. S. 2). Dies gelte auch für den dritten Teil, der sich mit öffentlichen Einrichtungen und der Finanzierung auseinandersetzt.

Aus diesen sich wiederholenden Hinweisen, dass mit dem Konzept nicht das Anliegen verfolgt wird, den Mitgliedsstaaten fortan ihre Bildungspolitik vorzuschreiben oder auch nur feste Bestandteile zu formulieren, die auf jeden Fall in der beschriebenen Form umgesetzt werden müssten, wird deutlich, dass hier ein Programm skizziert ist, das der Konkretisierung und Umsetzung bedarf. Es ist nicht mehr beabsichtigt, als Grundzüge eines Bildungssystems vorzustellen, das der Permanent Education verpflichtet ist. Es kommt dem Europarat und dem Rat für Kulturelle Zusammenarbeit eher darauf an, am Beispiel einzelner Schritte die intendierten Ziele darzustellen, als darauf, diese Schritte als die einzig wahren zur Umsetzung der Permanent Education vorzugeben.

Das „Integrated Center" als ideale Bildungsinstitution

Das Konzept des Europarates zur Permanent Education geht davon aus, dass über eine Veränderung des Bildungssystems auch eine Veränderung der Menschen erreicht werden kann. „Just as it gives individual access to knowledge and the acquisition of skills, therefore, the educational system should in the same way be the open sesame to a better life and, as it were, the capacity for happiness" (S. 29). Die Menschen sollen verantwortungsvoll, kreativ und kritisch werden, dadurch erlangten sie die notwendigen Fähigkeiten zur Gestaltung des „guten Leben" (S. 29). Es handelt sich hierbei also um ein umfassendes Konzept, das auch bei der Betrachtung des Menschen einer ganzheitlichen Perspektive folgt. In seiner räumlichen Ausdehnung ist es jedoch weniger umfassend und beschränkt sich auf die (europäischen) Industrieländer.

Im ersten Teil der Publikation wird ein Krisenszenario beschrieben, das im Kern den Konflikt zwischen den Bedürfnissen von Individuum und Gesellschaft beinhaltet. Dabei werden im Textverlauf zunächst die individuellen Bedürfnisse (vor allem Sicherheit, Selbstentfaltung und Gemeinschaftszugehörigkeit) und die gesellschaftlichen Bedürfnisse (Wachstum, Stabilität und sozialer Zusammenhalt) und dann die Konflikte, die sich aus den beiden ergeben, dargestellt, erst danach wird das Konzept der Permanent Education präsentiert – sozusagen als Lösung des vorher beschriebenen Konfliktes. Diese Textstruktur bereitet die Lesenden auf die Notwendigkeit eines neuen Konzeptes vor, indem das Neue erst nach der Beschreibung einer problematischen oder konflikthaften Situation eingeführt wird. Diese Form der textstrukturellen Unterstützung der Argumentation ist in bildungspolitischen Papieren weit verbreitet und findet sich auch in den folgenden Dokumenten.

Als konkrete Ausgangspunkte für die Notwendigkeit, ein neues Bildungskonzept zu entwickeln, werden technischer, ökonomischer und gesellschaftlicher Wandel genannt, dem sich die Individuen anpassen müssen. Ein wichtiger Begründungsbereich ist die Ökonomie, die aber vermittelt über die Befriedigung menschlicher Bedürfnisse eingeführt wird. Das Individuum steht auch ansonsten klar im Mittelpunkt des Europarat-Konzeptes. Seine individuellen Bedürfnisse werden als Begründung für die Notwendigkeit der Veränderung angegeben, und Zielen wie der ganzheitlichen Entwicklung der Persönlichkeit wird ein hoher Stellenwert beigemessen. Es geht in dem Konzept des Europarates zentral um die Frage: „How can each individual be brought to organise his own progress?" (S.13). Chancengleichheit unter den Menschen wird dabei als zentraler Eckpfeiler benannt und angestrebt.

Der Europarat formuliert sein Hauptanliegen folgendermaßen: „The basic aim on which there is universal agreement is to produce people who are self-reliant, responsible, united, capable of achieving happiness" (S. 13). Verantwortliche Instanz für die „Schaffung" dieser Menschen – über die auch eine Gesellschaftsveränderung realisiert werden soll – ist das Bildungssystem. Dessen Neuorganisation ist daher an den Prinzipien Chancengleichheit, Demokratie, Flexibilität und Transparenz ausgerichtet. Bisher bestehende Institutionen sollen diesen Prinzipien gemäß umgestaltet und integriert werden. Die Zuständigkeiten für das neue System der Bildungsinstitutionen wird sowohl auf lokaler wie auf regionaler und nationaler Ebene verortet (S. 33 f.). Die Orientierung an Transparenz und Zugänglichkeit bei den Institutionen zeigt sich z. B. im vorgeschlagenen Modell der Vernetzung von Bildungsinstitutionen, denen auf verschiedenen Ebenen jeweils unterschiedliche Aufgaben zugewiesen werden. Als „Prototyp" einer guten Bildungsinstitution wird das „integrated center" (S.36) beschrieben. Es steht allen offen, ist multifunktional für die Befriedigung verschiedener Lerninteressen nutzbar und vernetzt mit der sozialen Umwelt. Auch zur Finanzierung dieses zukünftigen Bildungssystems findet sich ein eigenes Kapitel, dessen eindeutige Aussage lautet: Der Staat und die Unternehmen sollen sich die Kosten teilen, die einzelnen Individuen sollen nicht zur Finanzierung herangezogen werden. Damit wird auch in finanzieller Hinsicht auf Institutionen gesetzt, die die Permanent Education für die Einzelnen ermöglichen sollen.

Die Institutionen werden in diesem System ebenso zur Ressource wie die Lehrenden (S. 17), beide werden als entscheidende Voraussetzung für die notwendige Stabilisierung des Lernprozesses gesehen. Die Rolle der Lehrenden wird erheblich aufgewertet. Sie sollen den Lernenden Hilfestellung bei der Organisation des Lernprozesses geben und für Stabilität innerhalb der Lernprozesse sorgen. Hierzu sollen sie über didaktische Kompetenzen, psychosoziale Fähigkeiten und Fachkenntnisse verfügen. Im Vermittlungsprozess tritt die Bedeutung der Fachkenntnisse deutlich hinter anderen Anforderungen zurück. Dennoch wird an anderer Stelle gefordert, dass die Lehrenden in ihrem Fachgebiet auf einem so hohen Kenntnisstand sein sollen, dass sie jederzeit zwischen verschiedenen Beschäftigungen wechseln können: einmal Ingenieur/in, einmal Forscher/in und dann wieder Lehrer/in (S. 27). In dieser Rollenbestimmung der Lehrenden entsteht ein Widerspruch in den Anforderungen: Einerseits sollen sie sich in ihrem Fachgebniet so gut auskennen, dass sie jederzeit in die Forschung überwechseln könnten, andererseits wird ihre klassische Rolle der „Wissensvermittlung" innerhalb des Unterrichts zugunsten einer Begleitung und Unterstützung von selbstorganisierten Lernprozessen zurückgedrängt, die völlig andere Anspruche an die Lehrenden stellt als die Expertise in einem Fachgebiet. Neben diesen Anforderungen sollen die Lehrenden auch noch in Kooperation mit ihren Kolleg/innen ihre eigene Praxis experimentell gestalten, reflektieren, verbessern und darüber hinaus die erziehungswissenschaftliche Forschung unterstützen. Die Aspekte, die die Lehrenden in ihrer Berufsrolle im System der Permanent Education vereinen sollen, werden folgendermaßen umschrieben: „leader", „technical adviser", „tutor", „guidance counsellor", „mediator" und „research worker" (alle S. 39) – und dies alles in einer Person. Ihre Bedeutung wird steigen (S. 38), so lautet denn auch das Fazit zur neuen, anspruchsvollen Rolle der Lehrenden.

Grundsätzlich sollen in der Education Permanente die Individuen, die selbstverantwortlich ihren Lernprozess gestalten sollen, im Mittelpunkt des Bildungssystems stehen. Dem Individuum soll im Lernprozess daher auch ein größtmöglicher Freiraum gewährt werden, es soll aber ebenso in verbindliche Strukturen und Gruppenprozesse eingebunden sein. Grundlegende methodische Prinzipien sind Selbstverantwortung und Selbstbildung. Konkretisiert werden diese Prinzipen in folgenden Richtlinien: Der Lernbereich soll mit den Erfahrungen der Lernenden verbunden sein und die Lernenden sollen die Gegenstände, mit denen sie sich vertiefend auseinandersetzen wollen, selbst wählen. Die Mittel zum Lernen sollen dabei ebenso frei wählbar sein wie die Zeiteinteilung, als Abschluss des Lernvorgangs ist möglichst eine Selbstbeurteilung durch die Lernenden vorgesehen (vgl. S. 14). Die Lernstrukturen sollen einerseits den Einzelnen soweit Freiräume lassen, dass Entscheidungen möglich und notwendig sind. Andererseits sollen die Lernenden aber auch in ein System eingebunden sein, das eine Verortung innerhalb einer Sozialtruktur erst ermöglicht und Entscheidungen stützt, z. B. durch ein individuelles Beratungssystem (S. 23). Um dies alles zu erreichen, sollen traditionelle Methoden und Medien ebenso eingesetzt wie neue entwickelt werden; generell wird ein projektförmiger Unterricht bevorzugt. Flexibilität durch kleine Einheiten, Selbstverantwortung und Selbsttätigkeit der Lernenden, kein Dirigismus, aber Unterstützung durch Institutionen und Lehrende, verbunden mit einem großen Vertrauen in die neuen Medien, die all dies ermöglichen sollen – dieses sind die Kernelemente der methodischen Anliegen im Konzept der Permanent Education. Die methodischen Anregungen sind dabei eher als methodische Prinzipien zu verstehen, die sich zum großen Teil auf der Ebene der Organisation von Lernmöglichkeiten befinden. Die Möglichkeit, bestimmte Verhaltensweisen (wie Entscheidungsfindung oder Verantwortlichkeit) in Lernsituationen unter „Hilfestellung" der Bildungsinstitution einzuüben, soll dazu führen, dass diese Verhaltensweisen auch im gesellschaftlichen Leben gezeigt werden. Die methodische Gestaltung der Lernsituation wird daher darauf ausgerichtet, bestimmte Erfahrungen zu ermöglichen.

Durch diese Offenheit der Methoden wird die Festlegung auf konkrete Inhalte in den Hintergrund gedrängt. Innerhalb des Konzeptes beschränken sich die konkretisierten Lerninhalte im Wesentlichen auf allgemeine Kulturtechniken. Darüber hinausgehende Inhalte liegen mehr oder weniger im Bereich der Wahlfreiheit der lernenden Individuen, der lernende Umgang mit ihnen soll eher dem Erlernen bestimmter abstrakter Fähigkeiten dienen: „... the medium ist relatively unimportant. What matters is the depth reached and the moniting difficultiy of the problems indentified, analysed and solved" (S. 16). Dieser Umgang mit den Lerngegenständen soll Arbeitstechniken im Umgang mit Problemen und grundlegende soziale Fähigkeiten, z. B. „learning to communicate" (S. 36), hervorbringen.

Obwohl die Permanent Education explizit als ein umfassendes Konzept der Selbstbildung aller Individuen angelegt ist, lässt sich doch eine implizite Ausrichtung auf Erwachsene herauslesen: „By definition, an adult is one who exercises his ability to create, and at the same time, his responsibility, both factors which contibute to his personal fulfilment" (S. 5). Mit dieser Definition von Erwachsenen wird, indem die persönliche Erfüllung als entscheidendes Ziel der Permanent Education gesetzt ist, gleichzeitig der Erwachsene zum Prototyp des Lernenden in diesem System – nicht über eine offene Ausgrenzung Nicht-Erwachsener, sondern indirekt durch die Kongruenz der Beschreibung der Lernenden und der Erwachsenen. Ein ähnliches Muster findet sich auch bei der weiteren impliziten Einschränkung auf Erwerbstätige: „The individual needs to know that tomorrow he will still be able to support himself and his dependants (S. 5). Deutlich wird in diesem Zitat, dass implizit der „Familienernährer" als imaginärer Lerner dem Konzept zugrunde liegt, wenn auch an anderen Stellen explizit andere Bevölkerungsgruppen erwähnt werden: „students" (S. 28), „housewives" (S. 29), „men (and women)" (S. 6).

Um die Idee der Permanent Education in den normalen Lebenslauf einzubauen, wird ein „Fähigkeitspass" (S. 25) vorgeschlagen, der ein modulares System unterstützen und damit die Kombination von Lern- und Arbeitszeit im Erwachsenenalter als komplementäre Verschränkung im Sinne einer kohärenten Bildungsbiographie ermöglichen soll. Darüber hinaus werden kaum Anregungen zur biographischen Umsetzung des Konzeptes gegeben, d. h., es werden keine weiteren Ideen dazu entwickelt, wie die Individuen in ihrem je konkreten

Leben den Bezug zur Permanent Education herstellen sollen. Der Europarat geht in dieser Frage im Wesentlichen von folgendem Zusammenhang aus: Wenn es normal ist, immer wieder zu lernen, und alle die Möglichkeit hierzu haben, dann wird auch allgemein der Wunsch danach vorhanden sein und Lernen durchgängig in die Biographie eingebaut werden (vgl. S. 28). Wie allerdings die Übersetzung des konzeptionellen Anspruchs in die faktische Normalität des Lebensvollzuges geschehen soll, bleibt unbeantwortet. Vertraut wird hier in erster Linie auf die „Einübung" des Lernens in der Jugendphase, das sich dann ins Erwachsenenalter hinein verlängert.

2.1.2 Europäische Union: „Lehren und Lernen. Auf dem Weg zur kognitiven Gesellschaft" (1995)

Das 1996 von der Europäischen Kommission ausgerufene „Europäische Jahr des lebensbegleitenden Lernens"[9] verdeutlicht den Stellenwert, den das lebenslange Lernen in der Politik der Europäischen Union einnimmt. Mit diesem Jahr bündelt und forciert die EU ihre Diskussionen zur Bildungspolitik des lebenslangen Lernens, zwei Weißbücher[10] markieren den Weg dieser Diskussion: „Wachstum, Wettbewerbsfähigkeit, Beschäftigung. Herausforderungen der Gegenwart und Wege ins 21. Jahrhundert" von 1994 und „Lehren und Lernen. Auf dem Weg zur kognitiven Gesellschaft" von 1995[11]. Das Letztgenannte verdeutlicht bereits in seinem Titel den engen Bezug zur Bildungspolitik, während der erste Titel den Schwerpunkt eher in den Bereich Wirtschafts- und Beschäftigungspolitik legt. Im Kontext der Auseinandersetzung mit Wachstum, Beschäftigung und Wettbewerbsfähigkeit ist Anfang der 1990er Jahre die Forderung nach lebenslangem Lernen als Schlüsselelement entstanden, das dann unter anderem in einem eigenen Weißbuch einige Jahre später als eigenständiges Thema bearbeitet wurde. Erst mit den beiden Weißbüchern aus den 1990er Jahren erfolgte der aktive Eintritt der Europäischen Union in die internationale Diskussion um lebenslanges Lernen[12].

Edith Cresson, 1996 Mitglied der Europäischen Kommission und zuständig für Forschung, Innovation, allgemeine und berufliche Bildung und Jugend, ordnet die Bedeutung der beiden Weißbücher für das Europäische Jahr des lebensbegleitenden Lernens wie folgt ein: „Das Europäische Jahr des lebensbegleitenden Lernens geht auf einen Vorschlag im Weißbuch der Kommission *Wachstum, Wettbewerbsfähigkeit, Beschäftigung* zurück. [...] Im November 1995, kurz vor Ausrufung des Europäischen Jahres, veröffentlichte die Kommission ihren Beitrag zur institutionellen Diskussion: das Weißbuch *Lehren und Lernen – auf dem Weg zur kognitiven Gesellschaft.* In diesem Weißbuch haben wir eine Reihe spezifischer Ziele festgesetzt und konkrete Maßnahmen zu deren Erreichung vorgeschlagen" (Cresson 1996a, S. 5f., Hervorhebungen im Original[13]).

Das Weißbuch „Wachstum, Wettbewerbsfähigkeit, Beschäftigung" kann also als Impulsgeber und Vorläufer für die Diskussion um die „kognitive Gesellschaft" gesehen werden. Im Weißbuch „Lehren und Lernen" wird demgegenüber die „kognitive Gesellschaft" bereits deutlich als das anvisierte Gesellschaftsmodell des lebenslangen Lernens darstellt. Insofern stellt es das konzeptionelle Dokument für das Modell des lebenslangen Lernens der EU, die kognitive Gesellschaft, dar.

J. R. Gass fasst das Anliegen und die Bedeutung des Weißbuches „Lehren und Lernen" in dem Diskussionsdokument „Ziele, Struktur und Mittel des lebensbegleitenden Lernens. Europäisches Jahr des lebensbegleitenden Lernens 1996" zusammen: „Auch das Weißbuch ‚Lehren und Lernen – auf dem Weg zur kognitiven Gesellschaft' gibt nicht vor, alle Fragen umfassend zu beantworten. Es enthält jedoch konkrete Vorschläge, deren Erörterung nicht nur die Debatte in den Institutionen über die Verwirklichung des lebensbegleitenden Lernens voranbringen wird. Sondern diese auch einer breiteren Öffentlichkeit näherbringen wird" (Gass 1996a, S. 35, HiO). Das Weißbuch „Lehren und Lernen" ist daher das maßgebliche Dokument auf der Ebene der Europäischen Union, das im Rahmen der Politik für das lebenslange Lernen veröffentlicht wurde. Gegenüber dem Diskussionsdokument „Ziele, Struktur und Mittel des lebensbegleitenden Lernens" von Gass hat es den Vorteil, dass es direkt von der Europäischen Kommission publiziert und verantwortet wird. Das Diskussionsdokument hingegen ist zwar von der Europäischen Kommission herausgegeben, für den Inhalt zeichnet aber in erster Linie der Verfasser, J. R. Gass, verantwortlich. Darauf weist Edith Cresson in ihrem Vorwort ausdrücklich hin (vgl. Cresson 1996a, S. 6).

Dieses Spektrum der Publikationen und ihr Bezug zum Europäischen Jahr des lebensbegleitenden Lernens legen eine Auswahl des Weißbuches „Lehren und Lernen – auf dem Weg zur kognitiven Gesellschaft" zur Analyse nahe.

Inhalt und Struktur

Der erste von insgesamt zwei großen Teil des Weißbuches (S. 21-51) ist überschrieben mit „Herausforderungen" und skizziert zunächst „drei große Umwälzungen" als gesellschaftliches Szenario am Ende des Jahrhunderts: Informationsgesellschaft, Globalisierung der Wirtschaft und die wissenschaftlich-technische Zivilisation (S. 25). Auf der Folie dieses Szenarios werden Antworten auf die damit verbundenen „Herausforderungen" gegeben: Förderung der Allgemeinbildung und die Entwicklung der Eignung zur Beschäftigung. Abschließend werden im ersten Teil „Wege in die Zukunft" (S. 44) entworfen, die allgemein im Ende der Grundsatzdebatten[14] und in größerer Flexibilität gesehen werden. Aber auch einige Lösungsansätze in den Mitgliedsstaaten (vgl. S. 46) und verschiedene „neue

Entwicklungen" (S. 49), die im „Konzept der Autonomie" (S. 49), der „Bewertung" (S. 49) und der „Beobachtung besonders benachteiligter Zielgruppen" (S. 50) bestehen, werden als Schritte auf dem „Weg in die Zukunft" vorgeschlagen.

Diesem ersten Teil der Herausforderungen antwortet gleichsam der zweite große Textabschnitt (S. 53-81) in dem die „Aktionsleitlinien" zum „Aufbau der kognitiven Gesellschaft" dargestellt werden, die keinen „Maßnahmenkatalog" vorgeben, sondern „lediglich zum Nachdenken anregen und Aktionsleitlinien vorzeichnen" (S. 53) sollen.

Die Aktionsleitlinien konkretisieren sich in fünf allgemeinen Zielen:
- Aneignung neuer Kenntnisse fördern
- Annäherung von Schule und Unternehmen
- Bekämpfung von Ausgrenzung
- Allgemeine Beherrschung von drei Gemeinschaftssprachen
- Gleichbehandlung von materiellen und berufsbildungsspezifischen Investitionen.

Zu diesen Zielen werden einzelne Maßnahmen und Aspekte ausgeführt, die zu ihrer Erreichung führen sollen, beispielsweise Mobilität (S. 60), die Lehrerausbildung (S. 64) oder die „Schulen ‚der zweiten Chance'" (S. 67). Die Schlussfolgerungen gestalten sich demgegenüber sehr allgemein, indem nochmals die Beiträge von allgemeiner und beruflicher Bildung hervorgehoben und die Lesenden auf die gemeinsame Tradition in Europa (S. 80) verwiesen werden.

Die „Eignung zur Beschäftigung" (S. 7) steht inhaltlich im Mittelpunkt des Weißbuches. Sie ist sozusagen der Dreh- und Angelpunkt, um den herum die übrigen Inhalte arrangiert werden. Denn die „Entwicklung der Eignung zur Beschäftigung und zur Erwerbstätigkeit" (S. 31) wird als geeignetes Mittel zur Reaktion auf die im ersten Teil beschriebenen „Umwälzungen" gesehen, sie ist im Weißbuch als Dreischritt aus Grundkenntnissen, Fachkenntnissen und sozialen Kompetenzen definiert. Das Pendant zur „Eignung zur Beschäftigung" stellt die „Allgemeinbildung" dar, der ebenfalls ein hoher Stellenwert beigemessen wird. Allgemeinbildung wird dabei verstanden als „Fähigkeit zum Begreifen, zum Verstehen und zum Beurteilen" (S. 27), als „erster Faktor der Anpassung an die Entwicklungen der Wirtschaft" (S. 27) und als Schaffung der „Fundamente für europäisches Bewusstsein und Unionsbürgerschaft" (S. 27). Durch die Förderung der Allgemeinbildung einerseits und der Beschäftigungsfähigkeit der Europäer/innen andererseits soll „Europa unter Beweis stellen, dass es nicht nur einfach eine Freihandelszone darstellt, sondern ein organisiertes politisches Ganzes ist und über die Mittel verfügt, die Globalisierung nicht etwa über sich ergehen zu lassen, sondern sie zu bewältigen" (S. 12).

In Bezug auf die „kognitive Gesellschaft" wird festgehalten: „Die Gesellschaft der Zukunft wird also eine kognitive Gesellschaft sein" (S. 16) und „Die kognitive Gesellschaft kann sich nicht von heute auf morgen entwickeln. Sie läßt sich nicht verordnen, sondern entsteht in einem kontinuierlichen Prozeß" (S. 53). Die Frage, was eine „kognitive Gesellschaft" ist, wird innerhalb des Weißbuches an mehreren Stellen gestreift: Die Bedeutung von allgemeiner und beruflicher Bildung wird steigen (vgl. z. B. S. 17). „Der Arbeitsinhalt wird in immer stärkeren Maße von Aufgaben geprägt, die Initiative und Flexibilität erfordern" (S. 23) und „Der Zugang zur Bildung muß lebenslang garantiert sein" (S. 37). Die konkreteste Ausführung zur „kognitiven Gesellschaft" findet sich in der Figur der „kognitiven Beziehung" (S. 17), von der es heißt: „Die Einstufung *jedes einzelnen nach seinem Wissen und seiner Kompetenz* wird daher künftig entscheidend sein. Diese relative Stellung, die man als *kognitive Beziehung* bezeichnen kann, wird die Struktur in unseren Gesellschaften immer stärker prägen" (S. 17, HiO).

Damit ist die kognitive Gesellschaft als eine Gesellschaft beschrieben, deren zentralen Vergesellschaftungsmodus das Wissen darstellt. Im Zusammenhang mit der Beschäftigung mit dem lebenslangen Lernen ist diese gesellschaftliche Perspektive wichtig, weil sie das konkrete Leitbild der EU zu dessen Verwirklichung ist: In der kognitiven Gesellschaft ist das lebenslange Lernen Realität. Dabei ist seine systematische Ermöglichung für die EU aber gleichzeitig auch der Weg zur Schaffung der kognitiven Gesellschaft, die auf diesem Fundament der ständigen Lernmöglichkeiten und -anlässe aufbaut.

Die kognitive Gesellschaft als europäische Gesellschaft der Zukunft

Die Gesamtargumentation des Weißbuches „Lehren und Lernen" ist zunächst auf die Ökonomie ausgerichtet, was sich vor allem in der quantitativen Dominanz der Bezüge zu Arbeitsmarkt und Beschäftigungssystem als Aspekte einer Begründung für das neue Bildungskonzept zeigt. Aber auch allgemeine, meist positiv besetzte Prinzipen, wie „Demokratie" (S. 28), Gleichberechtigung (S. 36) oder „Fortschritt" (S. 62) werden im Weißbuch als Begründungszusammenhänge angegeben, ebenso wie eine „Europäische Identität" (S. 72). Die Vielzahl der eingebrachten Bereiche und Prinzipien, die als Begründungen oder Ziele der kognitiven Gesellschaft dienen, verdeutlicht die große thematische Bandbreite, die das Weißbuch repräsentiert und die es an die unterschiedlichsten Diskussionsstränge anschlussfähig macht. Sowohl Menschenrechtsorganisationen als auch Initiativen der Umwelt- oder Frauenbewegung können im Weißbuch Argumente wiederfinden, die auch sie für ihre Arbeit reklamieren könnten. Dennoch wird beim Lesen deutlich, dass zwar vieles aufgegriffen wird, dass aber eine eindeutige Verankerung im Bereich Arbeitsmarkt und Ökonomie erfolgt, auf den – wie auf einen imaginären Fluchtpunkt – alle Argumentationslinien und -perspektiven ausgerichtet sind. Diese Anschlussfähigkeit des Dokumentes an unterschiedliche Diskussionsstränge realisiert sich auch über kreisförmige Argumentationsmuster, die in ihrem Ausgangs- und Endpunkt zusammenfallen, dazwischen aber eine ganze Reihe verschiedener Argumentationsbereiche abdecken (vgl. z. B. S. 50f.). So kann der Fokus auf dem Hauptargumentationsstrang Ökonomie liegen, ohne dass die Argumentation einseitig ist, da auch andere Bereich abgedeckt werden.

Ähnlich wie in den „Fundamentals" des Europarates offenbart auch im Weißbuch der Blick ins Inhaltsverzeichnis bereits eine Argumentationsfigur: Dem ersten Teil der Herausforderungen folgt der zweite Teil, der im „Aufbau der kognitiven Gesellschaft" die entsprechende Antwort bereit hält. Von den drei Herausforderungen, die als Begründung für die Erarbeitung eines neuen Bildungskonzeptes genannt werden – Entwicklung der Informationsgesellschaft, Globalisierung der Wirtschaft und wissenschaftlich-technische Zivilisation – wird behauptet, sie seien bereits aktuell vorhanden, d. h., die Bedingungen der zukünftigen kognitiven Gesellschaft würden sich bereits heute abzeichnen. Allerdings werden die diagnostizierten Anfänge der neuen Gesellschaft als ambivalent dargestellt, sie enthielten sowohl Risiken als auch Chancen. So wird argumentativ eine aktuelle Entscheidungssituation nahegelegt: Wenn Europa seine Chancen ergreifen will, müssen die Weichen gestellt und muss das Bildungssystem jetzt in Richtung „kognitive Gesellschaft" verändert werden – bevor es zu spät ist und die weiteren Entwicklungen die Möglichkeiten zur positiven Gestaltung der Bedingungen der sich bereits abzeichnenden neuen Gesellschaft zunichte gemacht haben. „Wandel" (S. 19 oder 79) und Flexibilität (S. 44) als abstrakte, ziellose Figuren oder in zielgerichteter Form als „Fortschritt" (S. 62) seien Prinzipien, denen die heutigen Gesellschaften entsprechen müssten – und dies in Form der kognitiven Gesellschaft auch könnten. Um den Nachweis zu erbringen, dass Europa nur auf diese Weise in der Welt bestehen kann, werden Vergleiche mit Entwicklungen in anderen Ländern herangezogen, die sich durch einen starken Wettbewerbscharakter auszeichnen. Das Bemühen, „am Ball zu bleiben" und „weiterhin eine feste Größe in der Welt darzustellen" (S. 15), wird in Richtung „kognitive Gesellschaft" gelenkt, was beispielsweise in folgendem Zitat zum Ausdruck kommt: „Gegenwärtig ist festzustellen, dass die Konkurrenz der USA insbesondere im Multimedia-Bereich und dabei vor allem im Bildungsbereich besonders stark ist" (S. 38).

Die „kognitive Gesellschaft" ist ein dezidiert europäisches Konzept, explizit wird die Zielgruppe auf Europäer/innen eingeschränkt (S. 16). Damit eng verbunden ist die Intention, eine europäische Identität zu schaffen, die im Weißbuch sowohl als Begründung wie auch als Ziel der gemeinsamen kognitiven Gesellschaft ins Spiel gebracht wird. Neben der Idee der europäischen Identität wird auch mit einer „Sicherheitsrhetorik" versucht, die Lesenden emotional in das neue Konzept einzubinden. Diese Rhetorik geht von der Feststellung aus: „Am Ende unseres Jahrhunderts stellt sich eine immer größere Verunsicherung ein" (S. 25), und verspricht durch die kognitive Gesellschaft die Rückgewinnung der Sicherheiten. Die Perspektive einer europäischen Identität zeigt sich darüber hinaus auch in der Forderung, dass alle Menschen drei Gemeinschaftssprachen beherrschen sollen. Abgesehen von dieser konkreten Forderung werden die Lerninhalte für die kognitive Gesellschaft hauptsächlich auf abstrakter Ebene benannt: Allgemeinbildung, Grundkenntnisse und darauf aufbauende Fachkenntnisse sowie soziale Kompetenzen. Unter Allgemeinbildung, die als Grundlage für den Erwerb weiterer Kenntnisse und Fertigkeiten gesehen wird, werden verschiedene Wissenselemente bzw. methodische Fertigkeiten, die ein selbstständiges Lernen ermöglichen sollen, zusammengefasst. Dazu zählen zunächst bekannte Kulturtechniken wie Lesen, Schreiben, Rechnen und Fremdsprachen (S. 32), daneben werden aber auch neue Aspekte wie die „Ausbildung in Informationstechnologie" (S. 46) oder „Elemente des Managements, der Informatik, des Rechts, der Wirtschaftswissenschaften" (S. 40) hinzugerechnet. Weltverständnis und Urteilsvermögen (S. 2 ff.) fallen ebenfalls in den Bereich der Allgemeinbildung. Darüber hinaus wird die Bedeutung sozialer Kompetenzen betont, diese „betreffen beziehungsorientierte Fähigkeiten, das Verhalten zur Arbeit und eine Reihe von Kompetenzen, die dem erreichten Grad der Verantwortung entsprechen" (S. 32). Die Ausführungen zu Inhalten der beruflichen Bildung bleiben demgegenüber eher allgemein, lediglich Aussagen zur Notwendigkeit von Ausbildungen in den „neuen Dienstleistungsberufen" (S. 64) oder von „Ingenieuren und Technikern des Tertiärbereichs" (S. 65) sowie eine „Schulung in der Unternehmensgründung" (S. 65) werden erwähnt. Ein umfassendes Plädoyer zur Berufsbildung wird jedoch mit folgenden Worten gegeben: „Europa braucht generell eine Berufsbildung, die weder zerstückelt noch zersplittert ist und die es einem jeden ermöglicht, seine Arbeit zu verstehen und somit zu bewältigen, ja sich sogar in seiner Arbeit weiterzuentwickeln" (S. 63). Der Erwerb spezieller beruflicher Kenntnisse soll der Konkretion im jeweiligen Beruf oder Arbeitsvollzug überlassen bleiben, die sich im Sinne des Konzeptes der kognitiven Gesellschaft dann als unproblematisch gestaltet, wenn alle über die umfassende Basis Allgemeinbildung verfügen. So sollen die beruflichen Kenntnisse offen gehalten werden, denn es gehe bei einer Ausbildung in erster Linie darum, „die Berufstätigen zu befähigen, aufbauend auf einer soliden Basis an Allgemeinbildung, ihre fachlichen und beruflichen Kenntnisse ständig zu aktualisieren" (S. 19).

Den einzelnen Komponenten der zu erwerbenden Inhalte und Fähigkeiten sind im Weißbuch bestimmte Institutionen zugeordnet. Als Institutionen zum Erwerb von Grundkenntnissen werden Schule und Familie gesehen (S. 41). Da Beschäftigungsfähigkeit aber ein sehr komplexes Ziel ist, könne „keine Institution, und insbesondere weder die Schule noch das Unternehmen [...] für sich in Anspruch nehmen, allein die erforderlichen Kompetenzen für die Eignung zur Erwerbstätigkeit zu entwickeln" (S. 41). Schule und Unternehmen sollen sich daher einander annähern und als gleichberechtigte Partner im Bildungssystem agieren (S. 62). Da die Schule allerdings für die Vermittlung von Allgemeinbildung und Grundkenntnissen verantwortlich ist, sei sie die „Wurzel der kognitiven Gesellschaft" (S. 51), der „ihre zentrale Stellung in der Gesellschaft zurückzugeben" (S. 53) sei. Auch sozialen Kompetenzen wird ein Lernort zugeordnet: „... die Fähigkeit zur Zusammenarbeit und zur Teamarbeit, die Kreativität und das Streben nach Qualität. Die Beherrschung derartiger Kompetenzen kann jedoch erst im Erwerbsleben, also vorrangig im Betrieb erreicht werden" (S. 32). Das Bildungssystem soll insgesamt flexibel und offen organisiert sein, alle Ebenen sollen miteinander kooperieren und „Querverbindungen zwischen den Bildungswegen" (S. 32) schaffen.

Die Institutionen sind im Verständnis der EU-Kommission die Ermöglichungsinstanzen für das lebenslange Lernen und damit das Erzielen von Beschäftigungsfähigkeit durch die Individuen. Die Einzelnen werden in diesem Konzept als weitgehend allein verantwortlich für Gestaltung und „Pflege" ihres „Qualifikationsprofils" angesehen: „Hier wird der einzelne zum wichtigsten Akteur und Gestalter seiner Qualifikation; er muß in der Lage sein, die von den offiziellen Bildungseinrichtungen übermittelten Kompetenzen mit den in seiner beruflichen Praxis und durch seine persönlichen Berufsbildungsinitiativen erworbenen Kompetenzen zu kombinieren" (S. 32). Diese Verantwortung stellt gleichzeitig die entscheidende Vorstellung für die biographische Umsetzung des lebenslangen Lernens dar. Denn wenn jeder Einzelne diese Verantwortung hat, ist er/sie auch dafür verantwortlich, das lebenslange Lernen zum Erhalt des „Qualifikationsprofils" in seinen Lebenslauf zu integrieren. Um die notwendige Flexibilität bei dieser Art der fortlaufenden Gestaltung des Qualifikationspotenzials zu gewährleisten, soll ein verändertes System der Anerkennung von Qualifikationen etabliert werden (S. 59), unter anderem wird ein persönlicher Kompetenzausweis diskutiert, der eine Möglichkeit darstelle, grundlegende fachliche und berufliche Fähigkeiten anerkennen zu lassen (S. 40). Mit dieser Forderung nach einer flexiblen Anerkennung von Qualifikationen geht auch die Forderung nach qualifikationsfördernder Arbeitsorganisation, z. B. Qualitätskreise oder Teamarbeit, einher (S. 32 u. 42). Darüber hinaus zeigt sich in der methodischen Ausrichtung im Weißbuch-Konzept eine Parallele zu der im ersten Teil als Herausforderung geschilderten Informationsgesellschaft, denn der methodische Schwerpunkt liegt vor allem im Bereich der sogenannten neuen Medien (z. B. S. 28). Als weitere Methode spielt im Kontext der kognitiven Gesellschaft Mobilität (S. 58) eine große Rolle, die „sich nur positiv auf die Lernfähigkeit auswirken [könne, K.K.], die es heutzutage so dringend zu entwickeln gilt" (S. 58). Organisierte Lernprozesse sollen insgesamt nach innovativen pädagogischen Konzepten gestaltet werden, was vor allem mit dem methodischen Prinzip der Interaktivität (S. 68) im Lernprozess erreicht werden soll. Hinsichtlich der Lehrendenrolle werden lediglich Aufgaben, die sich aus dem Einsatz von Methoden ergeben, formuliert: Sie sollen in Bezug auf die Entwicklung von Technik und Didaktik stets auf dem neuesten Stand bleiben (S. 38). Ihre Rolle ist im Konzept der kognitiven Gesellschaft insgesamt nur wenig ausgestaltet. Die an die Lehrenden herangetragenen Forderungen sind vor allem im Vergleich zu der anspruchsvollen Rolle der Lernenden gering. Die Lernenden bilden allein das aktive Zentrum der neuen kognitiven Gesellschaft – ausgewiesen im Wesentlichen über die Verantwortlichkeit für ihr Qualifikationsprofil (S. 35).

Dem gesellschaftlichen Ziel der Förderung und Verbesserung der wirtschaftlichen Entwicklung Europas entspricht die Beschäftigungsfähigkeit der Einzelnen, die je individuell über lebenslanges Lernen hergestellt und erhalten werden soll. Als Zielgruppe des neuen Konzeptes werden daher auch explizit die Erwerbstätigen genannt sowie „einige Bevölkerungsgruppen am Wegesrand" (S. 67), die über spezielle Maßnahmen zurück zur Erwerbsfähigkeit geführt werden sollen. Zusammengefasst sind diese Maßnahmen unter der programmatischen Überschrift „Die Ausgrenzung muss bekämpft werden" (S. 67 ff.).

Nach diesen Portraits der beiden Dokumente, die auf europäischer Ebene zum lebenslangen Lernen publiziert wurden – die „Fundamentals" des Europarates aus den 1970er und das Weißbuch „Lehren und Lernen" der EU-Kommission aus den 1990er Jahren –, folgen nun die Analysen der Dokumente der internationalen Organisationen UNESCO (Kap. 2.2) und OECD (Kap. 2.3)

2.2 Die Berichte der UNESCO

„Den stärksten Antrieb für die Politik und Aktivitäten der Organisation [der UNESCO, K.K.] auf dem Gebiet des Lebenslangen Lernens lieferte der Bericht ‚Learning to Be' der internationalen Kommission zur Entwicklung des Bildungswesens unter dem Vorsitz von Edgar Faure" (Kallen 1996, S. 20). Auch wenn mit der Publikation von Paul Lengrand „Permanente Erziehung. Eine Einführung" (1972) eine wichtige Publikation zum lebenslangen Lernen der UNESCO vorliegt, gilt dennoch der Faure-Report[15] übereinstimmend als das wesentliche Dokument der UNESCO zum lebenslangen Lernen in den 1970er Jahren. Der Einführung von Lengrand wird demgegenüber eher eine Art Vorläufer-Funktion für den Faure-Bericht zugesprochen (vgl. Kallen 1996, S. 20). Günther Dohmen bezeichnet in seiner Arbeit zum lebenslangen Lernen den „Faure-Report" sogar als „das wichtigste internationale Bildungsreform-Dokument der zweiten Hälfte unseres Jahrhunderts" (Dohmen 1996a, S. 15). Er gehöre ferner „zu den maßgeblichen Dokumenten der UNESCO, die relevante, innovative Impulse zur Bildungsdiskussion im Rahmen des lebenslangen Lernens vorgedacht haben" (Gerlach 2000, S. 14). Der Faure-Bericht wird also übereinstimmend als *das* Konzeptdokument der UNESCO zu ihrer Idee der Neugestaltung des Bildungswesens angesehen.

Der Faure-Bericht ist zwar nicht offiziell von der UNESCO verantwortet, vielmehr liegt die inhaltliche Verantwortung bei den Mitgliedern der Faure-Kommission, dennoch nimmt er einen besonderen Platz unter den Publikationen der UNESCO ein. Die Mitglieder dieser Kommission wurden von der UNESCO eigens mit dem Auftrag berufen, einen Bericht über „Ziele und Zukunft unserer Erziehungsprogramme" (Untertitel) zu erarbeiten. In dem Briefwechsel zwischen Edgar Faure, dem Kommissionsvorsitzenden, und Réne Maheu, dem damaligen Generaldirektor der UNESCO, wird die Bedeutung der Arbeit der Kommission für die UNESCO deutlich. Maheu zeigt sich in seinem Brief erfreut, „durch diese höchst kompetente Untersuchung Vorstellungen bestätigt zu sehen, die bereits die Aktionen unserer Organisation prägen" (Maheu 1973, S. 24). Insofern kann der Faure-Report als UNESCO-Dokument eingeordnet werden, da er eine besondere Nähe zu der Aufgaben und Grundsätzen der UNESCO aufweist.

Joachim Knoll formuliert im Rahmen einer stichwortartigen Kurz-Skizze zur Arbeit verschiedener internationaler Organisationen im Bildungsbereich für die UNESCO das Wortspiel: „Vom FAURE-Report zur DELORS-Kommission" (Knoll 1996, S. 109), damit weist er auf eine bestimmte Kontinuität zwischen beiden Publikationen hin. Mit der Delors-Kommission wurde, ähnlich wie fast 25 Jahre zuvor mit der Faure-Kommission, wiederum ein internationales Gremium zusammengestellt, das im Auftrag der UNESCO einen Bildungsbericht ausarbeiten sollte.[16] Insofern ergibt sich diese Tradition „von Faure zu Delors" bereits in der organisatorischen Anlage der Kommissionsarbeit[17]. Aber auch inhaltlich lassen sich deutliche Parallelen in der Arbeit beider Kommissionen finden. Edgar Faure formuliert beispielsweise als eine der vier übergeordneten Annahmen der Kommissionsarbeit, dass „Erziehung nur global und permanent sein kann" (Faure 1973, S. 22), und dem Delors-Bericht gilt lebenslanges Lernen als „Herzschlag der Gesellschaft" (S. 18). Beide Berichte stellen also in ihrer Konzeption von Bildung und Erziehung das lebenslange Lernen ins Zentrum. Dem Delors-Bericht wird unter anderem in der mittelfristigen Strategie der UNESCO für 1996 bis 2001 (vgl.

Deutsche UNESCO-Kommission 1997) ebenfalls eine wichtige Funktion für die Arbeit der UNESCO zugeschrieben: „Die UNESCO setzt sich weiterhin ein für Fortschritte im Bildungswesen durch mehr internationale Solidarität und politisches Engagement sowie eine weltweite Diskussion der neuen Entwicklungen. Wichtige Anregungen gibt der 1996 vorgelegte Bericht der im Jahre 1993 berufenen Internationalen Kommission Bildung für das 21. Jahrhundert" (ebd., S. 35). Diese internationale Kommission ist die „Delors-Kommission", die – wie die „Faure-Kommission" – nach ihrem Vorsitzenden Jacques Delors benannt wird.

Ein gleichfalls wichtiges Dokument im Spektrum der Publikationen der UNESCO zum lebenslangen Lernen in den 1990er Jahren stellt die „Hamburger Deklaration zum Lernen im Erwachsenenalter. Agenda für die Zukunft" (UNESCO-Institut für Pädagogik 1998) dar.[18] Die „Hamburger Deklaration" bezieht sich allerdings explizit auf das „Lernen im Erwachsenenalter" während der Delors-Bericht auf ein neues Konzept für Bildung allgemein eingeht, ohne einen bestimmten Lebensabschnitt zu fokussieren. Er ist somit das umfassendere Dokument, das das UNESCO-Konzept zum lebenslangen Lernen als Gesamtzusammenhang darstellt.

2.2.1 der „Faure-Bericht" oder „Wie wir leben lernen" (1972)
Inhalt und Struktur

In der Publikation ist dem eigentlichen Bericht der Kommission ein kurzer Briefwechsel zwischen dem Kommissionsvorsitzenden Edgar Faure und dem Generaldirektor der UNESCO, René Maheu, vorangestellt: das Begleitschreiben zu dem fertiggestellten Bericht von Edgar Faure an René Maheu und das Dankesschreiben von Maheu. Faure betont in seinem Schreiben, dass die Kommission beim Erstellen des Berichts einen bestimmten „Standpunkt" eingenommen habe, den er in vier grundlegenden Überzeugungen bzw. Annahmen beschreibt:

- Die erste ist die „Existenz einer internationalen Gemeinschaft, die sich trotz der Verschiedenheit der Nationen und Kulturen, der politischen Systeme und der Entwicklungsstufen in gemeinsamen Bestrebungen, Problemen und Tendenzen äußert" (S. 21 f.).[19]
- „Die zweite ist der Glaube an die Demokratie, die verstanden wird als Recht jedes Menschen, sich zu verwirklichen und an der Gestaltung seiner Zukunft teilzunehmen" (S. 22).
- „Die dritte Annahme besteht darin, daß die Entwicklung die volle Entfaltung des Menschen zum Ziel hat" (S. 22).
- Die abschließende vierte Annahme ist schließlich, „daß die Erziehung nur global und permanent sein kann, um diesen ganzen Menschen zu bilden [...] und ‚leben zu lernen'" (S. 22).

Die hier skizzierten Annahmen, auf die sich die Mitglieder der Kommission, die den Bericht ausgearbeitet hat, gemeinsam geeinigt haben, geben recht gut den Duktus wieder, in dem der Bericht abgefasst ist. Er geht in seinen konzeptionellen Teilen – vor allem in Teil II (Künftige Entwicklungen) und Teil III (Die Lerngesellschaft) – von einer umfassenden Gesellschaftsveränderung aus, die sich nicht nur auf die Erziehung beschränkt. Demgemäß handelt es sich beim Faure-Report eher um einen Gesellschaftsentwurf mit dem Fokus der Aufgabe der Erziehung zur Implementierung dieser Gesellschaft und innerhalb einer solchen Gesellschaft, als um ein reines Erziehungskonzept[20]. Der Erziehung wird ein hoher Stellenwert beigemessen, sowohl in Bezug auf die gesellschaftliche Veränderung als auch innerhalb der neuen, im Bericht vorgeschlagenen Gesellschaft, die als „Lerngesellschaft" (S. 232) bezeichnet wird. Education Permanent[21] wird als „Grundstein der Lerngesellschaft" (S. 246) angesehen, sie ist dann verwirklicht, wenn „das Lernen sich sowohl durch seine Dauer als auch durch seine Vielschichtigkeit auf das ganze Leben ausweitet und Sache der ganzen Gesellschaft und ihrer erzieherischen, sozialen und wirtschaftlichen Mittel" (S. 43) ist.

Es geht im Faure-Bericht neben einer Entwicklung von Erziehungszielen auch darum, eine Vorstellung von der Gesellschaft zu entwickeln, für die die Erziehungsziele der Education permanente formuliert werden. Dieser Zusammenhang von Gesellschaft und Erziehung manifestiert sich bereits in der zweiten der vier Annahmen, die dem Faure-Bericht vorangehen, in der die Bedeutung der Erziehung für das Ziel „Demokratie" formuliert wird: „Der Schlüssel für eine so definierte Demokratie ist die nicht nur weithin durchgeführte, sondern in bezug auf ihre Inhalte und Methoden neu durchdachte Erziehung" (S. 22). Das übergeordnete Ziel ist eine demokratische Gesellschaft, entsprechend diesem Ziel wird die Erziehung konzipiert, die so in der Lage ist, über die Schaffung des „neuen Menschen" auch die demokratische Gesellschaft zu erreichen.

Aus der ersten Annahme – der Existenz einer internationalen Gemeinschaft, die an verschiedenen Punkten weltweit mit den gleichen oder ähnlichen Problemen konfrontiert sei, die aber auch klar nationale und kulturelle Unterschiede herausstellt – ergibt sich für die Arbeit der Kommission folgender Zusammenhang: Es gibt ein globales „Gesamtziel der Erziehung" (S. 22), das in der „Bildung des ganzen Menschen" (S. 22) liegt. Aber „es ist die Aufgabe der jeweils nationalen Bildungspolitiken, dieses allen gemeinsame Ziel für die einzelnen Länder in geeigneten Zielen zu formulieren und in Strategien für die Kombination geeigneter Mittel zum Erreichen dieser Ziele, in Strategien, die in Planung übergehen, umzusetzen" (S. 22 f.). Das gemeinsame Ziel stärker herauszuarbeiten und zu begründen sowie Rahmenbedingungen der Formulierung nationaler

Ziele und Strategien darzustellen, darin sieht Edgar Faure denn auch die Aufgabe, die dem UNESCO-Bericht zukommen soll und kann. Damit ist eine der grundlegenden Spannungen angesprochen, die sich durch den gesamten Bericht ziehen: eine internationale Perspektive[22] und ein gemeinsames Ziel, die aber eine globale Einheitlichkeit weder zum Ausgangspunkt noch zum Ziel haben.

Nach einem fast fünfzigseitigen Vorwort gliedert sich der Bericht in drei etwa gleichgewichtige Teile von je ca. einhundert Seiten: die „Beschreibung der Lage" (S. 49-142); die „Künftigen Entwicklungen" (S. 143-229) und den abschließenden dritten Teil, der „Die Lerngesellschaft" skizziert (S. 231-338). Dem Bericht sind dann noch „Anhänge" von insgesamt ca. fünfunddreißig Seiten beigefügt (S. 341-377). Es handelt sich hier also im Vergleich zu den bisher analysierten Dokumenten um das mit Abstand umfangreichste; von den insgesamt in diesem Buch analysierten Dokumenten kommt lediglich die Veröffentlichung der OECD aus dem Jahre 1996 annähernd an diesen Textumfang heran.

Im ersten Teil, der „Beschreibung der Lage", setzen sich die Kommissionsmitglieder sowohl mit der Geschichte der Erziehung als auch mit ihrer Gegenwart auseinander und skizzieren darauf aufbauend zum einen den bisher erreichten „Fortschritt" als auch die „Sackgassen" der Entwicklung der Erziehung, um abschließend das Verhältnis von „Erziehung und Gesellschaft" (S. 109) zu klären. Der zweite Teil des Berichts (S. 143-230), der mit „Künftige Entwicklungen" (S. 143) überschrieben ist, geht sowohl auf die aktuelle „Zeit der Fragen" (S. 145) als auch auf „Entscheidende Faktoren der Zukunft" (S. 165) ein. Es handelt sich hierbei im Wesentlichen um die Darstellung der aktuellen Entwicklungen, die eine Begründung für die Notwendigkeit einer Änderung des Erziehungssystems nahe legen, sowie bei den „Neuen Zielen" (vgl. S. 209) um eine Darstellung der Ziele, die mit der Education Permanente verbunden sind. Abschließend wird dann im dritten Teil (S. 232-336) die „Lerngesellschaft" skizziert. Bei diesem dritten Teil wird allerdings nicht nur eine inhaltliche Bestimmung einer solchen „Lerngesellschaft" entlang von einundzwanzig Grundsätzen vorgenommen, sondern es werden auch Umsetzungsstrategien für diese „Lerngesellschaft" ausgearbeitet.

Wie wir leben lernen: Die umfassende Vision der Lerngesellschaft

Der Faure-Bericht basiert auf den bereits erwähnten vier Grundannahmen, die auch die Gesamtperspektive bestimmen: Internationalität, Demokratie, Ganzheitlichkeit sowie Erziehung im Dienste der drei vorherigen Prinzipien. Die Lerngesellschaft wird dezidiert als weltweit gültiges Konzept angesehen, das das Recht jedes Einzelnen auf die volle Entfaltung der Persönlichkeit beinhaltet. Es ist gleichzeitig das Zukunftsprojekt für eine neue Gesellschaft, die die

Schaffung des „neuen Menschen" (S. 218) über die Erziehung erreichen will. Erziehung wird so zur wesentlichen Kraft für gesellschaftliche Veränderung. Auffällig ist in diesem Dokument die Betonung der Bedeutung, Rolle und Macht der Erziehung. Dies kommt in folgendem Zitat deutlich zum Ausdruck: „*Die demokratische Erziehung hat daher die Aufgabe, auf die wirkliche Ausübung der Demokratie vorzubereiten*" (S. 162, HiO). Der Erziehung wird so zwar nicht direkt die Macht der Gesellschaftsveränderung zugesprochen, aber über die Schaffung des „neuen Menschen" (S. 34, 218), der ein Ergebnis der veränderten Erziehung sein soll, wird doch die Möglichkeit einer indirekt über die Erziehung zu erreichenden Gesellschaftsveränderung gesehen.[23]

Die Notwendigkeit eines neuen Erziehungskonzeptes wird durch übergeordnete Zielvorstellungen wie Demokratie und Fortschritt, „wissenschaftlicher Humanismus" (S. 211) und Ganzheitlichkeit begründet. Veränderungsbedarf entstehe aber auch allgemein aus dem gesellschaftlichen Wandel, der von den Menschen fortlaufende Veränderungen und damit ständiges Lernen verlange. Ein weiterer Argumentationsstrang befasst sich mit dem Bildungsbereich: Kritik am bestehenden Bildungssystem, Recht auf Bildung für alle, steigende Nachfrage nach Bildung und Erziehbarkeit des Menschen. Aus diesen unterschiedlichen Bereichen heraus ergibt sich für die Faure-Kommission die Notwendigkeit der neuen Erziehungskonzeption, die sie mit ihrem Bericht vorlegt. Zugleich zeigt sich in dem Bericht auch das Bemühen um eine wissenschaftliche Fundierung, beispielsweise durch die Anfügung des statistischen Materials im dreißigseitigen Anhang oder durch die zahlreichen Verweise auf verschiedene Einzelwissenschaften (z. B. Psychologie (S. 141), Gehirnforschung (S. 218) oder Systemanalyse (S. 190)).

Ausgangspunkt der Argumentation ist die breit ausgeführte Kritik am bestehenden Bildungssystem. Die Gegenwart wird dabei als Einschnitt in den Lauf der Geschichte präsentiert, der eine Neuorientierung des Bildungssystems notwendig mache, die nicht nur quantitativer Art sein könne, sondern grundsätzliche qualitative Veränderung beinhalten müsse (S. 31). Die kritische Analyse des Bestehenden stellt im Faure-Bericht ein aufwendiges, viele Seiten umfassendes Unterfangen dar. Im ersten Teil werden die geschichtliche Entwicklung der Erziehung aufgerollt, weltweit verschiedene Erziehungstraditionen präsentiert und auf die biologische Notwendigkeit der Erziehung verwiesen. Darüber hinaus wird ein breites Spektrum von der Alphabetisierung über steigende Bildungsnachfrage, Finanzierung bis zum Verhältnis von Gesellschaft und Erziehung einbezogen, um die „Beschreibung der Lage" umfassend darzustellen. Das bisher Bestehende liefert so als kritik- und veränderungswürdiger Zustand die Folie für die Präsentation des neuen, anderen Konzeptes. Verstärkt wird diese

Argumentationsfigur (Erzeugung von Handlungsdruck durch die Zuspitzung der Kritik am Bestehenden) noch dadurch, dass die gerade aktuelle Situation als historischer Einschnitt dargestellt und darauf hingewiesen wird, dass es daher gerade jetzt nicht mehr so weitergehen könne wie bisher: „In der augenblicklichen Situation, in der man ganz klar sieht, dass man auf dem bisher verfolgten Weg *nicht* weitergehen *kann,* aber noch zögert, welchen Weg man einschlagen soll" (S. 145, HiO), wird von der Faure-Kommission die Education Permanente als einzuschlagender Weg im Erziehungsbereich benannt – der gleichzeitig verknüpft wird mit dem „richtigen" gesamtgesellschaftlichen Weg. Es gibt also zwei zeitliche Dimensionen der Argumentation: die Vergangenheit, indem das Bisherige kritisiert wird, und die Antizipation der Zukunft, auf deren Bedürfnisse und Anforderungen das neue Konzept abgestimmt scheint. Die spiegelt sich auch im Aufbau: Teil I „Beschreibung der Lage", Teil II „Künftige Entwicklungen" und abschließend der Teil III „Die Lerngesellschaft". Die Gegenwart als Zeitpunkt zwischen Vergangenheit und Zukunft wird somit als Übergang und Einschnitt herausgestellt, an dem eine Neuorientierung notwendig sei, die sowohl aus den Fehlern der Vergangenheit gelernt habe als auch zukünftigen, neuen Anforderungen gerecht werden könne.

Ein weiteres wichtiges Element der Argumentationsstruktur sind die internationalen Vergleiche, die besonders in Form von Beispielen im dritten Teil gegeben werden. Der Vergleich hat hier allerdings – im Gegensatz etwa zum Weißbuch – nicht die Funktion des Wettbewerbs, der Konkurrenz mit anderen, sondern eher des Nachahmens und voneinander Lernens, um aus „dem gemeinsamen Erfahrungsschatz aller Länder in Fragen der Erziehung nützliche Beispiele" (S. 242) zu entnehmen. Die Education Permanente wird also als gemeinsames Projekt dargestellt, bei dem alle voneinander lernen können und sollen. Dieser gemeinsame Ansatz der grundsätzlichen Veränderung des Erziehungssystems ist mit dem Zukunftsmodell der Lerngesellschaft beschrieben, die im dritten Teil durch internationale Beispiele bereits bestehender „guter Praxis" illustriert wird.

Der lernende Mensch wird als Zentrum des Lernprozesses angesehen: „Grundsätzlich muß jeder Lernende im Zentrum des Erziehungsaktes stehen und in dem Maß, wie er reifer wird, selbst frei entscheiden können, was er lernen will und wo er lernen will" (S. 290). Hier greift ein Konzept der altersbedingt abgestuften Freiheitsgrade, das auch in der Konzeption des Europarates mit der Ausrichtung auf Erwachsene zum Tragen kam. Die umfassende Rolle, die den Lernenden innerhalb der Education Permanente zukommt, kann scheinbar erst von Erwachsenen voll ausgefüllt werden. Ein großer Teil des Unterrichts im Jugendalter soll gerade darin bestehen, die Lernenden auf die Ausübung ihrer Rolle als selbstbestimmte Lernende vorzubereiten. Das selbstorganisierte Lernen wird gemäß dieser Grundeinstellung innerhalb der Faure-Konzeption als fundamentales Prinzip verankert: „Es schließt keineswegs die Teilnahme an einem kollektiven Unterricht aus. Vielmehr ergreift der einzelne selber die Initiative, er wählt die Richtung aus, die er einschlagen will, er sucht die Personen aus, deren Hilfe er in Anspruch nehmen will, und er selbst beurteilt den Wert der erzielten Ergebnisse" (S. 279). Trotz dieser umfassenden Bestimmung der Aktivitäten der Lernenden bleibt innerhalb der Konzeption der Education Permanente dennoch auch für die Lehrenden ein wichtiger Part. Sie haben zum einen eine Unterstützungsfunktion für die Lernprozesse der Einzelnen zu leisten, die beispielsweise in der „Diagnose der Bedürfnisse der Lernenden, Motivierung und Ermutigung zum Studium" (S. 199) oder in „sachkundiger Beratung" (S. 278) bestehen kann. Andererseits sind die Lehrenden bestimmt über ihre Vorbildfunktion für die Entwicklung der Persönlichkeit der Lernenden. Zum Verhältnis dieser beiden unterschiedlichen Funktionen der Lehrenden wird prognostiziert, dass „die Erziehungs- und Führungsfunktionen immer stärker die Unterrichtsfunktion verdrängen" (S. 286). Diese Verschiebung liegt vor allem auch in der Struktur der Erziehungskonzeption des Faure-Berichts selbst begründet, denn der „neue Mensch" zeichnet sich gerade nicht durch einen inhaltlich bestimmten Wissenskorpus aus, sondern durch persönliche Dispositionen, Fähigkeiten und Eigenschaften. Der grundlegende Wandel in der Rolle der Lehrenden wird denn auch darin gesehen, dass sie „in Zukunft vornehmlich die Persönlichkeit herausbilden" (S. 287). Der Lehrer avanciert innerhalb des Faure-Bericht so zu einer Figur, die sich vor allem durch „Würde" (S. 285) auszeichnet und zur Vorbildfigur innerhalb des pädagogischen Gefüges wird. Um sich den neuen Erziehungsaufgaben voll und ganz widmen zu können, sollen den Lehrenden Hilfskräfte zur Seite gestellt werden, die sie von täglichen Routinen entlasten (S. 289).

Die zu lernenden Inhalte sind in eine grundlegende Elementarbildung und konkrete inhaltliche Anforderungen gesplittet. Die Elementarbildung soll Grundkenntnisse vermitteln, darüber hinaus „muß sie vor allem lehren, die Welt zu erfassen und zu verstehen; sie muß in jedem Lebensalter – besonders beim Kind auch für sein späteres Leben – die Lust wecken, sich zu bilden, zu informieren, sich und anderen Fragen zu stellen, indem sie Beobachtung, Urteilskraft und kritischen Verstand fördert; sie muß schließlich das Verständnis für die Zugehörigkeit zur Gemeinschaft und für ein schöpferisches Verantwortungsbewußtsein eines jeden für sich und andere vermitteln" (S. 249). Die Anforderungen an die Elementarbildung lassen sich kurz mit folgenden Inhalten und Fähigkeiten bzw. persönlichen Dispositionen benennen: Grundkenntnisse, Lernfähigkeit und -bereitschaft, unabhängiges Denken, Gemeinschaftsgefühl und Verantwortungsbewusstsein. Auch sei der „Erwerb von Techniken des selbständigen Lernens" (S.

278) wichtiger als der „Umfang des gespeicherten Wissens" (S. 272). Daher erscheint eine konkrete Definition der Inhalte eher nebensächlich und bleibt auf einem elementaren Niveau. Der allgemein Zugang zur Elementarbildung (S. 259) soll aber dennoch sichergestellt sein und damit auch die Verbreitung einer neuen Form von Allgemeinbildung – erweitert um allgemeine sozio-ökonomische, technische und praktische Kenntnisse (S. 261) – und Alphabetisierung.

Die Bedeutung bestehender Bildungsinstitutionen wird innerhalb des Faure-Reports durch die Forderung nach Anerkennung nicht-institutionalisierter Lernformen relativiert, was im Text selbst auch als „Aufweichen der Institutionen" (S. 251) bezeichnet wird. Das zentrale Anliegen dieses Ansatzes ist, dass nicht der Weg oder der Ort, an dem jemand gelernt hat, ausschlaggebend für die Anerkennung des Lernerfolges sein sollte, sondern das tatsächlich erreichte Lernergebnis. Prinzipiell sollen institutionalisierte und nicht-institutionalisierte Formen des Lernens in der Lerngesellschaft gleichgestellt sein. Der Erziehungsprozess wird in dieser Konzeption also über die bestehenden Bildungsinstitutionen hinaus ausgeweitet. Diese Ausweitung beinhaltet auch, dass sehr vielen verschiedenen gesellschaftlichen Institutionen Erziehungsrelevanz zugesprochen wird, wie beispielsweise „Betrieben" (S. 265), „Gewerkschaften, Berufsverbänden, politischen Parteien, Konsum- und Produktivgenossenschaften und Sozialversicherungen" (S. 217) sowie „Presse, Werbung, Rundfunk und Fernsehen" (ebd.). Dies soll aber nicht dazu führen, dass die klassischen Bildungsinstitutionen abgeschafft werden, vielmehr sollen sie sich öffnen und prinzipiell für alle Gesellschaftsmitglieder zugänglich sein (S. 248). In der Konzeption wird weiterhin von einer Schulpflicht (S. 257) sowie von einer großen Bedeutung der Vorschulerziehung ausgegangen (S. 257). Die Erziehungsinstitution der Zukunft wird einerseits charakterisiert durch Effizienz im Einsatz von effektiven Lerntechniken und andererseits durch eine soziale Funktion der Ermöglichung menschlicher Beziehungen (S. 208). Für die Einrichtungen des Erziehungssystems lassen sich die Haupttendenzen des Faure-Berichts folgendermaßen zusammenfassen: Relativierung der Bedeutung bestehender Bildungsinstitutionen durch Anerkennung nicht-institutionalisierter Lernformen, Pluralisierung der Institutionenlandschaft mit Erziehungsaufgaben und Öffnung bestehender Bildungsinstitutionen für weite Bevölkerungskreise. Eine zentrale Erziehungsbehörde soll aber für die Umsetzung der Prinzipien der Education Permanente verantwortlich sein (S. 299).

Grundlegendes Fundament der methodischen Gestaltung des Unterrichts ist das demokratische Dialogprinzip: Dieses „Prinzip des Dialogs" (S. 208) gilt als eines der unverzichtbaren methodischen Elemente des Unterrichts, da sich in diesem Prinzip die Demokratisierung des Unterrichts manifestiert, die wiederum als wichtige Voraussetzung für die allgemeine Verankerung der Demokratie gilt. Der Faure-Report erhebt aber auch gemäß des bereits skizzierten Verhältnisses von Lehrenden und Lernenden die Forderung „zu einem Ausbau der Methoden und des Materials für selbstorganisiertes Lernen" (S. 197), um so Selbsterziehung und Autodidaktik zu fördern. Daneben gelten auch die neuen Medien (S. 272) als adäquates methodisches Instrumentarium zur Gestaltung des Unterrichts nach den Prinzipien Demokratie und Selbsttätigkeit.

Eingeschränkt wird die explizit umfassende Ausrichtung des Konzeptes „Jeder muß die Möglichkeit haben, während seines ganzen Lebens zu lernen" (S. 246) durch die Tendenz des Faure-Reportes, Erwachsene zunächst grundsätzlich als Erwerbstätige zu sehen und sie als solche als „neue Zielgruppen" (S. 198) in das Konzept einzubeziehen – auch wenn im Bereich der Alphabetisierung explizit die nicht-erwerbstätige Bevölkerung als Zielgruppe benannt wird (S. 276). Zwar kommt diese einschränkende Tendenz nur an wenigen Stellen unmittelbar zum Tragen, aber auch dem Faure-Bericht liegt implizit das Bild des erwerbstätigen Erwachsenen als „Normalbiographie" zugrunde.

Ohne eine grundlegende Veränderung des Systems der Erziehung könne man „den konkreten lebendigen Menschen in seinen wirklichen Dimensionen und in der Vielfalt seiner Bedürfnisse nicht erreichen und gewinnen" (S. 222). Was in dieser Formulierung zum Ausdruck kommt, kommt einer Berücksichtigung der Notwendigkeit einer je individuellen biographischen Umsetzung des lebenslangen Lernens nahe, allerdings bezieht es sich in erster Linie auf die Organisation des Erziehungsprozesses durch das Erziehungssystem. Wie die Lernenden innerhalb ihrer Biographie die Education Permanente organisieren können, wird nicht reflektiert, es wird vielmehr als unproblematisch vorausgesetzt (S. 222). Neben dem Aspekt der oben bereits erwähnten Möglichkeit, während des gesamten Lebens zu lernen (S. 246), geht die Faure-Kommission in ihrem Bericht auch auf die Fähigkeit zu lernen (S. 278) sowie die Lust (S. 249) und die Motivation (S. 182) als Voraussetzungen dafür ein. Diese verschiedenen Komponenten zusammen eröffnen zwar überhaupt erst die Möglichkeit für die Einzelnen, die Education Permanente als relevant und umsetzbar für ihr eigenes Leben anzusehen. Ob sie allerdings auch umsetzbar und wie sie individuell lebbar wird, ist damit noch nicht beantwortet.

2.2.2 Der „Delors-Report" mit den vier Säulen der Bildung (1996)
Inhalt und Struktur

Der „mündige Bürger" in einer demokratischen Gesellschaft des 21. Jahrhunderts, ausgestattet mit entsprechenden Rechten und Pflichten, figuriert als Leitbild des Delors-Berichts. Die „Bildung für das 21. Jahrhundert" – so ein Teil des Untertitels – stellt dabei als „notwendige Utopie" (S. 11)[24] den Weg dar, auf dem alle Menschen zu „mündigen Bürgern" werden können. Der „aktive und kreative Bürger der Zukunft" (S. 109) soll zugleich auch „Weltbürger" (S. 167) sein. Denn der Delors-Bericht geht zum einen von „vielen Formen der Globalisierung" (S. 31) bereits zum jetzigen Zeitpunkt aus – mit der Tendenz zur Ausweitung. Zum anderen werden mit dem „Weltbürger" aber auch internationale Verständigung, Zusammenarbeit, Toleranz und Frieden verbunden. Damit ist bereits eine wesentliche Dimension des Berichts benannt: Er geht durchgehend auf verschiedene Formen globalisierter Lebensbereiche (z. B. Kommunikation (S. 34)) ein, denen gegenüber aber auch die Notwendigkeit der lokalen Verankerung der Menschen in ihrem unmittelbaren Umfeld betont wird. Damit wird der allgegenwärtige Gegensatz von global und lokal/regional aufgegriffen. Zu beobachten sei „neben einer wachsenden Internationalisierung auch gleichzeitig eine Suche nach eigenen Wurzeln" (S. 39). Diese Spannung zwischen international/global und lokal/individuell zieht sich durch den gesamten Delors-Report.

Perspektivisch orientiert sich der Bericht an einem „neuen Humanismus" (S. 41): „Ein Humanismus, der deutlich durch eine ethische Komponente charakterisiert ist und sein Gewicht auf Wissen von und Respekt vor anderen Kulturen und spirituellen Werten verschiedener Zivilisationen legt" (S. 41). Diese Form der ethischen Komponente enthält eine Kritik an der ökonomischen Ausrichtung der Diskussionen um Globalisierung. Der „neue Humanismus" soll verstanden werden als „ein mehr als notwendiges Gegengewicht zu einer Globalisierung, die ansonsten rein ökonomisch und technisch ausgerichtet wäre!" (S. 41). In der Betonung des notwendigen Gegengewichts zur einer dominierenden ökonomischen Perspektive auf die Welt und ihre Entwicklung liegt ebenfalls ein wiederkehrendes Motiv des Reports. Mit der Formulierung des „Humanismus" als Ziel knüpft der Delors-Bericht außerdem an den Faure-Bericht und die UNESCO an, deren Bildungsideal beispielsweise von Irmela Neu-Altenheimer ebenfalls als „humanistisch" (Neu-Altenheimer 1996, S. 12) bezeichnet wird.[25] Darüber hinaus stellt sich die Delors-Kommission auch mit dem geforderten „Recht auf Bildung" – eine Anlehnung an die UNESCO „Weltdeklaration zur Bildung für Alle" (S. 103) – eindeutig in die Tradition der UNESCO.
Rolle und Möglichkeiten von Bildung – „Sie ist nicht einfach eines von vielen Instrumenten zur Förderung der Entwicklung, sie ist eines der Hauptelemente dieses Lösungsansatzes und seiner wichtigsten Ziele" (S. 66) – werden auch im Delors-Bericht sehr hoch eingeschätzt: Sie sei in der Lage, „das Fundament für Bürgerbewußtsein einer Informationsgesellschaft" (S. 54) zu legen; sie stehe im Dienst der Konfliktvermeidung (S. 79); sie soll eine „Schlüsselrolle in der gesellschaftlichen Entwicklung" (S. 144) einnehmen; „in Zukunft noch größere soziale Ungerechtigkeiten zu verhindern" (S. 151) und für Frau-

en „die Lücke zu den Männern so schnell wie möglich" (S. 159) schließen. Diese umfassende Rolle der Bildung muss im Zusammenhang mit dem zugrunde liegenden Verständnis des Zusammenhangs von Bildung und Gesellschaft gesehen werden: „Die Kommission ist davon überzeugt, daß die Wahl einer bestimmten Bildungsform auf die Entscheidung für eine bestimmte Gesellschaftsform hinausläuft. Bildungspolitische Entscheidungen sollen auf größere Verantwortlichkeit der einzelnen Bürger abzielen und dabei gleichzeitig das Grundprinzip der Chancengleichheit bewahren. [...] Lebenslanges Lernen sorgt dafür, dieser sozialen Dimension von Bildung eine Richtung zu geben" (S. 153 f.). Dieser Ansatz, durch Bildungspolitik Gesellschaftsentwürfe zu realisieren, ist nur dann sinnvoll, wenn der Bildung auch die Fähigkeit und die Macht der Gesellschaftsveränderung zugetraut wird. Auf diesem grundlegenden Zusammenhang baut der Delors-Bericht auf. Indem im Bildungsbereich bestimmte Prinzipien vorgelebt werden, breiten sie sich auch auf die übrige Gesellschaft aus – dies ist der zugrunde liegende Übertragungsmechanismus. Er erinnert an das Bild konzentrischer Kreise, die sich – beispielsweise wenn man einen Stein ins Wasser wirft – von einem Mittelpunkt als Zentrum der Bewegung immer weiter ausbreiten.

„Bildung als notwendige Utopie" stellt Jacques Delors als Vorwort dem Kommissionsbericht voran. Der Bericht selbst ist grob in drei Teilbereiche mit jeweiligen Unterkapiteln gegliedert: Perspektiven (S. 31-70), Prinzipien (S. 71-96) und Orientierungslinien (S. 97-169). Zunächst geht es also um die „Perspektiven", die in der Entwicklung einer „Weltgesellschaft" (S. 31), der Entwicklung „vom sozialen Zusammenhang zu demokratischer Partizipation" (S. 44) und in der Losung „Vom wirtschaftlichen Wachstum zur menschlichen Entwicklung" (S. 57) aufgezeigt werden. Die hier skizzierten Perspektiven sind ein Mix aus konstatierten Entwicklungen, kritischen Diagnosen und erstrebenswerten Ideen. Die „Prinzipien" (Teil II) werden für den Bildungsbereich mit den „vier Säulen der Bildung" (S. 73) und dem „Lebenslangen Lernen" (S. 85) aufgezeigt. Die vier Säulen der Bildung, das „Herzstück" der neuen Bildungskonzeption, sind: „Lernen, Wissen zu erwerben" (S. 74), „Lernen, zu handeln" (S. 76), „Lernen, zusammenzuleben" (S. 79) und „Lernen für das Leben" (S. 81). Mit diesen vier Säulen ist in einer sehr anschaulichen Art der Grundcharakter des Delors-Berichts benannt: Die solchermaßen breit verankerte Bildung soll einen festen Stand in der unruhigen, globalisierten Welt haben und auch den einzelnen Menschen in dieser Welt eine sichere Orientierung bieten. Ökonomische Entwicklung und Globalisierung stellen eine Art Umweltbedingung dar, die durch Bildung in Richtung Gerechtigkeit, Frieden und Zusammenarbeit gelenkt werden sollen. Im dritten Teil werden dann abschließend noch „Orientierungslinien" (S. 97) für Bildung formuliert, die sich mit dem Bildungswesen

(„Von der Grundbildung bis zur Universität", S. 99), der Lehrerrolle (S. 123), dem Zusammenhang von Politik und Bildung (S. 135) sowie abschließend der „Bildung im globalen Dorf" (S. 157) als einem Bestandteil internationaler Kooperation befassen. Diese Orientierungslinien geben die Richtung für den Weg der „Bildung für das 21. Jahrhundert" an, damit sie die Aufgaben, die ihr von der Delors-Kommission zugedacht wurden, auch erfüllen kann. Es folgen zum Abschluss Epilog und Anhang. Die Mitglieder der Kommission hatten die Möglichkeit, ihre individuellen Schwerpunkte, die in den Gesamtberichtes nicht einfließen konnten bzw. die sie nochmals ausführlich betonen wollten, in kurzen Beiträgen niederzuschreiben, die namentlich gekennzeichnet im Epilog des Delors-Berichts abgedruckt sind. Im Anhang findet sich schließlich eine Skizze der Aktivitäten der Kommission.

Der mündige Bürger in der globalen Welt

Der wichtigste Ausgangspunkt des Delors-Berichts ist die Beschreibung umfassender gesellschaftlicher Entwicklungen, insbesondere Globalisierung und Informationsgesellschaft, die als zu stark ökonomisch ausgerichtet kritisiert werden. Dem wird die Utopie einer gerechten, demokratischen und solidarischen Weltgesellschaft gegenübergestellt. Bestehende oder zu befürchtende Ungleichheiten – weltweit (S. 87), sozial (S. 91) und zwischen den Geschlechtern (S. 159) – sollen durch die Stärkung allgemeiner Prinzipien wie Humanismus (S. 41), Chancengleichheit, Fortschritt (S. 61) oder auch Moral abgebaut werden. Auf Moral wird auffällig oft verwiesen, ohne dass näher bestimmt wird, was genau unter „moralischen Werten" (S. 123) oder einem „moralischen Vertrag" (S. 115) verstanden werden soll. Sie hat – ebenso wie die anderen allgemeinen Prinzipien – aus sich heraus offensichtlich so viel Dignität, dass sie der Argumentation den notwendigen, überzeugungskräftigen Tiefgang verleiht. Auch die Ökonomie, z. B. in Form von „Arbeitssuche" (S. 47) oder der Entwicklung zur „Informationsgesellschaft" (S. 73), wird als wichtiger gesellschaftlicher Bereich benannt, dessen Dynamik entsprechende Effekte in der Gesellschaft und dem Bildungssystem notwendig mache und der damit ein Motor des Veränderungsbedarf hervorbringenden Wandels sei. Gleichzeitig bezieht der Delors-Bericht aber Stellung für einen grundsätzlichen Richtungswechsel von der aktuell zu stark ökonomischen Ausrichtung der Gesellschaften hin zu einer demokratisch-humanitären Alternative – dieser Richtungswechsel soll eben durch Veränderungen im Bildungssystem erreicht werden. Notwendig würden Veränderung des Bildungswesens nicht zuletzt aber auch aufgrund abnehmender Ressourcen für den Bildungsbereich (S. 143) bei gleichzeitig steigender Nachfrage auf der Grundlage der demographischen Entwicklung (S. 157). Durch die Umgestaltung zum lebenslangen Lernen soll das „Recht auf Bildung" trotz bzw. wegen all dieser Entwicklungen und Zusammenhänge Realität werden.

Wie im Untertitel „UNESCO-Bericht zur Bildung für das 21. Jahrhundert" bereits anklingt, stellt die Antizipation der Zukunft – des 21. Jahrhunderts – ein wichtiges Argumentationsmuster dar. Dabei wird ausgehend von sich schon heute abzeichnenden Entwicklungen deren Fortsetzung und Forcierung in der Zukunft als wahrscheinlich prognostiziert. Das Konzept des lebenslangen Lernens, wie es im Delors-Bericht mit den vier Säulen der Bildung entwickelt wird, wird dann als die angemessene Strategie für die anstehende Entwicklung präsentiert, die die „Ausbildung der Zukunftsqualifikationen" (S. 88) gewährleisten könne: „Dieses Kontinuum des Lernens, das sich mit dem Lebenslauf entfaltet und die ganze Gesellschaft einbezieht, bezeichnet die Kommission als ‚lebenslanges Lernen'. Als Schlüssel zum 21. Jahrhundert ist lebenslanges Lernen künftig entscheidend für die Fähigkeit, sich an die veränderten Anforderungen des Arbeitsmarktes anzupassen, entscheidend aber auch für jeden einzelnen, um den sich wandelnden Zeitrahmen und Lebensrhythmus zu gestalten" (S. 86). Für die Zeitdimension der Argumentation sind somit die wesentlichen Bezugspunkte die Gegenwart und die Zukunft. Die Vergangenheit, die im Faure-Bericht noch eine zentrale Zeitdimension zur Argumentationsentfaltung darstellt, spielt im Delors-Bericht keine große Rolle mehr. Die einzelnen Argumente werden hier vielmehr aus Charakterisierungen gegenwärtiger Entwicklungen und Situationen und ihren Zukunftsoptionen entwickelt. Ist im Faure-Bericht das „Heute" als Entscheidungssituation am Übergang zu neuen Entwicklungen präsentiert worden, ist das „Heute" des Delors-Berichts bereits mitten drin in diesen neuen Entwicklungen und versucht, ihnen mittels der Konzeption der vier Säulen der Bildung eine neue Richtung zu geben. Vor allem an der Beschreibung des Phänomens Globalisierung wird dieser Zusammenhang deutlich: „Globalisierung ist irreversibel und verlangt deshalb globale Antworten: eine bessere – oder zumindest eine weniger schlechte – Welt zu errichten, ist jetzt mehr denn je zur Aufgabe jedes einzelnen geworden. Bildung ist zweifelsohne eine solche Antwort, vielleicht die grundlegendste" (S. 157). An dieser neuen, globalisierten Welt wird auch innerhalb des Delors-Berichts mit der Argumentationsfigur der Unsicherheitsrhetorik angeschlossen, was beispielsweise im Text in folgender Frage zum Ausdruck kommt: „Wie können Menschen lernen, mit dem Gefühl von Unsicherheit fertig zu werden und eine Rolle bei der Gestaltung ihrer Zukunft zu spielen?" (S. 78). Die Vermittlung von (Handlungs-)Sicherheit in einer Welt, die als zunehmend unsicherer beschrieben wird, wird mittels dieser rhetorischen Frage dem lebenslangen Lernen zugeschrieben.

Das Bildungssystem soll die Menschen zu mündigen Bürgern einer demokratischen Gesellschaft erziehen, was „schließlich bedeutet, die eigene Persönlichkeit besser zu entfalten und mit zunehmender Autonomie, größerem Urteilsvermögen und wachsendem Verantwortungsbewußtsein handeln zu können" (S. 83). Die Verhaltensweisen, die für eine demokratische Gesellschaft notwendig sind, sollen im „geschützten Raum" des Bildungssystems eingeübt werden, denn „eine der Hauptfunktionen von Bildung ist, die Menschheit darauf vorzubereiten, ihre Entwicklung selbst zu gestalten" (S. 66).

Das Konzept ist auf das Individuum zentriert, das seine Potenziale voll entfalten und durch Erziehung zum handlungsfähigen Subjekt werden soll, um so Einfluss auf die zukünftige Entwicklung der Menschheit zu nehmen. Daher sind auch die Inhalte, die hauptsächlich über die vier Säulen der Bildung eingeführt werden, in erster Linie an Persönlichkeitsmerkmalen und Kompetenzen orientiert, wie z. B. die Beherrschung wissenschaftlicher Methoden (S. 74), Lernfähigkeit (S. 75), Teamfähigkeit (S. 77), Risikobereitschaft, Fremd- und Selbstverständnis (S. 80), Urteilsvermögen und Verantwortungsbewusstsein (S. 83). In diesem Sinne wird auch der Auftrag der Bildungssysteme formuliert: „Sie müssen vielmehr Individuen befähigen, innovativ zu sein, sich zu entwickeln, sich in einer rapide ändernden Welt anzupassen und diese Veränderungen aufzunehmen" (S. 59). Daneben werden aber auch konkrete inhaltliche Bestimmungen des zu Lernenden gegeben: Alphabetisierung und Grundbildung, die „all das Wissen umfassen [solle], das notwendig ist, um später andere Bildungsstufen zu erreichen" (S. 67), inklusive der „Lernfähigkeit" (S. 111). Lerngegenstände im Sinne von abgegrenzten Bereichen werden vor allem für die Schule konkretisiert: „Fremdsprachenunterricht" (S. 111), „naturwissenschaftlicher Unterricht" (S. 67) oder „Computerfähigkeit" (S. 153). Der Schwerpunkt der vielfältigen inhaltlichen Bestimmungen liegt insgesamt allerdings eindeutig im Bereich der Persönlichkeitsmerkmale, die über das Säulenmodell der Bildung und die ihnen zugeordneten Anforderungen bestimmt sind.

Entsprechend diesem Schwerpunkt ist auch die Rolle der Lehrenden vor allem durch ihre „Vorbildfunktion" (S. 127) charakterisiert, die Persönlichkeit der Lehrerin/des Lehrers soll Lernimpulse für die Persönlichkeitsentwicklung der Schülerinnen und Schüler geben. „Die Welt ist im Wandel: [...] Dies bedeutet für Lehrer, die die Charaktere und den Geist der Zukunft formen, eine enorme Verantwortung. Der Einsatz ist hoch. Dabei sind die moralischen Werte, die während der Kindheit und im Laufe des Lebens geprägt werden, besonders wichtig" (S. 123). Diese hohe Verantwortung der Lehrenden in der Welt des Wandels bedeutet im Sinne des Delors-Berichts, dass sie „auch dort erfolgreich sein [müssen], wo Eltern und religiöse oder weltliche Autoritäten versagen" (S. 125). Sowohl auf der Seite der Lehrenden als auch auf der Seite der Lernenden liegt damit der Schwerpunkt im Bereich der Persönlichkeitseigenschaften. Die fachliche Qualifikation der Wissensvermittlung ist zwar auch ein Teil der Lehrqualifikation, allerdings stehen „Autorität, menschliche Qualitäten, wie Mitgefühl, Geduld und Bescheidenheit" (S. 128), „die starke Beziehung zwischen Lehrer und Lernendem" (S. 126) sowie der „Charakter" (S. 124) eindeutig im Vordergrund. Als zentrale Elemente für die Entwicklung der Persönlichkeit der Lernenden, die im Zentrum des Unterrichts stehen soll, werden kritisches Denken und Selbstständigkeit gesehen, denn „das Schüler-Lehrer-Verhältnis zielt auf die volle Entfaltung der Persönlichkeit des Schülers ab, wobei der Schwerpunkt auf Selbständigkeit liegt" (S. 127). Solange die Lernenden sich allerdings in der Schule befinden, werden sie, auch wenn an ihrem „Vorwissen" (S. 125) angeknüpft werden soll, als Empfangende definiert. Diese Rollenzuweisung erfolgt zwar nicht explizit, ergibt sich aber aus der komplementären Definition der Lehrerrolle, denn verantwortlich und zuständig für die Hervorbringung von Selbstständigkeit bei den Schüler/innen sind qua Rollendefinition die Lehrenden, wie folgende Textstelle zeigt: „Somit wird von den Lehrern viel erwartet und viel gefordert, da vor allem sie für die Verwirklichung dieser Vision wichtig sind. Lehrer spielen nicht nur eine entscheidende Rolle, indem sie den Schülern Selbstvertrauen vermitteln, der Zukunft entgegenzutreten, sondern auch um diese Zukunft mit Sinn und Verantwortung mitzugestalten" (S. 123). Oder eine weitere Textstelle: „Die grundlegende Einstellung dem Lernen gegenüber und das Selbstbild des Schülers werden schon früh während der Grundbildung geformt. Die Rolle des Lehrers ist in dieser Phase entscheidend" (S. 127). Durch diese Zuschreibungen entsteht in Verbindung mit anderen Lehraufgaben innerhalb der Lehrerrolle eine widersprüchliche Spannung, die sich zwischen den Polen „Wissen" und „Werte" auflädt. Innerhalb der Wissensvermittlung bzw. -aneignung ist die Rolle der Lehrenden zurückhaltend definiert, hier kommt es auf die Selbsttätigkeit der Schüler/innen an. In moralischen und persönlichen Fragen allerdings kommt dem Lehrer eine starke Rolle, eine Vorbildfunktion für die Entwicklung der Schüler/innen zu. Die Autorität der Lehrenden, vor allem in Wertefragen, geht dabei einher mit ihrer Verantwortung für die individuelle Freiheit und Entwicklung der Persönlichkeit der Lernenden. Der Lehrerausbildung wird angesichts solcher Erwartungen ebenfalls eine ganz besondere Rolle zugesprochen (S. 130).

Um diese Grundsätze zu verwirklichen, werden vielfältige methodische Ideen zur Gestaltung des Unterrichts vorgestellt: „Dialog und Diskussionen" (S. 80), Schülerparlamente, Rollenspiele und Schülerzeitungen (S. 51), „soziale Aktivitäten wie Nachbarschaftsdienste, gemeinnützige Arbeiten, Altenhilfe etc." (S. 81), „Spiele, Ausbildungspraktika in der Wirtschaft, Reisen, praktische wissenschaftliche Arbeit" (S. 75) gehören ebenso zum Repertoire wie die Einrichtung von Wissensmuseen (S. 111) und das „Lernen durch Anfassen" (S. 67). Der Zugriff auf Informationen soll sowohl über traditionelle Medien, z. B. Bücher (S. 152), als auch über die „neuen Informations- und Kommunikationstechnologien" (S. 55) gewährleistet sein. Das Vorbild der Lehrenden stellt ebenfalls eine wichtige Lernmethode dar: „Mit ihrer Neugierde, ihrer Offenheit Neuem gegenüber, der Bereitschaft, eigene Hypothesen zu hinterfragen und Fehler einzugestehen, gehen sie mit gutem Beispiel voran" (S. 127). Auf ihre allgemeine Struktur gebracht, gilt sowohl für die demokratischen Verhaltensweisen als auch für die Lernfähigkeit das methodische Prinzip, dass die Schule Anlässe bieten soll, die die Schülerinnen und Schüler zum Lernen nach diesen Grundprinzipien herausfordern. Dies deckt sich auch mit der allgemeinen Funktionsbestimmung von Schule innerhalb der Delors-Konzeption: „Schulen können deshalb nicht mehr leisten, als täglich Toleranz mit ihren Schülern einzuüben und ihnen dabei zu helfen, andere Sichtweisen zu akzeptieren und Diskussionen über moralische oder ethische Dilemmata anzuregen" (S. 49). Durch das frühzeitige Einüben der jeweiligen Verhaltensweisen sollen sie dann für das gesamte Lebens als selbstverständliche Verhaltensweisen erhalten bleiben.

Das Konzept ist in erster Linie ausgerichtet auf „alle Kinder dieser Welt" (S. 74), denn hauptsächlich in der Jugendphase soll die Grundbildung vermittelt werden. Daher kommt der Schule eine bedeutende Funktion im Bildungswesen zu (S. 50). Insgesamt soll das Bildungssystem sowohl im Inneren als auch nach außen durchlässig und flexibel sein (S. 81). Wenn diese Grundsätze verwirklicht seien, seien auch schulische und außerschulische Bildung keine Gegensätze mehr, sondern könnten sich gegenseitig ergänzen (S. 99). Kooperationen mit Institutionen und Organisationen aus anderen gesellschaftlichen Bereichen spielen hierbei eine ausgesprochen wichtige Rolle, genannt werden beispielsweise das soziale Umfeld (S. 90), der Arbeitsplatz (S. 91) und kulturelle Einrichtungen (S. 93). Der Regierung wird die Verantwortung für den notwendigen Zusammenhalt dieses vielfältigen Bildungssystems, die Einhaltung von Qualitätsstandards sowie die Sicherung der allgemeinen Zugänglichkeit übertragen (vgl. S. 55, 110, 140). Für die Bildungsbereiche über die Grundbildung hinaus sieht die Delors-Kommission verschiedene Finanzierungsformen vor, neben einer öffentlichen Finanzierung (S. 146) sei auch an den Arbeitgeber (S. 148) oder eine private Finanzierung (S. 148) zu denken.

Die Perspektiven einer biographischen Umsetzung des lebenslangen Lernens sind zum einen die übergreifende Verankerung des Lernens in allen Lebensbereichen, die die Grenzen zwischen diesen jetzt getrennten Lebensbereichen (teilweise) aufheben soll (S. 151), und zum anderen eine Umwertung des Lernens als Zweck an sich (S. 123). Auch die komplementäre Ausrichtung verschiedener Bildungsphasen, die jeweils in bestimmten Lebensabschnitten ihren Platz haben (S. 94), wird als förderlich für die allgemeine Verbreitung des lebenslangen Lernens angesehen. Bei diesen Vorschlägen handelt es sich allerdings eher um allgemeine Orientierungspunkte als um konkrete Umsetzungsstrategien. Die wenigen konkreten Organisationsmöglichkeiten für die biographische Umsetzung, z. B. Bildungsurlaub oder Studienzeitkredit (S. 148), beziehen sich auf die Lebenssituation von erwerbstätigen Erwachsenen. Obwohl innerhalb des Berichts eindeutig festgestellt wird: „Bildung geht alle Bürger etwas an" (S. 95), ist doch der „aktive Bürger" als Leitbild des Delors-Berichts grundsätzlich als erwerbstätige Person bestimmt bzw. die Beispiele im Text werden gemäß dieser Lebenssituation gestaltet. Die Normalisierung der Erwerbsarbeit für Erwachsene als implizite Voraussetzung der Bildungskonzeption findet sich also auch in diesem Dokument.

2.3 Die Konzepte der OECD

Recurrent Education war in den 1970er Jahren der Ansatz der OECD zum lebenslangen Lernen, der vom Centre for Educational Research and Innovation (CERI)[26] entwickelt wurde. Recurrent Education „stand während des größten Teils der siebziger Jahre im Zentrum der Aktivitäten der OECD und insbesondere des CERI" (Papadopoulos 1996, S. 131). Der englische Originaltitel des zentralen Dokumentes zu diesem Ansatz, „Recurrent Education. A Strategy for Lifelong Learning"[27], bringt die konzeptionelle Verbindung zum lebenslangen Lernen noch wesentlich deutlicher zum Ausdruck als die deutsche Übersetzung. Denn dieser Bezug bzw. noch spezifischer die Umsetzungsperspektive für das lebenslange Lernen kommt in der deutschen Übersetzung „Ausbildung und Praxis im periodischen Wechsel" nicht mehr zum Ausdruck.

Es gab in den 1970er Jahren zahlreiche Diskussionsbeiträge und Veröffentlichungen des CERI zur Recurrent Education.[28] Das hier ausgewählte Dokument wurde zur Konzeptanalyse herangezogen, weil es den Ansatz Recurrent Education in komprimierter Zusammenstellung enthält und der weiteren Debatte einen konzeptionellen Diskussionsimpuls gab. Joachim Knoll bezeichnet es als „das wesentliche Dokument, das dem Konzept bereits das Profil verlieh" (Knoll 1996, S. 186), und Manfred Jourdan nennt es gar eine „basale Strategiestudie" (Jourdan 1990, S. 5): „Die zuvor erwähnte basale Strategiestudie der OECD/CERI von 1973 zur internationalen Realisation einer *Recurrent Education* vor dem Hintergrund eines allgemeinen ‚Lifelong-Learning' war nicht nur der entscheidende Impetus für die zunächst rasante, in den letzten Jahren aber deutlich ruhiger werdende Beschäftigung mit makrostruktureller Bildungsplanung, sondern diese Schrift hat bis heute ihre Maßgeblichkeit behalten" (ebd.).

Dieser zentralen Publikation aus den 1970er Jahren folgte dann ca. fünfundzwanzig Jahre später ein neuerlicher Beitrag der OECD zu dieser Debatte unter dem Titel: „Lifelong Learning for All."[29] Auffällig ist die Verschiebung im Titel beider Dokumente von Recurrent Education zu Lifelong Learning. Jourdan ordnet diese Verschiebung in den Zusammenhang einer kritischen Diskussion um Recurrent Education ein und stellt fest: „Diese Aussage[30] relativiert sich im weiteren Diskussionsfortgang ein Stück weit dahingehend, als nun das diffusere Rahmenkonzept eines ‚Lifelong Learning' wieder stärker in das Zentrum rückt, ohne daß die Bezeichnung ‚Recurrent Education' obsolet würde" (Jourdan 1990, S. 8).

Beide Publikationen kamen in einer ähnlichen Konstellation zustande. Das Recurrent-Dokument wurde als „Grundsatzstudie" erarbeitet. „Zweck dieses Berichts ist es nicht, Vorschläge einzubringen, sondern erst eine Diskussionsbasis zu schaffen" (Gass o. J. S. III) – so leitet der damalige Direktor des CERI in die Publikation ein. Aktueller Anlass der Publikation war die Europäische Erziehungsministerkonferenz 1975 in Stockholm, bei der Recurrent Education das Hauptthema sein sollte. Ähnlich liest sich die Eingangspassage in „Lifelong Learning for All": „The fourth meeting of the OECD Education Committee at Ministerial level was held in Paris on 16 and 17 January 1996 around the theme of ‚Making Lifelong Learning a Reality for All'. This report presents the documentation prepared for the meeting" (S. 3). Auch an der Ausarbeitung dieses Dokumentes war das CERI maßgeblich beteiligt. Beide Publikationen wurden also von der internen Forschungsabteilung der OECD als Diskussionsgrundlagen für Konferenzen der OECD-Erziehungsminister, die jeweils unter dem entsprechenden Thema einberufen wurden, erarbeitet und anschließend veröffentlicht. Ebenso wie „Recurrent Education" in den 1970er Jahren repräsentiert „Lifelong Learning for All" die bildungspolitische Diskussion, wie sie innerhalb der OECD in den 1990er Jahren geführt wurde. Zugleich ist es auch das einzige umfassende Dokument der OECD zum Thema „Lifelong Learning" in den 1990er Jahren.

2.3.1 Recurrent Education: „Ausbildung und Praxis im periodischen Wechsel" (1973)
Inhalt und Struktur
Der von Ake Dalin, Denis Kallen und Jarl Bengtsson, zum Zeitpunkt der Veröffentlichung alle drei Mitarbeiter des CERI, verfasste Bericht fällt durch seine sozio-strukturelle Herangehensweise auf, vor allem da in den bisher untersuchten Dokumenten ein individualistischer Ansatz verfolgt wurde. Individualistisch insofern, als das Individuum als zentrale Instanz der gesellschaftlichen Veränderung gesehen wurde und der Erziehung, die eben die Veränderung im Individuum bewirken soll, eine große Macht zugesprochen wird. Das Bildungssystem wird damit über die Erziehung der Menschen zum Motor gesellschaftlicher Veränderung, es ist sozusagen Vorreiter für das Gesellschaftssystem.[31] Demgegenüber betonen Dalin, Kallen und Bengtsson stets die enge Verknüpfung und Interaktion zwischen Bildungssystem und Gesellschaftsstruktur, ein Zusammenhang, den sie folgendermaßen als Basis für das Konzept der Recurrent Education formulieren:

„Dieses Konzept beruht auf der Annahme, daß Umwälzungen des Bildungswesens in enger Interaktion mit solchen der Gesellschaft stattfinden, und daß eine
Alternativstrategie für den Bildungsbereich einen wichtigen Beitrag zur gesellschaftlichen Veränderung leisten kann, andererseits aber ohne diesen nicht durchführbar ist" (S. 9)[32]. Denn – so heißt es an anderer Stelle – „Bildungspolitik ist
lediglich ein Element – und noch nicht einmal das bedeutendste – auf dem Weg
zu jenen weitergesteckten sozialen Zielen, die Bildung und Ausbildung verfolgen"
(S. 80). Bildung und Ausbildung werden also nicht nur durch Bildungspolitik bestimmt, sondern insgesamt durch die politischen Prozesse und Entscheidungen
in allen Bereichen. Diese Positionierung von Bildungspolitik ist grundlegend für
das Konzept der Recurrent Education.

Die Grundzüge der Recurrent Education werden in *acht Grundprinzipien* (S. 28)
erläutert:
- Die letzten Pflichtschuljahre sollen den Schülern durch ihre Lehrplan-
  gestaltung eine Entscheidung zwischen Studium und Berufsarbeit ermöglichen.
- Der Zugang zu einer weiterführenden Ausbildung soll nach Beendigung der Pflichtschule jederzeit möglich sein.
- Bildung und Ausbildung sollen so strukturiert sein, dass sie allen zu
  jeder Zeit offen stehen.
- Zulassungsbedingungen und Lehrpläne sollen Erfahrungen aus der Arbeitswelt und „soziale Erfahrungen" (S. 28) berücksichtigen.
- Jede Laufbahn soll grundsätzlich intermittierend, also mit Unterbrechungen, angelegt sein.
- Alle beteiligten Interessengruppen sollen an der Gestaltung der Erziehung mitwirken.
- Zeugnisse sollen keinen „Endcharakter" haben, sondern Stufen eines
  lebenslangen Prozesses sein.
- Bildungsurlaub mit entsprechender sozialer und beruflicher Absicherung solle ein gesetzlich verankertes Recht aller Arbeitnehmenden sein.

Diese Grundzüge beruhen auf einem spezifischen Verständnis von Lernen und Erziehung, die im Rahmen einer kurzen Begriffsklärung als nicht-iden-
tisch dargelegt werden. Lernen wird zunächst als grundlegende Lebensbedin-
gung charakterisiert: „Der Mensch lernt in jeder Lebenslage" (S. 11). Menschli-
ches Lernen im spezifischen Sinn zeichnet sich durch den Erwerb „von Wissen
und dessen Anwendung" (S. 11) aus und vollzieht sich „überall dort, wo der
Mensch vom Konkreten Allgemeingültiges abstrahiert, wo er Symbole schafft,
um seine Abstraktion auszudrücken, sie auf andere Situationen zu übertragen
und anderen mitteilbar zu machen" (S. 11). Die grundlegende Differenz zur Er-

ziehung wird darin gesehen, dass Erziehung ein „organisiertes, strukturiertes Lernen, beschränkt auf eine absichtlich herbeigeführte Situation" (S. 11) sei. Die Schule ist der „Prototyp" dieser organisierten Form des Lernens, die auch als „formale Lernsituation" (S. 11) bezeichnet wird, sie ist aber nicht der einzige Ort, an dem Lernen in organisierter Form stattfinde. Lernen und Erziehung werden allerdings innerhalb des Konzeptes wieder aufeinander verwiesen: „‚Erziehung' sieht organisierte Lernbedingungen vor, die den Lernenden befähigen, neues Wissen zu erwerben sowie Tatsachen und Erfahrungen aus nichtorganisierten Lernsituationen in allgemeine Zusammenhänge einzuordnen" (S. 12).

Das Alternieren zwischen Ausbildung und Praxis, wie es innerhalb des Konzeptes der Recurrent Education grundlegend ist, hat in diesem Verhältnis von Lernen und Erziehung eine fundamentale Verankerung, denn dieses System „berücksichtigt ausdrücklich die Bedeutung der außerhalb des Bildungssystems im engeren Sinne erworbenen beiläufigen Lernerfahrungen. Dem einzelnen soll die Chance gegeben werden, Bestandsaufnahme seiner Erfahrungen zu machen, diese Erfahrungen in allgemeine Zusammenhänge einzuordnen und sie auf ihre Relevanz für sein eigenes Leben hin zu prüfen" (S. 13). Innerhalb der organisierten Lernsituation soll also die Möglichkeit geschaffen werden, eigene Lernerfahrungen zu reflektieren, zu systematisieren und gegebenenfalls systematisch zu erweitern. Nach Beendigung der Pflichtschule, die auch innerhalb der Recurrent Education als Block in der Jugendphase vorgesehen ist, sind die Ausgangspunkte für das Alternieren die „Lebensanforderungen" (S. 3), die „außerhalb der pädagogischen Schutzzone an das Individuum herangetragen werden" (S. 3).

Das Dokument „Ausbildung und Praxis im periodischen Wechsel" ist in zwei Teile gegliedert, im ersten wird das Konzept mit seinen Hauptcharakteristika und Zielen dargestellt: „Definition und Hauptzüge" (Kapitel I, S. 10) und „Ausbildung im periodischen Wechsel mit Praxis und ihr Verhältnis zu den angestrebten Bildungszielen" (Kapitel II, S. 29). Definiert wird der Ansatz in diesem Teil folgendermaßen: „‚Ausbildung und Praxis im periodischen Wechsel' ist eine umfassende Bildungsstrategie für den gesamten Bereich der auf die Pflichtschul- bzw. Grundbildungsphase folgenden Ausbildung und Weiterbildung. Ihr wesentlichstes Charakteristikum ist die Streuung der Ausbildung über die gesamte Lebensdauer des Individuums, und zwar im periodischen Wechsel, d. h. alternierend mit anderen Formen der Aktivität – hauptsächlich mit Berufsarbeit, aber auch mit Freizeit und Ruhestand" (S. 21).

Der zweite Teil des Dokumentes bezieht sich auf die Bedeutung, die eine Umsetzung der Recurrent Education für den Bildungs- und Sozialbereich

hätte. Im ersten Kapitel dieses Teils werden die Konsequenzen für das Bildungssystem dargestellt und mit folgender Bemerkung eingeleitet: „Die Einführung
einer periodisch mit Praxis abwechselnden Ausbildung erfordert radikale Änderungen in den Strukturen des herkömmlichen Bildungswesens" (S. 57). Im zweiten Kapitel geht es aufbauend auf der Feststellung einer engen wechselseitigen
„Abhängigkeit zwischen Bildungspolitik und der Verfolgung politischer Ziele
auf anderen Gebieten" (S. 80) um die „Integration von bildungspolitischen sowie anderweitigen politischen Zielen, Plänen und Maßnahmen" (S. 80). Im abschließenden dritten Kapitel des zweiten Teils werden dann noch „Planung und
Forschung im Zusammenhang mit einem System der periodischen Ausbildung"
(S. 89) behandelt.

Der systematische Wechsel zwischen organisiertem Lernen und Arbeit als Strukturmerkmal

Das Recurrent-Education-Konzept ist ein originär bildungspolitisches
Programm, das sich in seinen Ausführungen in erster Linie auf das Bildungssystem bezieht. Daher sind die meisten Ziele, die für die Umsetzung der Recurrent
Education angegeben werden, auch auf den Bildungsbereich selbst ausgelegt:
An erster Stelle steht dabei die Forderung nach „gleiche[n] Bildungschancen für
alle" (S. 4). Die Chancengleichheit im Bildungsbereich soll sich dabei sowohl
intragenerationell – in Hinsicht auf schichtspezifische Ungleichheit (S. 39) – als
auch intergenerationell realisieren. Denn das bestehende Bildungssystem ver-
stärke nicht nur soziale Ungleichheit, sondern führe auch dazu, dass „die jünge-
re Generation sehr viel mehr Bildungschancen als die ältere" (S. 5) habe. Im
Kontext der Chancengleichheit wird auch die Forderung nach einer sozialen
und beruflichen Absicherung der Lernenden formuliert.

Die explizite Ausrichtung auf das Bildungswesen ist eine Grundten-
denz des Dokumentes, der die Annahme zugrunde liegt, dass über das Bildungssystem keine Gesellschaftsveränderungen zu initiieren seien. Das Veränderungen im Bildungswesen nur begrenzt zugestandene Potenzial wird in folgendem
Zitat deutlich: Recurrent Education bedeutet zwar „die Entwicklung eines Rahmens, innerhalb dessen der einzelne an den Entscheidungen über sämtliche
Aspekte des Systems – einschließlich der anzustrebenden Ziele, aber auch der
Mittel und Wege, sie zu erreichen – beteiligt ist. Doch ohne einen entsprechenden sozialen und politischen Kontext ist eine derartige Mitbestimmung bei Ent-
schlüssen nichts als Nebel um die Politik, die genau das Gegenteil von dem
bewirkt, was sie behauptet" (S. 32). Die Möglichkeiten der Erziehung werden
hier also in enger Relation zur Gesellschaft bestimmt, sie habe zwar einen begrenzten Handlungsspielraum, der aber ohne Einbettung in eine umfassende
Politik relativ wirkungslos bleibe bzw. dem – wie in obigem Zitat hervorgeho-

ben – in diesem Fall sogar eher eine Alibi-Funktion zukomme. Die Autoren gehen von der grundsätzlichen wechselseitigen Abhängigkeit der Strukturen im Bildungs- und im Gesellschaftssystem aus. Dies wird auch daran deutlich, dass innerhalb des Dokumentes vielfältige Politikbereiche genannt werden, die als interdependent zur Bildungspolitik eingestuft werden: Wirtschafts- und Arbeitsmarktpolitik (S. 27), Gesellschaftspolitik (S. 17), Sozialpolitik (S. 27), Steuerpolitik (S. 31) sowie die Wohnungs- und Wohlfahrtspolitik (S. 85). Mit dieser Einordnung von Erziehungssystem und Gesellschaft geht auch die Unterscheidung von Lernen, das im Leben allgemein verankert sei, und Erziehung, die als organisiertes Lernen Aufgabe des Erziehungssystems sei, einher.

Die Notwendigkeit der Neukonzeptionierung des Bildungswesens wird neben den Entwicklungen des „Arbeitsmarkts" (S.27) vor allem mit der Expansion des Wissens (48) begründet. Die neue „Gesellschaft des Wissens" (S. 50) zeichne sich durch eine Erweiterung der konstitutiven Größen der Gesellschaft aus: „Das klassische Verhältnis ‚Kapital – Arbeit' ist im Begriff, durch eine neue Formel mit den drei Größen ‚Kapital – Wissen -Arbeit' ersetzt zu werden, wobei ‚Wissen' eine immer bedeutendere Rolle spielt" (S. 50). Darüber hinaus stellt auch im Recurrent-Dokument die Figur des Wandels ein Motiv für die Notwendigkeit einer Veränderung im Bildungssystem dar, allerdings spielt sie hier nur eine untergeordnete Rolle. Ein wichtiger Begründungszusammenhang für eine Veränderung des Bildungssystems wird hingegen mit der „Kluft zwischen den Zielen, den Lebensauffassungen und den Haltungen, für die die Schule steht, und denen, die das Kind zu Hause antrifft, in seinem Freundeskreis, in seiner Nachbarschaft" (S. 52), gegeben. Um diese Kluft zu überbrücken, sollten nicht nur Elemente des außerschulischen Wertesystems in die Schule integriert werden, sondern es sollte auch die Phase der Erstausbildung verkürzt werden, verbunden mit der Möglichkeit, später jederzeit wieder in das organisierte Bildungssystem zurückkehren zu können.

Ausgangspunkt und Motivation für die Entwicklung des neuen Konzeptes ist eine dezidierte und heftige Kritik am bestehenden Bildungssystem auf allen Ebenen, gekoppelt mit dem Versprechen, dass die Recurrent Education imstande sei, „die Nachteile des gegenwärtigen Erziehungssystems zu beseitigen und darüber hinaus Ansprüche zu erfüllen, die die Zukunft stellen wird" (S. 55). Die kritische Auseinandersetzung mit dem bestehenden Bildungssystem wird innerhalb des Recurrent-Dokumentes sehr ausführlich und pointiert vertreten, so werden die Lesenden auf die Notwendigkeit der „radikalen Änderungen in den Strukturen des herkömmlichen Bildungswesens" (S. 57) – also auf die Einführung der Recurrent Education – eingestimmt. Im Zentrum der Kritik stehen die Jugendorientiertheit sowie die Perpetuierung und Potenzierung von sozialer

Ungleichheit durch das bestehende Bildungssystem (S. 44). Die Institution Schule stellt dabei wiederum das Hauptkritikfeld dar, sie sei ein „starre[s] institutionalisierte[s] System, das Schülern und Studenten seine Wertvorstellungen und Zielsetzungen aufdrängt" (S. 32) und als „Aussortier-Anstalt" (S. 37) die Ungleichverteilung sozialer Chancen legitimiere. Kritik wird aber nicht nur am bestehenden System geübt, sondern auch an aktuellen Veränderungsstrategien und anderen alternativen Konzepten. Die „schrankenlose weitere Expansion des schulischen, jugendorientierten Bildungssystems" (S. 2) sei ebenso eine falsche Strategie wie die Permanent Education des Europarates (S. 17) oder das Konzept der „Entschulung" von Ivan Illich. Auf dieser Folie der umfassenden Kritik präsentiert sich die Recurrent Education zum einen als „echte und vollwertige" (S. 1) und darüber hinaus auch „praktikable Alternative" (S. 8).

Die Gedanken zur institutionellen Gliederung unterscheiden klar zwischen dem Pflichtschulbereich und einem darauf aufbauenden, diversifizierten, flexiblen, gut gestreuten und dezentralen Bildungssystem (S. 69). Das Prinzip des Wechsels von organisiertem Lernen mit anderen gesellschaftlichen Tätigkeiten gilt in erster Linie für diesen dem Pflichtschulbereich nachgelagerten Teil des Bildungssystems. Für diese Zeit nach der Schulpflicht wird, sowohl was die Frage der Lerninhalten als auch die Frage der Ziele und Methoden angeht, konsequent auf das Verfahren der Mitbestimmung durch die Lernenden verwiesen. Die Schule wird hingegen als Fundament des neuen Bildssystems beschrieben, sie soll für alle eine gleiche Basis an Wissen, Haltungen und Fertigkeiten zur vollen Entfaltung der bildungsmäßigen, persönlichen und beruflichen Bedürfnisse ermöglichen. Sie soll „für alle jungen Menschen eine gemeinsame Basis" (S. 61) schaffen, damit sie nach Beendigung der Pflichtschulzeit in der Lage sind, zwischen verschiedenen weiteren Wegen zu entscheiden und alle Möglichkeiten zu nutzen. Das bedeutet, dass die Schule sowohl „die Haltung und die Fertigkeiten" (S. 60) vermitteln soll, die dies möglich machen, als auch Grundwissen, das neben allgemeinem Wissen auch „mit einigen Grundbegriffen und Konzeptionen des Berufslebens" (S. 59) vertraut machen soll. Dieses allgemeine Anforderungsprofil für die Schulzeit wird innerhalb des Konzeptes kaum in konkrete Lerninhalte übertragen. Drei grundlegende Fähigkeiten, die die Lernenden entwickeln sollen, werden allerdings benannt: eigene Ziele entwickeln und politische Entscheidungen treffen können (S. 32); die „eigene Rolle zu erkennen und zu definieren" (S. 48) sowie drittens „Flexibilität" (S. 49). Mitbestimmung über die Gestaltung der Lernsituation und schließlich auch Selbstbestimmung der Lernenden zu ermöglichen wird als wichtiger Aspekt des Bildungssystems betont. Mitbestimmung ist daher auch ein konstitutives Element für das System der Recurrent Education: auf allen Ebenen realisiert soll sie zum Hauptcharakteristikum der „neuen[n] Art des Verhältnisses zwischen Lehrenden und Lernenden" (S. 77) werden. In der Frage der Methoden im Rahmen des Unterrichts finden sich ähnlich den Ausführungen zu den Inhalten nur allgemeine Äußerungen. Neben der Mitbestimmung in den Fragen der Methodenwahl wird lediglich darauf verwiesen, dass sie interdisziplinär (S. 64) und problemorientiert (S. 75) sein sollen.

Die Implementierung der neuen Prinzipien im Lehr-/Lernprozess geht innerhalb des Konzeptes einher mit einer Neubestimmung des Lehrberufes; einerseits soll er für Personen aus anderen Berufen geöffnet werden (S. 75), „andererseits aber dürfte die Lehrerrolle künftig noch weit komplexer und anspruchsvoller werden als heute, da auf den künftigen Lehrer neue Aufgaben zukommen: als Berater in sozialen Fragen und solchen der sozialen Sicherheit, als Experte auf dem Gebiet der Unterrichtstechnologie, als Laufbahnberater usw." (S. 76). Aus diesen erweiterten Anforderungen müsste – so die Feststellung innerhalb des Konzeptes – eigentlich eine weitere Professionalisierung des Lehrberufes erfolgen. Die Widersprüchlichkeit, die sich aus diesen beiden Tendenzen (Öffnung und Professionalisierung) ergibt, wird zwar kurz erwähnt, aber innerhalb des Konzeptes nicht aufgelöst. Das Recurrent-Konzept verweist auch hier auf das Finden einer Lösung unter Einbezug der Betroffen – in diesem Falle also der Lehrerschaft (S. 76).

Bestehende Institutionen sollen nicht ersatzlos gestrichen, sondern entweder gemäß dem Konzept der Recurrent Education verändert oder durch entsprechende Institutionen ersetzt werden. Vorgeschlagen werden in diesem Sinne zum Beispiel „örtliche Zentren" (S. 70), die zum einen in unmittelbarer räumlicher Nähe sein und eine „Mehrzweck-Funktion" (S. 70) für unterschiedliche Lernbedürfnisse erfüllen sollen. Insgesamt favorisiert das Recurrent-Konzept ein „Nebeneinander einer Vielfalt von Institutionen und Programmen" (S. 17) und „institutionelle Flexibilität" (S. 74). Die Bildungspolitik müsse einen umfassenden Rahmen für die Ermöglichung des Prinzip des Alternierens bereitstellen. Die Beteiligung aller Interessengruppen an bildungspolitischen Entscheidungen wird ebenso als wichtiges Element angesehen wie eine verstärkte Kooperation von Ausbildung und Schule. Auf allen Ebenen – Entscheidung, Planung, Durchführung und Finanzierung – finden sich Überlegungen zur Einbeziehung aller Betroffenen, seien es nun gesellschaftliche Institutionen, die Lernenden oder Arbeitgeber.

Recurrent Education wird dezidiert als Strategie zur Umsetzung des lebenslangen Lernens in der individuellen Biographie eingeführt. Das Prinzip des Alternierens von Bildungsphasen mit anderen Lebensphasen stellt dabei den wichtigsten Ansatzpunkt dar. Es biete durch die „ständige aktive Wechselbeziehung zwischen Ausbildung als strukturierter Lernsituation und anderen sozialen Aktivitäten, bei denen beiläufige Lernprozesse stattfinden," (S. 22) die Möglichkeit zur sinnvollen Verbindung der Bereiche und stelle so einen Rahmen zur Verfügung, „innerhalb dessen die Organisation lebenslangen Lernens durchführbar ist" (S. 22). Ausdrücklich wird dabei die Verschränkung von strukturierten und beiläufigen Lernerfahrungen als Basis der Recurrent Education formuliert, denn die strukturierte Lernsituation soll für jeden die Gelegenheit bieten, „Bestandsaufnahme seiner Erfahrungen zu machen, diese Erfahrungen in allgemeine Zusammenhänge einzuordnen und sie auf ihre Relevanz für sein eigenes Leben hin zu prüfen" (S. 13). Für organisierte Lernsituationen sei daher wesentlich, dass sie „eine gewisse ‚Entlastung' von anderen Aktivitäten" (S. 11) gewährleisten. Die Bildungsphasen sollen dennoch keine „Auszeiten" innerhalb der Biographie darstellen, da sie direkt an die anderen Phasen anknüpfen und die dort gemachten Erfahrungen oder aufgetretene Fragen weiterverfolgen. Durch die Mitbestimmung über Ziele, Methoden und Inhalte durch die Lernenden wird versucht, diese Kohärenz innerhalb des Konzeptes abzusichern. Die Relevanz der Lernsituation für das persönliche Leben wird als eine „wesentliche Vorbedingung" (S. 34) der biographischen Umsetzung der Recurrent Education formuliert. Ähnlich wie das Erziehungssystem nicht als autonom, sondern als Teil der Gesamtgesellschaft gesehen wird, wird auch die Lernaktivität des Einzelnen im gesamten Lebenszusammenhang verankert. Dass sich die Etablierung der Recurrent Education als „Gestaltungsform des je persönlichen Lebensplans" (S. 45) nicht problemlos vollzieht, wird beispielsweise im Zusammenhang mit möglicherweise vorhandenen „sozio-psychologische[n] Barrieren" (S. 78) berücksichtigt, für deren Überwindung das Bildungssystem geeignete Mittel bereitstellen solle. Neben diesen individuellen Aspekten der Umsetzbarkeit der Recurrent Education werden auch eher organisatorische – in erster Linie die Erwerbsarbeit oder das Erziehungssystem betreffende – Aspekte thematisiert. Beispielsweise solle „jede Laufbahn künftig intermittierend, d. h. mit Unterbrechungen" (S. 28), angelegt und auch die „wirtschaftliche Sicherheit" während der Ausbildung" (S. 84) müsse gewährleistet sein. Innerhalb des Recurrent-Dokumentes wird also eine Vielzahl verschiedener Ebenen und Aspekte der biographischen Umsetzung des lebenslangen Lernens thematisiert, was ausgehend von dem im Originaltitel formulierten Anspruch „A Strategy for Lifelong Learning" ein zu erwartender Schwerpunkt ist.

Die Reichweite des Konzeptes ist auf die OECD-Länder beschränkt und nimmt – von der Kritik an der Jugendorientiertheit (S. 2) ausgehend – besonders die Erwachsenen in den Blick. Konzeptionell wird zwar die Einbeziehung aller Lebensbereiche in das Prinzip des Alternierens formuliert, doch der „Normal"-Lebenslauf, der dem Konzept zugrunde liegt, ist durch Erwerbsarbeit strukturiert. Es lässt sich also auch in diesem Konzept von einem impliziten Leitbild sprechen, was vor allem an den Normalitätsvorstellungen des Lebenslaufes deutlich wird.

Die Ausbildung soll sich erstrecken „über die gesamte Lebensdauer des Individuums, und zwar im periodischen Wechsel, d. h. alternierend mit anderen Formen der Aktivität – hauptsächlich mit Berufsarbeit, aber auch mit Freizeit und Ruhestand" (S. 21). An einigen Stellen wird dieses implizite Leitbild allerdings auch reflektiert, wenn beispielsweise explizit darauf hingewiesen wird, dass der Begriff Arbeitswelt nicht nur „Arbeitsleitungen gegen Entgelt, sondern zum Beispiel auch die ‚Arbeitswelt' der Hausfrau" (S. 47) einschließe.

2.3.2 „Lifelong Learning for All" (1996)
Inhalt und Struktur

„Lifelong Learning for All" ist im Zusammenhang mit dem Treffen des Erziehungskomitees der OECD auf Ministerebene 1996 in Paris publiziert worden. Es wurde herausgegeben von der OECD, die Einzelteile sind das Werk verschiedener Institutionen innerhalb dieser Organisation, zur Publikation vorbereitet wurde es schließlich von Albert Tuijnman. Das gesamte Dokument umfasst mit dem „Background Report" (S. 25-246)[33] und den „Issues for Discussion" (S. 15-19) sowohl die Materialien, die zur Vorbereitung des Treffens erarbeitet wurden, als auch, mit dem von den Ministern verabschiedeten Kommuniqué (S. 21-24), die Ergebnisse des Treffens. Durch den Abdruck des umfassenden Background-Reports, der sich vor allem auf wissenschaftliche – in erster Linie empirische und komparative – Befunde stützt, erhält das Dokument eine starke wissenschaftliche Tendenz, die noch von der fast 10-seitigen Bibliographie, dem 80-seitigen Tabellen-Teil und den zahlreichen Schaubildern innerhalb des Textes unterstützt wird. Das Lifelong-Dokument stellt damit innerhalb des Spektrums der hier untersuchten Dokumente eine Ausnahme dar, zwar finden sich auch im Faure-Report und im Weißbuch einige Schaubilder und Tabellen zur Untermauerung der Textaussagen, allerdings in wesentlich geringerem Umfang. Schon durch den unterschiedlichen Seitenumfang von Diskussionsskizze (ca. 5 Seiten), Kommuniqué (ca. 4 Seiten) und Background-Report (ca. 220 Seiten) wird diese Gewichtung innerhalb des Dokumentes sichtbar.[34] Im Kommuniqué stehen Strategien zur Durchsetzung des lebenslangen Lernens, dessen Notwendigkeit innerhalb der Ministerrunde auf allgemeine Zustimmung stieß (vgl. S. 21), im Mittelpunkt: die individuellen Grundlagen für lebenslanges Lernen stärken, eine stärkere Vernetzung zwischen Lernen und Arbeiten fördern, die Zuständigkeiten und Aufgaben einzelner Partner überdenken sowie neue Anreize für Investitionen in lebenslanges Lernen schaffen. Das Kommuniqué endet mit dem Ausblick: „Lifelong Learning in the 21st Century" (S. 24), wobei die Zukunft in Gestalt der „learning society" (S. 24) anvisiert wird.

Der Background-Report deckt insgesamt acht Themenblöcke ab: Zunächst werden unter der Überschrift „Transitions to Learning Economies and

Societies" (S. 29) allgemeine gesellschaftliche Entwicklungslinien sowie Trends im Bildungssystem skizziert. Dem folgt im zweiten Kapitel eine Auseinandersetzung mit dem Konzept „Lebenslanges Lernen" und den Problemen seiner Umsetzung: „Towards Lifelong Learning for All: Aims, Barriers, Strategies" (S. 87). Dieses Kapitel ist für die konzeptuelle Ausarbeitung des lebenslangen Lernens im Lifelong-Dokument von zentraler Bedeutung. Die folgenden Kapitel 3 bis 8 beschäftigen sich demgegenüber mit eher organisatorisch-strukturellen Fragen. Im dritten Kapitel (S. 99-122) werden die Grundlegungen für das lebenslange Lernen ausgeführt, das vierte (S. 123-161) geht auf die Übergänge zwischen lebenslangem Lernen und Arbeit ein, und in Kapitel fünf (S. 163-185) werden die möglichen und notwendigen Aufgaben der Regierung in der „learning society" herausgestellt. Im anschließenden sechsten Kapitel (S. 18-204) werden Fragen von allgemeinen Zielen und Standards sowie in den letzten beiden Kapiteln die Aspekte Ressourcen und Möglichkeiten zur Finanzierung des lebenslangen Lernens erörtert.

Die wichtigen Prinzipien des Lifelong-Dokumentes können mit Transparenz, Durchlässigkeit, Zusammenarbeit, Flexibilität und Kohärenz schlagwortartig umschrieben werden: Diese Prinzipien werden als grundlegend auf den verschiedensten Ebenen formuliert. Für das Bildungswesen mit seinen verschiedenen Optionen für die Einzelnen, für die politische Entscheidungsfindung und die Beurteilung von Leistungen soll Transparenz gegeben sein. Das Bildungssystem soll sowohl im Inneren als auch nach außen – vor allem zur Erwerbsarbeit hin – durchlässig sein, d. h., es soll den Menschen ein Wechseln zwischen verschiedenen Bereichen ermöglichen. Zusammenarbeiten sollen sowohl die verschiedenen Sozialpartner bei der Konstitution eines Bildungssystems des lebenslangen Lernens als auch vor Ort die verschiedenen Interessenvertretungen auf regionaler und lokaler Ebene sowie die Lehrenden und Lernenden im Unterricht – sowohl untereinander als auch mit außerschulischen Institutionen. Das Bildungssystem soll flexibel gestaltet werden, um auf vielfältige Anliegen reagieren zu können, und auch die Individuen sollen sich flexibel auf Neues einstellen. Insgesamt sollen dabei aber sowohl das Bildungssystem an sich als auch die Politik und die Umsetzung des Konzeptes kohärent sein. Kohärenz bezieht sich auch auf den Aspekt der sozialen Integration in der „Learning society", die auch mittels des lebenslangen Lernens erreicht werden soll, denn das Konzept des lebenslangen Lernens soll alle Gesellschaftsmitglieder einschließen.

Lebenslanges Lernen wird im Dokument wie folgt charakterisiert: Es sei „diverse, pluralistic, and undertaken over the lifetime" (S. 97) und habe einen „fluid, dynamic and cover-all character" (S. 90). Ferner wird es als „moving target" (S. 27) bezeichnet; ein Ziel, das nicht mit einer einmaligen Beschlussfassung und deren Umsetzung zu etablieren sei, sondern vielmehr eine beständige

Umsetzungspolitik fordere: „,Lifelong learning' defines a broad set of aims and strategies around the central tenet that learning opportunities available over the whole life-span and accessible on a widespread basis should be key attributes of modern societies" (S. 87). Lebenslanges Lernen stellt also ein umfassendes „Grob-konzept" dar, das auf den unterschiedlichen Ebenen und in den verschiedenen Dimensionen noch ausbuchstabiert werden muss. Diese beiden Unterfangen, die Formulierung sowohl des umfassenden Konzeptes als auch der Bedeutung für einzelne Bereiche, werden innerhalb des Lifelong-Dokumentes angegangen.

Flexibilität, Transparenz und Koordination als Gestaltungsprinzipien des Bildungssystems

Das „Lifelong-Dokument" beginnt mit einer fundierten Beschreibung von umfassenden Trends (S. 29) in den Bereichen Ökonomie und Gesellschaft: Glo-balisierung, demographische Entwicklung, Informationstechnik, Arbeitslosigkeit und die Veränderung der Arbeitsorganisation. Diesem Kapitel folgt die Darstel-lung des Konzeptes Lifelong Learning, seiner Ziele, der Barrieren und Strategien. Durch die Darstellung der „Megatrends" umfassender gesellschaftlicher Verän-derung am Anfang liefern diese den Einstieg in den Begründungszusammenhang für das im Folgenden dargestellte Konzept Lifelong Learning. Denn die im ersten Kapitel dargestellten Entwicklungen seien zwar nicht neu, hätten aber andere Qualität als bisher und werden daher als „structural break from the past" (S. 31) gewertet. Folgerichtig ergibt sich aus diesem Aufbau, dass völlig neuartige Ent-wicklungen, die mit dem bisher Dagewesenen brechen, auch völlig neue Erzie-hungskonzepte benötigen: Lifelong Learning, wie es im anschließenden Kapitel vorgestellt wird. Untermauert wird dieser Zusammenhang durch die Kritik am bisherigen Bildungs- und Erziehungssystem, das nicht in der Lage sei, adäquat auf die Veränderungen zu reagieren (S. 72), sowie durch eine Abgrenzung zu vorhe-rigen Reformkonzepten für den Bildungsbereich. Trotz einiger Bezugspunkte zu älteren Konzepten des lebenslangen Lernens, z. B. dem Faure-Bericht (S. 88), stellt sich die „learning society", in der sich das Prinzip des „Lifelong Learning for All" verkörpert, als ein völlig neues Konzept dar. Vor allem in Hinblick auf den An-satz der Recurrent Education der OECD aus den 1970er Jahren wird diese Diffe-renz in dem Kapitel „From Recurrent Education to Lifelong Learning" deutlich hervorgehoben. Es gibt „some important differences" (S. 88) zwischen beiden Konzepten, exemplarisch sei hier nur auf einen wichtigen Unterschied verwie-sen: „The notion that work ought to be alternated on a sporadic basis with formal education has been replaced by strategies to promote learning while working and working while learning" (S. 89). Diese grundlegend andere Verortung von Lernen und Arbeiten – im Recurrent-Konzept abwechselnd zwischen den klar voneinan-der abgegrenzten Bereichen und im Lifelong-Konzept in einer Handlung zusam-menfallend – stellt eine entscheidende Veränderung innerhalb der Konzeption dar.

In Hinblick auf das Bildungssystem sei von den im ersten Teil geschilderten Megatrends vor allem die Entwicklung der „learning society" (S. 32) entscheidend, die gekennzeichnet sei durch den Übergang zu post-materiellen Werten (S. 37). In den OECD-Staaten ließen sich bereits Indizien für eine Veränderung in diese Richtung beobachten, d. h., die Zukunft ist in greifbare Nähe gerückt, sie hat in der „learning society" bereits Gestalt angenommen (S. 90). Lernen wird dadurch zum entscheidende Medium der gesellschaftlichen Teilhabe und „the risk – for countries, enterprises and individual – of beeing ‚leftbehind'" (S. 91) könne durch Lernen aufgefangen werden, denn „Learning is the most necessary insurance against exclusion and marginalitiy" (S. 92). Lernen müsse dynamisch, allumfassend, pluralistisch und lebenslang sein, und obwohl es sich nicht nur im Bildungssystem abspiele, müsse die Bildungspolitik sich den Anforderungen der „learning society" anpassen und angemessene Rahmenbedingungen für das lebenslange Lernen bereitstellen. Ein solches Bildungssystem solle gemäß den Prinzipien Chancengleichheit, Transparenz, Durchlässigkeit, Kooperation, Flexibilität, Effektivität und Kohärenz organisiert sein.

Als die drei fundamentalen Ziele des lebenslangen Lernens werden „personal development", „social cohesion" und „economic growth" (alle S. 87) benannt, die sich auch als immer wieder erwähnte Aspekte durch das gesamte Lifelong-Dokument ziehen. Mit der Möglichkeit der Einwicklung der eigenen Persönlichkeit, sozialem Zusammenhalt und Wirtschaftswachstum sind drei Orientierungslinien gegeben: Individuum, Gesellschaft und Ökonomie, denen sich die im Laufe des Textes aufgeführten Zielvorstellungen wie beispielsweise Demokratie (S. 102), Chancengleichheit (S. 91), Effektivität und Effizienz des Bildungsbereichs (S. 245) oder auch die Entwicklung von Humankapital (S. 39), Flexibilität (S. 185) und Toleranz (S. 101) zuordnen lassen. Einen wichtigen Argumentationsbereich innerhalb des Dokumentes stellt die Ökonomie in unterschiedlichen Facetten dar: Arbeitsmarkt, ökonomisches Wachstum, Arbeitslosigkeit und die Gefahr der „Unterinvestition" in den Bildungsbereich (S. 245). Auch aus dieser Perspektive heraus wird die Notwendigkeit einer umfassenden Umsetzung des lebenslangen Lernens begründet.

Eine zentrale Argumentationsfigur im Lifelong-Dokument ist die empirische Untermauerung von dargestellten Sachverhalten und die Herleitung von Aussagen aus empirischen Gegebenheiten. Dies geschieht in der Regel durch Graphiken oder Tabellen, die in den Text eingeschoben sind (z. B. S. 66), oder durch Verweise auf Tabellen im Anhang. Durch diese Art der Rückbindung von Argumenten an empirische Belege erhält das gesamte Konzept den Duktus wissenschaftlicher Fundiertheit. Obwohl sich die empirischen Aussagen stets nur auf Einzelaspekte beziehen können, unterstützt die Vielzahl der Graphiken, Tabellen und Befunde durchaus unabhängig von ihrem konkreten Bezug zu einem Ausschnitt des Konzeptes insgesamt die Argumentation, da sich der Eindruck empirischer Belegtheit von den konkreten Punkten auf das gesamte Dokument überträgt. Auch der Aufbau der einzelnen Kapitel bestärkt den Eindruck einer umfassenden und gründlichen Auseinandersetzung mit dem Thema. Alle acht Kapitel des Background-Reportes beginnen jeweils mit einer Einführung und enden mit „Policy Conclusions" bzw. „Conclusions". Zwischen der Einleitung und den Schlussfolgerungen gehen die einzelnen Unterkapitel auf verschiedene Aspekte des jeweiligen Kapitelthemas ein.

Die Metapher von der Barriere, die der Umsetzung des Lifelong Learning noch im Wege stünde, stellt ebenfalls eine interessante Argumentationsfigur dar, die auch in der Überschrift zu dem zweiten Kapitel, das für die Darstellung der Grundkonzeption von Lifelong Learning wesentlich ist, direkt benannt wird: „Towards Lifelong Learning for All: Aims, Barrierrs, Strategies" (S. 87). Das Bild der Barriere hat für den Argumentationszusammenhang des Dokumentes drei wichtige Aspekte: Zum einen steht die Barriere als Hindernis auf einem Weg, der schon vorgezeichnet ist. Zweitens ist diese Barriere mit der entsprechenden Anstrengung zu überwinden, und drittens sind Barrieren künstlich aufgebaute Hindernisse. Auf das Lifelong Learning übertragen heißt dies: Es gibt eine klaren Weg zur „learning society", der allerdings noch durch Barrieren verstellt ist und so nicht ohne Weiteres beschritten werden kann; diese sind jedoch mit der entsprechenden Anstrengung prinzipiell überwindbar. Die Barrieren wurden im Bild des Lifelong-Dokumentes durch das bestehende Bildungssystem aufgebaut bzw. sind im übergeordneten politischen Kontext und seinen Auswirkungen auf die individuelle Lebenssituation zu suchen. Das Dokument erhebt in diesem Zusammenhang unter anderem den Anspruch, Wege aufzuzeigen, wie die Barrieren überwunden werden können.

Trotz der für das Bildungswesen als zentral angesehen Prinzipen wie Flexibilität und Durchlässigkeit wird der Erwerb der wichtigsten Fähigkeiten, die für das lebenslange Lernen grundlegend sind, dennoch in der Jugendphase verortet. Vor allem die Schule solle die Grundlagen für das lebenslange Lernen vermitteln. „Cross-curriculum-competencies" (S. 103) wie z. B. Problemlösefähigkeit, demokratische Werte, Kritik- und Kommunikationsfähigkeit, stehen hier an erster Stelle. Insgesamt werden verschiedene kognitive, metakognitive, soziale, kulturelle und praktische Kompetenzen für das lebenslange Lernen als notwendig erachtet. Neben „learning to learn" wird beispielsweise „learning to think" (S. 105) ebenso als wichtig angesehen wie die Fähigkeit „to find information and to extract the relevant from the less relevant, to relate it to previously acquired knowledge, to contextualise it, and put it to use again" (S. 105). Daneben sollen aber auch zentrale gesellschaftliche Werte (S. 101), bürgerliche Gesinnung sowie allgemeine Kenntnisse über Geschichte, Gesellschaft und Natur vermittelt werden. Generell sollen allgemeines und eher beruflich orientiertes Wissen verbunden werden (S. 147). Zum Repertoire gehören ferner zwei Fremdsprachen (S. 101) und allgemeine Lese- und Schreibfertigkeit. Dem „Lifelong-Learning" liegt dabei ein erweiterter Begriff von „literacy" zugrunde: „The very notion of literacy has evolved; in addition to reading, writing and numeracy skills, people now also require technological and computer literacy, and social competence" (S. 39). Darüber hinaus sollen Wissensgegenstände selbst gewählt werden können. Wichtig seien dabei allerdings die Flexibilität (S. 37), sich die notwendigen oder gewünschten Wissensbestände „under self-motivated and self-managed conditions" (S. 107) aneignen zu können, sowie der „team spirit" (S. 141), dies auch gemeinsam mit anderen zu tun. Zusammenfassend kann also gesagt werden, dass vor allem die Schule Wissen und Werte, Angewohnheiten, Verhaltensweisen und Fertigkeiten vermitteln soll, die sozusagen die Grundausstattung für das lebenslange Lernen darstellen.

Zu den Methoden, die im Rahmen des Lifelong-Learning-Konzeptes vorgesehen sind, findet sich folgende generelle Aussage: „That what distinguishes lifelong learning form more conventional approaches is the diversity in means and methods of teaching and learning" (S. 89), denn selbstgesteuertes Lernen und Lernen in Gruppen sollen den herkömmlichen Unterricht ersetzen. Das grundlegende methodische Prinzip ist denn auch das selbstgesteuerte Lernen: Alle Lernprozesse sollen lernendenzentriert sein (S. 213). Zwei weitere methodische Prinzipen werden mit dem Grundsatz steigender Komplexität (S. 110) und der Verbindung von Lernen und Arbeiten in einer Tätigkeit (S. 148) gegeben. Konventionelle (S. 112) und „neue" Medien (S. 111), sollen je nach Bedürfnis der Lernenden innerhalb einer flexiblen und positiven Lernumwelt (S. 95) zum Einsatz kommen. Vor allem die neuen Medien ermöglichten jedoch den autonomen Status der Lernenden. In diesem Lehr-Lern-Gefüge werden Lehrende neben anderem pädagogischen Personal, Gebäuden und Inventar zu „Ressourcen des Erziehungssystems" (S. 205). Dies gehe einher mit einer Neudefinition des Lehrens als „Kunst des Managements von Lernressourcen verschiedenster Art" (S. 220). Für die Lehrenden wird allerdings in ihren beruflichen Anforderungen eine Aufgabenverschiebung von der Wissensvermittlung zur Sozialisation angenommen, da die Schule als soziale Institution auch in diesem Bereich Aufgaben übernehmen müsse (S. 192). Darüber hinaus sollen die Lehrenden auch administrative Aufgaben übernehmen (S. 173). Zur Bewältigung dieses Aufgabenspektrums sollen sie in ihrem schulischen Alltag vor allem bei Routineaufgaben durch anderes Personal entlastet werden (S. 206). Angesichts dieser vielfältigen Aufgaben der Lehrenden und der Einsicht, dass die Umsetzung des Lifelong Learning nur unter Einbeziehung der Lehrenden und unter der Bedingung, dass es von ihnen mitgetragen wird, umgesetzt werden kann (S. 205), ergeben sich weitere Aspekte der neuen Lehrendenrolle: Eine Steigerung des Ansehens des Lehrberufes (S. 207) sowie eine modifizierte Ausbildung (S. 206), verbunden mit Personalentwicklung in der Schule (S. 220), sollen die Lehrenden in der Erfüllung der vielfältigen Aufgaben unterstützen. Ähnlich wie in den vorhergehenden Dokumenten gewinnt die neue Rolle der Lehrenden hauptsächlich in der Schule an Kontur, während die Rolle der „autonomen Lernenden" (S. 213) sich eher an dem erwachsenen Personen orientiert. Haben die Lehrenden in der Schule die Grundlagen für lebenslanges Lernen gelegt, wird ihre Rolle immer blasser, da nun die Lernenden autonom ihre Wissensaneignung gestalten sollen.

Lifelong Learning könne nicht ohne Einbeziehung des Erziehungs- und Ausbildungssystems realisiert werden (S. 94). Diese grundlegende Bedeutung der Institutionen wird formuliert, obwohl andererseits die Bedeutung des nonfomalen Lernens (S. 89) und die Notwendigkeit der Anerkennung aller Formen des Lernens (S. 95) hervorgehoben werden. Auch durch die Einführung ergebnisorientierter Prüfverfahren (S. 199) und die Anerkennung nicht-konventioneller Lernquellen und -wege (S. 199) wird die Bedeutung von traditionellen Lernarrangements relativiert. Dennoch haben Lerninstitutionen einen festen Platz innerhalb der „learning society": „The educational institution of the future must provide a sophisticated, functional, efficient, convenient and attractive working environment if it is to survive in the face of competition from other providers of knowledge and learning programs" (S. 215). Vor allem drei Institutionen werden wichtige Funktionen in Bezug auf lebenslanges Lernen zugeschrieben: den Institutionen der Kinder- und Jugendbildung, dem Arbeitsmarkt und den Regierungen. Erstere sollen durch vorschulische Einrichtungen und eine Vollzeitschule (S. 95) in der Jugendphase sicherstellen, dass die Voraussetzungen für das lebenslange Lernen allgemein verbreitet werden. Die Schule soll zum „community learning centre" werden und sich mit dem gesellschaftlichen und ökonomischen Umfeld vernetzen (S. 112). Zwischen Schule und Arbeitsmarkt sollen vielfältige Brücken und Verbindungen möglich sein, die die Grenzen zwischen Erziehung und Beschäftigung verflüssigen (S. 141). Denn dem Arbeitsmarkt kommt innerhalb des Konzeptes eine Position als wichtige Instanz im Umfeld des Erziehungssystems zu, an dessen Bedürfnissen sich das Bildungssystem auch auszurichten habe und zu dem enge Beziehungen hergestellt werden sollen. Diese Rolle des orientierenden Umfelds sollen zwar beispielsweise auch lokale Gemeinschaften übernehmen, ihnen kommt aber angesichts der stark ausgebauten Position des Arbeitsmarktes in dieser Beziehung eher eine Randposition zu. Die Rolle der Regierungen wird in erster Linie als eine „strategische Rolle" (S. 176) beschrieben, indem sie angemessene Rahmenbedingungen für lebenslanges Lernen schaffen (S. 96). Durch die Abgabe von Kompetenzen auf niedrigere Verwaltungsebenen soll die Kooperation vor Ort erleichtert werden, um so die notwendige Vernetzung der Schule mit ihrem gesellschaftlich-ökonomischen Umfeld zu verwirklichen, die grundlegend für die Realisierung des lebenslangen Lernens sei (S. 176). Für ein insgesamt vielfältiges und durchlässiges Bildungssystem des lebenslangen Lernens soll die Regierung Zugangsmöglichkeiten garantieren (S. 185), Qualitätsstandards mit entsprechenden Kontrollmechanismen etablieren (S. 203) und für den notwendigen Zusammenhalt sorgen. Ihre jetzige Monopolstellung für die inhaltliche Gestaltung des Bildungswesens (S. 72) soll sie allerdings aufgeben und sich auf die Bereitstellung angemessener Rahmenbedingungen beschränken. Ihre Rolle kann daher als „Moderation des Bildungssystems" bezeichnet werden. Ähnlich wie im Fall der Schule wird die Bedeutung der staatlichen Regierung durch die Einbeziehung verschiedener Lernmöglichkeiten und die Teilung der Verantwortung zwar konzeptionell geschmälert, beiden bleibt – gerade im Bereich der Sicherung der Grundlagen für lebenslanges Lernen in der gesamten Gesellschaft – dennoch eine exponierte Position.

Das Konzept bezieht sich auf die OECD-Länder (S. 31) und soll in diesen alle Bürger/innen (S. 40) umfassen. Es liefert beispielsweise auch – vor allem durch den ausführlichen Background-Report und statistisches Material – einen empirisch fundierten Überblick über die Bildungssysteme in den einzelnen Ländern. Das Konzept ist umfassend angelegt, erfährt aber durch den Fokus auf Erwerbsarbeit für das Erwachsenenalter eine Einschränkung. Zwar werden bei den konzeptionellen Textstellen tatsächlich alle Gesellschaftsmitglieder eingeschlossen, aber die Passagen, die sich mit der möglichen Umsetzung des lebenslangen Lernens auseinandersetzen, beziehen sich fast ausschließlich auf die Erwerbsarbeit als normale Lebensrealität für alle (z. B. S. 91).

Vier Zugangsweisen verdeutlichen die Vorstellungen zur biographischen Umsetzung innerhalb des Lifelong-Dokumentes: die Frage der Lernmotivation und der Relevanz des Lernens für die persönliche Situation (S. 110); der Zugang auf institutioneller Ebene (S. 121); die Frage der Anerkennung von Lernleistungen (S. 242), unabhängig davon, ob sie im formalen oder non-formalen Kontext erbracht wurden, und schließlich die gesamtgesellschaftliche Verankerung des Lernens in Kultur und Alltag (S. 95). Die Frage der biographischen Relevanz und Umsetzbarkeit des lebenslangen Lernens wird somit vielschichtig und unter verschiedenen Aspekten thematisiert. Sowohl die Ebene des Individuums und seiner Dispositionen als auch der Bezug auf Institutionen und gesellschaftliche wie ökonomische Rahmenbedingungen werden berücksichtigt.

3. Lebenslanges Lernen – Ein bildungspolitisches Konzept mit Variationsmöglichkeiten

Nachdem im Vorangegangenen zu allem Dokumenten getrennt jeweils eine kurze Analyse von Inhalt und Struktur sowie von Argumentation und pädagogischem Programm vorgenommen wurde, werden nun die Ergebnisse der Einzelanalysen zusammengeführt. Zunächst geht es in diesem Kapitel um eine Zusammenschau, um die übergreifenden Konzeptanteile, die sich in allen sechs Dokumenten wiederholen, herauszuarbeiten. Die Elemente eines übergreifenden bildungspolitischen Konzeptes „Lebenslanges Lernen" werden so herausgefiltert. Im Anschluss daran wird der Zusammenhang, der zwischen den Dokumenten und den herausgebenden Organisationen besteht, analysiert. Dabei steht der politische Kontext der Publikationen im Vordergrund, denn gefragt wird hier vor allem nach den Verbindungslinien zwischen Organisationszielen und den Zielvorstellungen innerhalb der Konzepte. Der nächste Abschnitt beschäftigt sich mit Differenzen zwischen unterschiedlichen Dokumentengruppen. Die sechs in den vorherigen Kapiteln einzeln analysierten Dokumente werden in diesem Teil unterschiedlich gruppiert, um so über das Einzeldokument hinaus Schlüsse für den bildungspolitischen Diskurs um lebenslanges Lernen ziehen zu können. Es wird untersucht, ob sich die Dokumente der kulturell-politischen Organisationen von denen der ökonomischen unterscheiden und ob sich interessante Gemeinsamkeiten bzw. Unterschiede ergeben, wenn man die Gruppe der Dokumente aus den 1970er Jahren denen der 1990er Jahre gegenüberstellt.

In dem abschließenden Fazit (Kapitel 4) wird das bildungspolitische Konzept des lebenslangen Lernens dann zu den im ersten Teil des Buches dargestellten Ergebnissen der Zeitschriftenanalyse in Beziehung gesetzt und eine Einschätzung zum weiteren Diskussionsverlauf um lebenslanges Lernen gegeben.

3.1 Das bildungspolitische Kernkonzept „Lebenslanges Lernen"

Bei der Analyse der pädagogischen Aspekte zum lebenslangen Lernen kommen einige Gemeinsamkeiten zwischen den sechs doch recht unterschiedlichen Konzepten zum Vorschein. Diese Gemeinsamkeiten zeigen sich hauptsächlich in den „pädagogischen Elementen" und beziehen sich somit auf die Gestaltungsvorschläge, die innerhalb der einzelnen Dokumente für die Lehr-Lern-Situation im weitesten Sinne gemacht werden. Diese in allen analysierten Konzepten vorhandenen pädagogischen Elemente ergeben das bildungspolitische Kernkonzept des lebenslangen Lernens, das die Schnittmenge aller sechs

Dokumente in Bezug auf die pädagogischen Aspekte enthält. Über diese gemeinsame Schnittmenge hinaus gibt es noch eine Vielzahl anderer Aspekte, die von einem, zwei oder mehreren Dokumenten aufgegriffen werden. Welche Allianzen sich hier ergeben, d. h. also welche interessanten Teilschnittmengen, ist Gegenstand des zweiten Abschnittes (3.2).

Die Elemente des bildungspolitischen Kernkonzeptes „Lebenslanges Lernen":
- Als zentrales methodisches Prinzip gilt die Selbstorganisation des Lernprozesses durch die Lernenden. Dies hat Folgen für die Gestaltung der Rolle der Lehrenden und der Lernenden. Die Lernenden stehen im Mittelpunkt des Lernprozesses. Die Funktion der Lehrenden hingegen verschiebt sich, analog zur Niedrigbewertung des Erlernens konkreter Wissensgegenstände, von der Wissensvermittlung zu anderen Aufgaben wie moralische Vorbildfunktion oder Sozialisation.
- Die konkreten Lerninhalte und -gegenstände differieren zum Teil erheblich zwischen den Konzepten. Lernfähigkeit wird allerdings übereinstimmend als der zentrale Lerninhalt hervorgehoben.
- Auch beim lebenslangen Lernen soll das Wesentliche in der Kindheit und Jugend gelernt werden: Lernfähigkeit soll in dieser Lebensphase angeeignet und im weiteren Leben umgesetzt werden. Dass Erwachsene in der Regel einer Erwerbsarbeit nachgehen, liegt allen Konzepten zugrunde.
- Eine Öffnung der Institutionen des Bildungswesens, vor allem der Schule, wird gefordert. Schließlich lässt sich noch die Tendenz zur Zerteilung des Wissens in kleinere Einheiten, die zertifiziert und anerkannt werden, feststellen.

Die hier aufgelisteten Punkte, die für alle sechs Dokumente das Grundgerüst bilden, zeigen deutlich, dass das Konzept „Lebenslanges Lernen" seinen Schwerpunkt auf den Lernprozess legt. Wie die meisten anderen pädagogischen Konzepte geht es außerdem davon aus, dass „in der Jugend für das Leben" gelernt wird. Der Ansatz setzt voraus, dass Erwachsene bereits lernen können und lediglich adäquate Bedingungen brauchen, um von dieser Fähigkeit ihr Leben lang Gebrauch zu machen. Mit Ausnahme des frühen Konzept der OECD (Recurrent Education) gehen alle Konzeptvarianten von einer Grenzauflösung zwischen Lernen und anderen Tätigkeiten – insbesondere Arbeiten – aus, die mit zu einer allgemeinen Verbreitung des Lernens im Erwachsenenalter beitragen soll.

Über diese Gemeinsamkeiten hinweg gibt es selbstverständlich zu allen Punkten in den einzelnen Dokumenten noch wesentlich mehr Aspekte, beispielsweise Dialog und Diskussion als Methoden im Delors-Bericht oder die

Ausführungen zur allgemeinen und beruflichen Bildung im Weißbuch der EU. Aber unabhängig von diesen Variationen spielen die Elemente des bildungspolitischen Kernkonzeptes in allen Dokumenten eine wichtige Rolle.

Im Gegensatz zu dieser grundlegenden Übereinstimmung im pädagogischen Bereich unterscheiden sich die Konzepte in ihrer Argumentation wesentlich stärker voneinander. Die einzige Gemeinsamkeit in diesem Bereich zwischen den sechs unterschiedlichen Dokumenten besteht in der Annahme eines allgemeinen Wandels, der als Begründungszusammenhang für lebenslanges Lernen herangezogen wird. Dieser Wandel erzeuge Handlungsdruck zur (Um-)Gestaltung des Bildungsbereichs. Um auf diesen Handlungsdruck adäquat zu reagieren, werde das neue Konzept benötigt, das – in diesem Fall – mit dem Versprechen einhergeht, dass ihm die Anpassung an künftige Veränderungen immanent sei; ähnlich einem Perpetuum mobile, das sich – einmal in Gang gesetzt – künftig von selbst bewegt. Dieser Argumentationsmechanismus verweist eindeutig auf den politischen Charakter der Veröffentlichungen. Denn in der Tat entsteht durch gesellschaftliche Entwicklungen bzw. durch allgemein als problematisch wahrgenommene Situationen Handlungsdruck, dessen Lösung durch die Etablierung neuer Institutionen oder Regelungen zum klassischen Aufgabenfeld der Politik gehört.

Darüber hinaus gibt es kein über alle sechs Dokumente durchgehaltenes Argumentationselement. Obwohl es zwischen einzelnen Dokumenten durchaus auch argumentative Überschneidungen gibt, z. B. in Bezug auf Demokratie, und obwohl zum Teil mit ähnlichen Schlagworten bei der Beschreibung verschiedener Entwicklungen gearbeitet wird (Globalisierung), zeigen die Dokumente in ihrer begründenden Argumentation dennoch deutliche Unterschiede. Dies betrifft vor allem die Frage, auf welche Bereiche sich die Konzepte beziehen, um die Notwendigkeit der Veränderung des Bildungssystems zu begründen, und welche Ziele gesteckt werden. Die unterschiedlichen Ziele werden im Folgenden im Zusammenhang mit den Zielen der herausgebenden Organisationen näher beleuchtet. Mit diesem Ansatz wird dem politischen Kontext der Publikationen Rechnung getragen und untersucht, inwieweit sich dieser Einfluss in den Konzepten niedergeschlagen hat.

Europarat
Der Europarat hat seinen Schwerpunkt zunächst im Bereich von Menschenrechtsfragen und hier insbesondere in der Wahrung der Menschenrechte in den Mitgliedsstaaten. Die „Europäische Konvention zum Schutz der Menschenrechte" wurde beispielsweise vom Europarat verabschiedet und der Europäische Gerichtshof für Menschenrechte in Straßburg gehört zum Europarat.

Georg Link bezeichnet ihn darüber hinaus als „das demokratische Gewissen Europas" (Link 1997, S. 202). Die wesentlichen Ziele, die in den *„Fundamentals"* des Europarates angegeben werden, sind – in wenigen Worten zusammengefasst – Demokratie, Chancengleichheit und Ganzheitlichkeit.

Im Fall des Europarates lässt sich also eine sehr direkte Übereinstimmung zwischen den Organisationszielen und den Zielen, die durch das lebenslange Lernen erreicht werden sollen, feststellen.

Europäische Union

Die Europäische Union ist mit ihrem Gedanken der europäischen Einigung zunächst als Wirtschaftsorganisation entstanden und hat den Schwerpunkt ihrer Aktivitäten nach wie vor in der wirtschaftlichen Zusammenarbeit ihrer Mitgliedsstaaten. Darüber hinaus wird dieser Zusammenschluss von mittlerweile fünfzehn europäischen Staaten aber zunehmend auch als kulturelle und soziale Gemeinschaft ausgebaut, womit ihr ökonomisch geprägtes Profil eine Ergänzung bekommt.

Die übergeordneten Ziele, die in dem Weißbuch „Lehren und Lernen" mit der Etablierung der kognitiven Gesellschaft in Europa verknüpft sind, lassen sich mit zwei Schlagworten fassen: Beschäftigungsfähigkeit der Einzelnen und Aufbau einer europäische Identität.

Betrachtet man den Zusammenhang zwischen den Zielen der Union und denen des lebenslangen Lernens im Weißbuch, so trifft man hier nicht nur auf eine einfache Übereinstimmung zwischen beiden Zielvorstellungen, vielmehr erscheint das bildungspolitische Konzept geradezu als Umsetzungsstrategie der „Organisationsziele" und insbesondere des angestrebten organisationellen Wandels. Denn gerade im Prozess der Entwicklung der EU von einer rein wirtschaftpolitischen Zusammenarbeit hin zu einer politischen Gemeinschaft mit föderalen Strukturen und demokratischen Entscheidungsprozessen auf supranationaler Ebene ist die Schaffung einer „europäischen Identität" ein notwendiges Element, um die Legitimität der politischen Entscheidungsebene EU auch innerhalb der Bevölkerung breit zu verankern. Die Beschäftigungsfähigkeit als zweite Vorgabe korrespondiert demgegenüber mit dem Ziel der Europäischen Union, im globalen Wettbewerb eine wichtige Rolle zu spielen. Auch bei dieser Passung lässt sich der instrumentelle Charakter feststellen, denn in der „kognitiven Gesellschaft" wird die Sorge der Einzelnen um ihre Beschäftigungsfähigkeit – durch lebenslanges Lernen – zum Garanten der wirtschaftlichen Prosperität Europas.

UNESCO

Die Sonderorganisation der Vereinten Nationen für Erziehung, Wissenschaft und Kultur (UNESCO) hat mittlerweile weltweit 183 Mitglieder. Sie ist laut Verfassung mit der Aufgabe betraut, die internationale Zusammenarbeit auf den

Gebieten Erziehung, Wissenschaft, Kultur und Informationswesen in der Funktion der Friedenssicherung und der Mehrung des allgemeinen Wohlstandes der Menschheit zu fördern. Schwerpunkte ihrer Arbeit sind beispielweise im Bildungsbereich die Bekämpfung von Analphabetismus oder auch die Wahrung des „Weltkulturerbes".

Über die Schaffung des „neuen Menschen" verfolgt der *Faure-Bericht* eine grundlegende Veränderung der Gesellschaft – und zwar in Richtung Demokratie, Fortschritt, Ganzheitlichkeit und wissenschaftlichem Humanismus. Das Pendant zu dem „neuen Menschen" des Faure-Berichts ist im *Delors-Bericht* der „mündige Bürger", der in die aktuellen Entwicklungen eingreift und damit eine gerechte und demokratische Weltgesellschaft schafft. Als Ziele werden hier im Wesentlichen ein neuer Humanismus, Chancengleichheit, Fortschritt und die Entfaltung der Persönlichkeit genannt.

Innerhalb des Delors-Berichts wird ausdrücklich eine klare Traditionslinie zum Faure-Bericht aufgebaut, beide sind an Humanismus, Demokratie und Entfaltung der Persönlichkeit orientiert, was auch mit den Aufgaben der UNESCO in Einklang steht. Ähnlich wie beim Europarat ergibt sich eine weitgehende Übereinstimmung zwischen den Zielvorstellungen der bildungspolitischen Konzepte und dem Auftrag der Organisation. Es lässt sich allerdings dennoch ein Umschwung zwischen den „Visionen" beider Konzepte verzeichnen: Vom „neuen Menschen" als einem Ziel, das eindeutig einem utopischen Konzept von Gesellschaft verpflichtet ist, hin zum „mündigen Bürger" im Delors-Bericht, der in der bestehenden Gesellschaft handlungsfähig sein und so richtungsweisend eingreifen können soll.

OECD

Als Organisationsziele hat sich die OECD (Organisation für wirtschaftliche Zusammenarbeit und Entwicklung) hohes Wirtschaftswachstum, hohen Beschäftigungsstand und finanzielle Stabilität in ihren ca. dreißig Mitgliedsländern gesetzt. Im Bildungsbereich verfolgt sie einen „doppelten Ansatz". Auf der einen Seite steht Bildung im Rahmen der OECD durchaus in enger Beziehung zu dem Beitrag, den sie zum Wirtschaftswachstum leisten kann, und sie wird in diesem funktionalen Zusammenhang gesehen. Andererseits wird ihr aber auch eine Eigendynamik zugestanden, da sie nur „zweckfrei" zur Steigerung des allgemeinen Wohlstandes beitragen kann (vgl. Papadopoulos 1996, S. 14).

In „Lifelong Learning for All" (1996) werden einerseits sozialer Zusammenhalt und ökonomisches Wachstum als Perspektiven formuliert, die sich weitgehend mit der Ausrichtung der Organisation decken. Andererseits wird aber auch die persönliche Entwicklung als wichtiges Ziel des lebenslangen Lernens benannt. Die eigenständige Bedeutung, die der Bildung zuerkannt wird, kommt im Recurrent-Dokument aus den 1970er Jahren noch deutlicher zum Ausdruck, da sich dieses Dokument weitgehend auf interne Ziele des Bildungsbereichs beschränkt. Es spiegelt insofern weniger die Organisationsziele als vielmehr das grundlegende Verständnis von Bildung, der ein eigener Stellenwert beigemessen wird. Bei beiden OECD-Dokumenten gehen also die Organisationsziele nicht so deutlich und direkt in die Dokumente ein wie bei den anderen Organisationen – wenn sie auch beide an den „doppelten Ansatz" der OECD im Bildungsbereich anschlussfähig sind und insofern auch zur übergeordneten Linie der OECD im Bildungsbereich passen.

Im Gegensatz zum Delors-Bericht knüpft das neuere Lifelong-Dokument zwar ebenfalls an das vorhergehende Konzept der Recurrent Education an, grenzt sich allerdings deutlich von diesem ab. Innerhalb der beiden OECD-Dokumente wird keine „Tradition" aufgebaut wie bei den beiden Berichten der UNESCO-Kommissionen. Dies erklärt sich vor allem aus der unterschiedlichen Integration der Organisationsziele in die Dokumente, denn die traditionsstiftenden Elemente bei den UNESCO-Berichten sind in erster Linie die umfassenden Werte der UNESCO. Dieses verbindende Glied fehlt bei den OECD-Berichten.

Abschließend sind die beiden Ebenen der Zielvorstellungen zwischen Organisation und Dokumenten nochmals schlagwortartig in einer Tabelle zusammengefasst.

Tabelle 3: Synopse Organisationsziele und Intention der Dokumente

	Generelle Organisationsziele	Zielvorstellungen, die in den Dokumenten mit der Umsetzung des lebenslangen Lernens verbunden werden
Fundamentals des Europarates	• Demokratie • Menschenrechte	• Demokratie • Chancengleichheit • „Ganzheitlichkeit"
Weißbuch der EU	• Wandel von einer rein ökonomischen zu einer politischen, ökonomischen und kulturellen Organisation • globale Wettbewerbsfähigkeit Europas	• europäische Identität • Beschäftigungsfähigkeit
Faure-Report der UNESCO	• internationale Kooperation in den Bereichen Erziehung und Kultur • Friedenssicherung • Humanität	• Demokratie • Fortschritt • „Ganzheitlichkeit" • Humanismus
Delors-Report der UNESCO		• Demokratie • Fortschritt • „Ganzheitlichkeit" • Humanismus
Recurrent Education der OECD	• wirtschaftliches Wachstum, hohe Beschäftigungsraten und finanzielle Stabilität in den Mitgliedsländern • allgemeiner Wohlstand	• weitgehend auf den Erziehungsbereich beschränkt • keine Verlängerung sozialer Ungleichheit
Lifelong Learning for All der OECD		• sozialer Zusammenhalt • Persönlichkeitsentwicklung • wirtschaftliches Wachstum

Als Fazit kann an dieser Stelle zunächst festgehalten werden, dass Übereinstimmungen zwischen den einzelnen Dokumenten vor allem für den pädagogischen Bereich existieren. Zusammengenommen ergeben diese pädagogischen Elemente ein übergeordnetes bildungspolitisches Konzept des lebenslangen Lernens. Diese übergeordnete Konzept lässt sich, wie die Dokumente zeigen, mit den unterschiedlichsten Argumentationen und Zielen verbinden. Das bildungspolitisch-pädagogische Konzept des lebenslangen Lernens ist also im Dienste verschiedener politisch motivierter Interessen modifizier- und einsetzbar. Diese Flexibilität gewinnt es im Wesentlichen dadurch, dass es sich bei der Gestaltung der pädagogischen Umsetzung auf den Lernprozess als solchen beschränkt.

3.2 Variationen des Grundkonzeptes

Unter den beiden Perspektiven Ausrichtung der Organisation (kulturell-politisch/ökonomisch) und Veröffentlichungszeitpunkt (1970er/90er Jahre) werden die Dokumente in diesem Abschnitt gegenübergestellt.[1] Dieser Vergleich bringt verschiedene Varianten des bildungspolitischen Grundkonzeptes zum Ausdruck.

Die politische Dimension
Es gab im Rahmen dieser Untersuchung drei Dokumente, die von eher kulturell-politisch ausgerichteten Organisationen herausgegeben wurden: zum einen die beiden Berichte der UNESCO (Faure-Bericht und Delors-Bericht) sowie zum anderen das vom Europarat herausgegebene Dokument zur Permanent Education (Fundamentals). In der folgenden Aufzählung sind diejenigen Elemente zusammengestellt, die sich in allen drei Dokumenten wiederfinden. Sie repräsentieren somit eine „kulturelle Variante" des Konzeptes „Lebenslanges Lernen".

- Durch die Erziehung der „neuen Menschen" soll in diesen Konzepten eine Veränderung der Gesellschaft erreicht werden. Aus dieser Grundperspektive resultiert einerseits ein hoher Stellenwert von Erziehung und Bildungswesen. Andererseits ergibt sich daraus auch eine hohe Übereinstimmung zwischen den Zielen, die innerhalb der Dokumente mit dem lebenslangen Lernen verknüpft sind, und den Organisationszielen.
- Auch dass die Inhalte, die innerhalb der jeweiligen Dokumente als zu lernende vorgesehen sind, schwerpunktmäßig im Bereich Persönlichkeitsbildung liegen, passt sich in den gerade skizzierten Zusammenhang von Erziehung und Gesellschaft ein.
- Die Lernenden werden als selbst verantwortlich für den Lernprozess

definiert, die Lehrenden werden daher zu „Lernressourcen". Dennoch werden sie in diesen Dokumenten in ihrer Rolle als (moralisches) Vorbild stark überhöht.

- Die Notwendigkeit einer biographischen Umsetzung der konzeptionellen Forderungen des lebenslangen Lernens wird in den Dokumenten der kulturell-politischen Organisationen kaum thematisiert.

Innerhalb dieser drei Dokumente der beiden kulturell-politisch ausgerichteten Organisationen gibt es mehrere Überschneidung, die sich vor allem auf das grundsätzliche Prinzip im Verhältnis von Erziehung und Gesellschaft zurückführen lassen. Daneben wird übereinstimmend nicht auf die Notwendigkeit der biographischen Umsetzung des lebenslangen Lernens eingegangen, d. h., sie entwickeln kaum Vorschläge, wie aus der Sicht des je konkreten Menschen das lebenslange Lernen sinnvoll innerhalb seiner eigenen Biographie integriert werden könnte. Die in diesem Abschnitt herausgestellten Aspekte kommen so nur bei den Konzepten der kulturell-politischen Organisationen vor. Insofern unterscheiden sich diese Konzepte deutlich von den anderen Dokumenten und bringen damit eine spezielle Variante des lebenslangen Lernens hervor.

Von den eher ökonomisch ausgerichteten Organisationen wurden ebenfalls drei Publikationen in diese Untersuchung einbezogen: Das Weißbuch „Lehren und Lernen" der EU sowie von der OECD die beiden Dokumente „Recurrent Education" und „Lifelong Learning for All". Die Dokumente der ökonomischen Organisationen unterscheiden sich wesentlich stärker voneinander als die Dokumente der kulturell-politischen Organisationen. Ein verbindendes Element ist lediglich die Tendenz, den Arbeitsmarkt stärker in die Organisation des Bildungssystems einzubeziehen. Allerdings findet sich die Perspektive der generellen Öffnung des Bildungssystems zur Umwelt – und damit auch zur Arbeitswelt – auch in den anderen Konzepten. Eine weitere Gemeinsamkeit ergibt sich in der Beziehung des Ziele der Dokumente und derer der Organisationen. Die Ziele, die durch das lebenslange Lernen erreicht werden sollen, decken sich zwar auch bei diesen Dokumenten weitgehend mit denen der Organisation. Deutlich werden aber in erster Linie strategische Überlegungen zum Verhältnis Bildungspolitik und Ziele der Organisation. Eine „ökonomische Sicht" auf das lebenslange Lernen, die der vorher formulierten kulturell-politischen Variante vergleichbar wäre, ergibt sich aus den hier analysierten Dokumenten aber nicht, denn es gibt keine grundlegenden inhaltlichen Übereinstimmungen zwischen den Konzepten dieser Organisationen, die eine solche Perspektive begründen würden.

Die Zeitdimension: 1970er und 1990er Jahre

Die Kritik am Bestehenden (Dimension Vergangenheit) stellt generell eine wichtige Folie für die Präsentation des neuen Konzepts dar, die gleichzeitig in die Zukunft verweist. Diese übereinstimmende Zeitstrukturierung innerhalb der Dokumente erklärt sich durch die Legitimationsnotwendigkeit von bildungspolitischen Gestaltungsvorschlägen. Denn jedes neue Konzept stellt zunächst Vertrautes und Bekanntes in Frage und braucht daher eine Legitimationsbasis, die das Risiko, etwas Neues zu wagen, angebracht erscheinen lässt. Dazu eignet sich das Aufzeigen von Schwachstellen und Kritikpunkten am bestehenden System in besonderer Weise, da sie häufig auf allgemeine Zustimmung stoßen und damit anschlussfähig sind.

Die Gegenüberstellung der Dokumente aus den 1970er und den 1990er Jahren, denen sich jeweils drei Dokumente zuordnen lassen, zeigt im Wesentlichen einen Unterschied, der sich auf den Umgang mit den Zeitperspektiven innerhalb der Dokumente bezieht. Bei dieser Gruppierung stehen den „Fundamentals" des Europarates, dem Faure-Bericht der UNESCO und dem OECD-Dokument zur Recurrent Education (1970er Jahre) das Weißbuch (EU), „Lifelong Learning for All" (OECD) und der Delors-Report (UNESCO) (1990er Jahre) gegenüber. In den neueren Dokumenten ist die interne Zeitperspektive stark auf die Zukunft gerichtet. Gesellschaftliche Entwicklungen der Zukunft, wie z. B. Globalisierung, Informationsgesellschaft u. Ä., werden als bereits aktuell wirksam beschrieben, daher müsse die Veränderung des Bildungssystem jetzt unter einem erheblichen Zeitdruck umgesetzt werden, um – so die Logik dieser Zeitstrukturierung – nicht den Anschluss an die Entwicklung zu verlieren. Die Zukunft ist in diesen Dokumenten bereits in die Gegenwart, also den Zeitpunkt der Veröffentlichung, hineingeschoben. Bei den älteren Dokumenten kommt demgegenüber der Gegenwart eine zentrale Funktion zu, die Zukunft liegt hier noch in weiter Ferne. Die Bedeutung der Gegenwart ergibt sich in diesen älteren Konzepten in der Regel über eine dezidierte Kritik an der Vergangenheit bzw. dem bestehenden Bildungswesen.

Als Ergebnis der unterschiedlichen Gruppierung der Konzepte kann zum einen der relativ hohe Grad an Übereinstimmung zwischen den Konzepten der kulturell-politisch ausgerichteten Organisationen hervorgehoben werden. Diese Konzepte zeigen durchgängig eine durchgängige Übereinstimmung der Organisationsziele mit den Zielvorstellungen der Konzepte, sie sind stark auf die Persönlichkeitsbildung der Lernenden ausgerichtet sind und überhöhen die Rolle der Lehrenden als Vorbilder. Darüber hinaus gehen diese Konzepte von einer Gesellschaftsveränderung über das Programm der Erziehung zum „neuen Menschen" aus, damit wird dem Bildungssystem eine große Bedeutung zugestanden. Eine weitere Gemeinsamkeit besteht auch in der Nicht-Berücksichtigung der biographischen Umsetzung. In Hinblick auf die Zeitdimension ist vor allem die Korrespondenz zwischen dokumentinterner Zeitperspektive und Entstehungszeitraum interessant. In den 1970er Jahren dominiert die rückwärtsgewandte Kritik, und der Gegenwart kommt eine wichtige Rolle zu. In den 1990er Jahren dominiert hingegen die Perspektive des Anschluss-Haltens an aktuelle und vor allem auch an zukünftige Entwicklungen.

4 Fazit und Ausblick

Die Dominanz der „einzelthematischen Perspektive", die sich bei der Analyse der Zeitschriftenartikel deutlich gezeigt hat, deutet darauf hin, dass das lebenslange Lernen seinen Konzeptcharakter bislang vor allem in der bildungspolitischen Diskussion entfalten konnte. Hier zeigt sich ein klares Konzept. Auf erziehungswissenschaftlicher Ebene existieren demgegenüber bislang keine zusammenhängenden konzeptionellen Vorstellungen zum lebenslangen Lernen. Dort werden angesichts der aktuellen Anforderung, sich mit dem lebenslangen Lernen auseinander zu setzen, in der Regel einzelne Elemente herausgegriffen und bearbeitet. Aus diesem Zusammenhang ist zunächst zu schließen, dass das lebenslange Lernen als Konzept insbesondere den Anforderungen des (bildungs-)*politischen* Kontextes Rechnung trägt: Durch Veränderungen bzw. Konflikte entsteht ein Handlungsdruck, der Reaktionen, z. B. bei der Gestaltung des Bildungsbereichs, herausfordert. Dies ist zum einen die allgemeine Logik des Politischen, es ist aber auch die einzige übereinstimmende Argumentationsfigur, die alle sechs Dokumente zum lebenslangen Lernen verbindet. Dies deutet darauf hin, dass der Handlungsdruck der politischen Sphäre erst den Zusammenhalt erzeugt, der die einzelnen pädagogischen Elemente zu einem schlüssigen Konzept zusammenfügt, und es lässt die Vermutung zu, dass es der erziehungswissenschaftlichen Fachdiskussion schwer fällt, das Konzept als Ganzes in ihre Handlungslogik zu übersetzen. Die bisherige punktuelle Bearbeitung einzelner pädagogischer Elemente des bildungspolitischen Kernkonzeptes zeigt, dass es zwar gelingen kann, zwischen ihnen einen auch in pädagogischer Hinsicht logischen Zusammenhang herzustellen, dass dies aber nicht für alle Bestandteile des Konzeptes gilt. Es ist zum Beispiel keineswegs zwingend, dass mit einer gesteigerten Aufmerksamkeit gegenüber der individuellen Lernfähigkeit die Rolle der Lehrenden die Veränderung erfährt, die ihr in dem Konzept zugedacht wird, d. h. die Verschiebung zu anderen Aufgaben als der Wissensvermittlung. Es wäre ebenso vorstellbar, ihre Rolle nur noch in der Vermittlung von Lernfähigkeit zu sehen oder generell abzuwerten – was allerdings in den Konzepten in der Regel nicht geschieht. Auch ist die Niedrigbewertung des Erlernens konkreter Wissensgegenstände keineswegs notwendigerweise mit der Öffnung der Institutionen gegenüber ihrem Umfeld verbunden. Und die Zertifizierung von kleinen Wissenseinheiten steht nicht unbedingt im Zusammenhang mit der Vermittlung von Lernfähigkeit im Jugendalter. Diese Verknüpfungen machen zwar vor dem Hintergrund eines bildungspolitischen Programms durchaus Sinn, den Nachweis eines zusammenhängenden Konzeptes haben sie für die Fachdiskussion allerdings bislang nicht erbracht.

Das bildungspolitische Konzept „Lebenslanges Lernen" lässt einen großen Handlungsspielraum und ist insbesondere in Bezug auf die Ziele, die mit ihm verbunden werden, sehr flexibel; es ist kontextadaptiv und daher multifunktional einsetzbar. Seine Flexibilität entsteht vor allem durch die Konzentration auf den Lernprozess als solchen. Das pädagogische Konzept bezieht sich auf den Lernprozess bzw. genauer gesagt: auf die Ermöglichung der Organisation des Lernprozesses durch die Individuen selbst. Dadurch ist es ebenso gut mit hehren Zielen wie mit ökonomischem Kalkül vereinbar. Sowohl die UNESCO als auch die OECD sind mit dem lebenslangen Lernen in dieses Jahrtausend gestartet – und beide verbinden damit die Hoffnung, ihre ureigensten Ziele zu verwirklichen. Die Attraktivität des lebenslangen Lernens besteht darin, dass es viele Möglichkeiten zur konkreten Ausgestaltung und argumentativen Begründung lässt und so an verschiedene politische Konstellationen anpassungsfähig ist.

Die Konzepte des lebenslangen Lernens in den 1970er Jahren waren Reformkonzepte für das Bildungswesen, die getragen waren von visionären Ideen. Ihr Aufkommen fiel in eine Zeit, die von der Diskussion um die Krise des Bildungswesen bestimmt war, die aber – vor allem durch die damalige Leitvorstellung der Chancengleichheit – gleichzeitig mit einem großen Gestaltungswillen verbunden war und sich hierin auch einig wusste mit den in dieser Zeit entstehenden „Neuen Sozialen Bewegungen". Die heutige Diskussion um lebenslanges Lernen hat einen anderen Unterton. Ihr haftet das „Hinterherlaufen" an, der Versuch, mit den aktuellen Entwicklungen Schritt zu halten und „am Ball zu bleiben". Den Konzepten der 1990er Jahre fehlen die visionären Ideen. Diese Veränderung wird auch deutlich, wenn man sich die Zeitstruktur in den Dokumenten selbst anschaut. Während in den 1970er Jahren überwiegend mit einer Kritik am Bestehenden argumentiert und die aktuelle Situation als Möglichkeit einer Umsetzung neuer Ideen präsentiert wurde, beschreiben die aktuellen Konzepte Entwicklungen, die bereits ein Stück weit Realität geworden seien und die man auf keine Fall verpassen dürfe – wenngleich sie auch versprechen, diesen Entwicklungen Positives abzugewinnen und sie zum Guten zu lenken.

Ausblick
Die 1970er-Jahre-Debatte um lebenslanges Lernen flaute jedoch alsbald wieder ab, erst mit den Veränderungen der sozialen, individuellen und ökonomischen Situation in den 1990er Jahren kam auch das lebenslange Lernen wieder auf die Agenda, weil es wie kaum ein anderes bildungspolitisches Konzept mit einer eigenen Dynamik verbunden ist und die Aussicht vermittelt, ständig auf der Höhe der Zeit zu bleiben. Mit diesem Konzept scheint die Pädagogik erstmals in der Lage zu sein, ihren „time-lag" gegenüber der gesellschaftlichen und ökonomischen Entwicklung abzustreifen. Ob die Einschätzung von John Field: „Life-

long learning will not go away" (Field 2000, S. 33) allerdings zutreffen wird, ist derzeit noch nicht absehbar. Es spricht aber einiges dafür, dass Field Recht behalten wird. Denn was in den 1970er Jahren in erster Linie in der Bildungspolitik verankert war, hat diese Grenzen heute verlassen. Lebenslanges Lernen hat inzwischen in allgemeinen Politikkonzepten – wie beispielsweise in der Diskussion um den sogenannten „Dritten Weg"[1] – Fuß gefasst. Es schließt nahtlos an die zur Zeit im Zeichen eines bröckelnden Konsenses gegenüber kollektiven Sicherungssystemen angestrebte Individualisierung und Privatisierung an, indem es den Fokus auf Lernen legt, die Tätigkeit, die das Individuum auch allein tun kann – im Gegensatz zu Erziehung und Bildung, die immer auch eine soziale Dimension enthalten. Lebenslanges Lernen wird in diesen Debatten häufig wie eine „Bringschuld" der Individuen gehandelt. Das Konzept schließt aber auch an die individuellen Veränderungsanforderungen an, die von den dynamischen Strukturen der „New Economy" und den Veränderungen, denen die traditionellen Arbeitsstrukturen ausgesetzt sind, ausgehen. Gerade die in den neueren Konzepten intendierte Aufhebung der Grenzen zwischen Lernen und anderen Tätigkeiten, insbesondere zwischen Lernen und Arbeiten, bietet hierfür Ansatzpunkte. Darüber hinaus ist das lebenslange Lernen aber inzwischen auch – wenigstens in den Industrieländern der Nordhalbkugel – weitgehend in das Alltagsbewusstsein eingebunden. John Field macht auf diese breite Verankerung des lebenslangen Lernens aufmerksam, indem er das Konzept in Zusammenhang bringt mit der „reflexiven Moderne"[2] und ihren Veränderungen in der individuellen Lebensführung. Er hebt hervor, dass die zunehmenden Wahlmöglichkeiten und damit zusammenhängend die Entscheidungszwänge in allen Bereichen des Lebens zu einer allgemeinen Akzeptanz der Aufforderung beitragen, ein Leben lang zu lernen. Das Konzept passt somit zum aktuellen Lebensgefühl vieler (berufstätiger) Menschen und deckt sich daher für viele mit ihren alltäglichen Erfahrungen und Anforderungen. Gleichzeitig kann es auch verbunden werden mit der Hoffnung, diese Situation besser bewältigen zu können, da es die Möglichkeit zur Wiedergewinnung von (Handlungs-)Sicherheit verspricht. Nicht zuletzt deshalb erscheint es für viele – wenn auch nicht für alle – attraktiv.[3]

Diese hier kurz skizzierte breite Verankerung des lebenslangen Lernens in übergreifenden Politikfeldern, ökonomischen Entwicklungen und der individuellen Lebensführung legt den Schluss nahe, dass dieses bildungspolitische Konzept noch länger auf der Tagesordnung stehen wird. Oder anders formuliert: Während die Diskussionen um lebenslanges Lernen in den 1970er Jahren auf wenig förderliche gesamtgesellschaftliche Rahmenbedingungen stießen, fallen in den 1990er Jahren die Hoffnungen, die mit diesem Konzept verknüpft sind, mit Ansprüchen und Entwicklungen in vielen gesellschaftlichen, ökonomischen und individuellen Bereichen zusammen.

5 Anhang

5.1 Anmerkungen

Einleitung

1 Unter dem Stichwort Welt-Bildungskrise ist vor allem die Publikation von Coombs bekannt: Coombs, Philip H.: The World Educational Crisis. New York 1968. Deutsche Ausgabe: Die Weltbildungskrise. Stuttgart 1969.

2 Hier wird eine deutliche Parallele zur deutschen Debatte deutlich: U. a. vor dem Hintergrund der von Georg Picht konstatierten „Bildungskatastrophe" kam es auch in der Bundesrepublik mit dem „Strukturplan für das Bildungswesen" (1970) des Deutschen Bildungsrates zu einem konzeptionellen Neuentwurf für das deutsche Bildungssystem.

3 Beim Bundesministerium für Bildung, Forschung, Wissenschaft und Technologie gibt es beispielsweise ein Grundsatzreferat „Lebenslanges Lernen"; der Sachverständigenrat Bildung bei der gewerkschaftsnahen Hans-Böckler-Stiftung greift in dem Diskussionspapier „Ein neues Leitbild für das Bildungssystem – Elemente einer künftigen Berufsbildung" (2/98) das „lebensbegleitende Lernen" auf und die Nationale Konferenz Deutschland für Lebenslanges Lernen 1996 „Lebenslanges Lernen. Aufbruch in die Zukunft Modetrend oder Bildungsbedarf" im Rahmen des Europäischen Jahres des lebensbegleitenden Lernens hatte ein ganzes Spektrum an unterschiedlichen Unterstützer/innen, z. B. Deutsches Institut für Erwachsenenbildung, Institut der deutschen Wirtschaft, Deutsche Telekom, Deutscher Volkshochschulverband, Neuland – Produkte für lebendiges Lernen, Fraunhofer Institut und Generaldirektion XXII (Erziehung, Ausbildung und Jugend) der Europäischen Kommission.

4 Für die Popularität des lebenslanges Lernens oder des lifelong learning dürfte nicht zuletzt auch die. Alliteration eine Rolle spielen – ähnlich wie es für die eingängigen Formeln „Kind und Kegel", „Haus und Hof" oder „Mann und Maus" gilt. Als besonderer Stilwert der Alliteration wird im „Sachwörterbuch der Literatur" die Funktion als Mnemotechnik hervorgehoben und darauf hingewiesen, dass Alliterationen auch als Buchtitel beliebt sind, weil sie von größerem Behaltens- und damit auch Wiedererkennenswert sind (vgl. von Wilpert 1989, S. 19 f.). Auch die Alliteration „Lebenslanges Lernen" profitiert von diesem sprachlich eingängigen Effekt. Unerheblich ist dabei die Frage, ob diese Funktion bei der Begriffsbildung intendiert war oder nicht, denn die Alliteration entfaltet ihre Wirkung unabhängig von der Intentionalität des Gebrauchs. Festzuhalten bleibt daher, dass die sprachliche Form des Stabreims die Popularisierung und Einschleifung in den allgemeinen Sprachgebrauch sicherlich – und losgelöst von den Inhalten – befördert und erleichtert hat.

5 Für die folgende Auseinandersetzung mit den unterschiedlichen Konzepten werden also zunächst alle Ansätze, die sich explizit auf fortgesetztes Lernen während der gesamte Lebensdauer beziehen, unter dem Oberbegriff „Lebenslanges Lernen" subsumiert und so auch unterschiedliche Konzepte wie „recurrent education" oder „éducation permanente" zunächst zusammengefasst. Bei der konkreten Darstellung einzelner Konzepte wird dann auf die Original-Begrifflichkeiten, die auch in den Konzepte selbst verwendet werden, zurückgegriffen, um mit den unterschiedlichen Begriffen auch die differierenden Konzepte zu benennen.

6 Sutton nennt dies die vertikale Ausrichtung des Ansatzes, d. h. die Ausrichtung am Leben in seiner gesamten Länge. Er gibt für die Konzepte der lifelong education auch eine horizontale Ausrichtung am gesamten Leben an: die Ausrichtung auf alle Bereiche des Lebens in ihrer Vielfalt und Breite (vgl. ebd.).

7 Eine detailliertere Begründung der Auswahlkriterien findet sich am Beginn des Kapitels 1.

8 Die Entscheidung, welche Dokumente als Quellen aufgenommen werden, erfolgt immer retrospektiv und lässt sich auch als „Quellen-Politik" bezeichnen, im Rahmen derer bestimmte bildungspolitische Dokumente zu Quellen gemacht werden und andere wiederum nicht. Die Quellenzusammenstellung dieser Arbeit orientiert sich an dem Korpus an Dokumenten, der sich herauskristallisiert, wenn man die Sekundärliteratur, die sich mit dem Konzept „Lebenslanges Lernen" in internationaler Perspektive beschäftigt, systematisch auf diesen Aspekt hin liest. Die Form des vergleichend-analytischen Umgangs mit den Dokumenten und die Zusammenführung in einer einzigen Arbeit stellt allerdings einen Versuch dar, die Dokumente in anderer Weise zu bearbeiten, als dies in den vorliegenden Arbeiten der Fall ist. (vgl. u. a. Gerlach, Christiane: Lebenslanges Lernen. Köln u. a. 2000 / Reuter, Lutz R.: UNESCO und Weiterbildung, In: Grundlagen der Weiterbildung – Praxishilfen, Neuwied 1999 / Vulpius, Axel: Europarat. In: Grundlagen der Weiterbildung – Praxishilfen, Neuwied 1999 / Brödel, Rainer: Lebenslanges Lernen – lebensbegleitende Bildung. In: ders.: Lebenslanges Lernen – lebensbegleitende Bildung Neuwied 1998b, S. 1- 32 / Knoll, Joachim H.: ‚Lebenslanges Lernen und internationale Bildungspolitik'. In: Brödel (Hrsg.): Neuwied 1998, S. 35-50 / Dohmen, Günther: Das Jahr des lebenslangen Lernens – was hat es gebracht? In: REPORT 39/1997, S. 10-26 / Knoll, Joachim H.: ‚Lebenslanges Lernen' im Kontext internationaler Bildungspolitik und Bildungsreform. In: REPORT 39/1997b, S. 27-40 / Bundesministerium für Bildung, Wissenschaft, Forschung und Technologie (Hrsg.)/Dohmen, Günther: Das lebenslange Lernen. Bonn 1996 / Hasan, A.: Lifelong Learning, In: International Encyclopedia of Adult Education and training, ed. by Tuijnman, A.C., 2nd. ed. 1996. S. 33-41 / Kallen, Denis: Lebenslanges Lernen in der Retrospektive. In: Berufsbildung. Europäische Zeitschrift Nr. 8-9/1996, S. 17-24 / Knoll, Joachim H.: Internationale Weiterbildung und Erwachsenenbildung. Darmstadt 1996 / Sutton, P. J.: Lifelong and Continuing Education. In: International Encyclopedia of Adult Education and training, ed. by Tuijnman, A.C., 2nd. ed. 1996. S. 27-33 / Schütze, Hans G.: Weiterbildung im bildungspolitischen Kontext der OECD. In: Grundlagen der Weiterbildung – Praxishilfen, Neuwied 1995 / Jourdan, Manfred: Recurrent Education im Kontext der OECD. In: Grundlagen der Weiterbildung – Praxishilfen. Neuwied 1990 / Günther, Ute: Erwachsenenbildung als Gegenstand der internationalen Diskussion, Köln 1982 / Voß, Renate: Lebenslanges Lernen und Berufsbildung. Frankfurt/M. u. a. 1978).

9 Ein Indiz dafür, dass sich die pädagogischen Inhalte dieser Konzepte nicht nur in den Organisationszielen erschöpfen, ist beispielsweise, dass einzelne Personen bei der Publikation von Dokumenten verschiedener Organisationen mitgearbeitet haben. Dies deutet darauf hin, dass ihre Arbeitsbereiche zunächst inhaltlich bestimmt sind und nicht von den Organisationszielen. J. R. Gass war beispielsweise als Direktor des CERI (Zentrum für Bildungsforschung und -innovation) 1973 für die Publikation „Recurrent Education" der OECD verantwortlich und hat 1996 für die Europäische Kommission ein Diskussionsdokument mit dem Titel „Ziele, Struktur und Mittel des lebensbegleitenden Lernens" geschrieben. Denis Kallen, der in den 1970er Jahren maßgeblich an der inhaltlichen Gestaltung des Konzeptes der OECD mitgearbeitet hat, war später als Generaldirektor der Projektes „A Secondary Education for Europe" des Europarates tätig. Jacques Delors war Leiter der EU-Kommission, als diese 1993 das Weißbuch „Wachstum, Wettbewerbsfähigkeit, Beschäftigung" herausgab, und anschließend Leiter der UNESCO-Kommission, die den Bildungsbericht für das für das 21. Jahrhundert „Learning: The Treasure Within" verfasst hat.

10 Der Analyseleitfaden ist im Anhang dokumentiert.

11 Von dem im Jahr 2000 erschienenen Band „ Lebenslanges Lernen. Konzepte und Entwicklungen 1972 bis 1997" von Gerlach unterscheidet sich das vorliegende Buch in erster Linie durch die ausführliche Auseinandersetzung mit der Rezeption des Konzeptes in den erziehungswissenschaftlichen Fachzeitschriften, die einen Rückschluss auf die Art der Beschäftigung mit dem lebenslangen Lernen durch die Fachdiskussion generell erlaubt, sowie durch den stärker analytisch ausgerichteten Zugriff auf die einzelnen Dokumente. Auch die Auswahl der Dokumente unterscheidet sich und ist bei Gerlach – neben zwei Publikationen der OECD – vor allem von den Beiträgen der UNESCO geprägt

12 Für die Beschäftigung mit bildungspolitischen Dokumenten gilt allerdings analog, was de Haan in anderem Zusammenhang wie folgt formuliert hat: Man wird „nur auf Quellen in Form von Dokumenten stoßen, nicht aber auf das, was den Dokumenten, Abhandlungen etc. einst die Quelle war" (de Haan 1993, S.371). Die bildungspolitischen Dokumente, die Arbeiten wie der vorliegenden als sogenannte Quellen zugrunde liegen und die retrospektiv die Rekonstruktion eines zusammenhängenden Entwicklungsprozesses in der bildungspolitischen Entwicklung nahe legen, sind zunächst nur Verschriftlichungen von Diskussionsprozessen der daran beteiligten Personen. Diese Personen sind aber wiederum in ihre institutionellen Gefüge eingebunden, d. h., neben den Ansichten und dem Vorwissen der konkret Diskutierenden schlagen sich auch die institutionellen Rahmenbedingungen des Entstehungszusammenhangs darin nieder. Auch die politischen Zielsetzungen der Auftraggeber, die die Erarbeitung und Publikation eines solchen Dokumentes erst notwendig erscheinen lassen, sind nicht ohne Einfluss auf das Endprodukt. In den publizierten Dokumenten kristallisiert sich also eine beträchtliche Anzahl verschiedener, eventuell sogar widerstrebender Anliegen. Diese Differenzen können noch dadurch verstärkt werden, dass verschiedene Personen und/oder Institutionen für ein Dokument verantwortlich zeichnen. Eine Art „Kompromiss-Charakter" kann also grundsätzlich für bildungspolitische Dokumente angenommen werden, was bei einer Analyse dieser Dokumente nicht in Vergessenheit geraten sollte. Die Dokumente sind bereits in sich selbst äußerst vielschichtig.

13 Zu bedenken ist bei der Betrachtung von Zeitschriftenartikeln aber, dass nicht alle Personen mit ihren jeweiligen inhaltlichen Positionen die Möglichkeit haben, in den Zeitschriften zu publizieren; die Zeitschriften repräsentieren somit eine Art „selektiver Diskussion" mit limitiertem Zugang, der aber in dieser Selektivität in gewisser Weise auch den „Mainstream" der jeweiligen Diskussion widerspiegelt.

14 Tillmann warnt zu Recht vor stereotypen Vereinfachungen, zu denen die Betonung der unterschiedlichen Funktionslogik beider Bereiche führen kann: „Der Wissenschaft gehe es um Erkenntnisse, den Politikern ‚nur' um die Durchsetzung von Macht. Die Unterschiede liegen anders: Es geht in beiden Feldern um die Bearbeitung von Problemen des Erziehungs- und Bildungssystems. Wie aber die Aufgabenstellungen in Wissenschaft und Politik deutlich andere sind, richten sich die Verfahren der Problembearbeitung nach einer je eigenen Logik – deshalb sind die Handlungsmuster des einen Bereichs auch nicht in den anderen übertragbar. Beide Bereiche haben ihre eigene Dignität und ihre eigenen Definitionen von ‚guter' und ‚schlechter' Arbeit" (Tillmann 1991, S. 960).

Kapitel 1

1 In erster Linie erfolgte die Selektion der Artikel über die Durchsicht der Inhaltsverzeichnisse, allerdings unter Einbezug von Abstract und Literaturverzeichnis bei uneindeutigen Titeln. Dem Bezugspunkt „Titel" zur Bestimmung der Artikel zur weiteren Analyse liegt die Annahme zugrunde, dass die Artikel, die sich explizit mit den Konzepten zum lebenslangen Lernen auseinandersetzen, dies auch in ihrer Überschrift deutlich markieren, d. h., dass sie entweder „Lebenslanges Lernen" als Sammelbegriff für den Diskussionsstrang oder einen spezifischen Begriff, wie z. B. Lerngesellschaft oder ständige Weiterbildung, im Titel führen. Artikel, die sich in ihren Überschriften zwar thematisch in einem Spektrum bewegen, das auch von den bildungspolitischen Dokumenten aufgegriffen wird, wie beispielsweise Modularisierung oder selbstgesteuertes Lernen, wurden nur dann zur Analyse herangezogen, wenn sie in ihrem Titel daneben auch noch auf das lebenslange Lernen hinweisen.

2 Insofern aus dem Kontext jeweils eindeutig hervorgeht, um welche Zeitschriften es sich handelt, wird nicht bei jedem Artikel jeweils die vollständige Literaturangabe verzeichnet. Eine vollständige Bibliographie aller verwendeten Artikel findet sich im Sekundärliteratur-Teil des Literaturverzeichnisses nach Zeitschriften sortiert.

3 Hierbei handelt es sich um: Peter Kern/Hans-Georg Wittig: „Der Lernbericht des Club of Rome" (1/81; S. 127 – 138) – ein Artikel, der den Bericht tendenziell wohlwollend diskutiert, allerdings dessen Ergänzungsbedürftigkeit bezüglich einer „anthropologischen Ergänzung" (S. 137) betont – und Alfred K. Treml: „Lernen oder Untergehen? Kritische Anmerkungen zum ‚Lernbericht' des Club of Rome" (1/81; S. 139 – 144), der den Bericht wesentlich kritischer diskutiert und die „Utopie", die hinter diesem Bericht stehe, als „verpädagogisierte Welt" (S. 149) bezeichnet.

4 Heft 1 „Lebenslaufforschung", Heft 3 „Der Lernbegriff in der Philosophie" und Heft 6 „Praktisches Lernen".

5 Die im folgenden Abschnitt nur mit Seitenzahlen angegebenen Zitate stammen alle aus diesem Artikel.

6 Sofern in den Zeitschriftenartikeln Bezug auf eines der Dokumente genommen wird, die in den folgenden Kapiteln noch untersucht werden, wird auf die entsprechenden Kapitel verwiesen. Dies gilt sowohl für die Auseinandersetzung mit dem Artikel von Dauber u.a. zur Recurrent Education wie auch für alle folgenden Artikel. Das OECD-Dokumente zur Recurrent Education wird in Kapitel 2 dieses Buches analysiert.

7 Auch wenn die Zeitschrift erst seit 1980 unter dem Titel „Zeitschrift für Berufs- und Wirtschaftspädagogik" erscheint und sich die gebräuchliche Abkürzung ZBW auf diesen Titel bezieht, wird hier, wenn allgemein auf die Zeitschrift verwiesen wird, die Abkürzung ZBW auch für die Jahrgänge 1970 bis 1979 verwendet, obwohl der Titel zu diesem Zeitpunkt „Die deutsche Berufs- und Fachschule" lautete. Bei Verweisen auf einzelne Ausgaben aus den Jahren 1970 bis 1979 wird die Abkürzung DtBFSch, die auch in der Zeitschrift selbst benutzt wird, übernommen. Alle Zitate in diesem Abschnitt, die nur mit Seitenzahlen und Ausgabe/ Erscheinungsjahr gekennzeichnet sind, stammen aus der ZBW.

8 Das EU-Weißbuch wird im zweiten Teil des Buches analysiert.

9 Der Delors-Bericht ist in zweiten Kapitel Gegenstand einer intensiveren Analyse.

10 Bei dem im Rahmen dieser Rezension angesprochenen Faure-Bericht handelt es sich sozusagen um den „Vorläufer" des Delor-Berichtes. Der Faure-Bericht wurde von der UNESCO 1970 veröffentlicht und ist ähnlich dem Delors-Bericht das Ergebnis einer von der UNESCO eingesetzten Kommission, die sich jeweils mit der Zukunft der Bildung auseinandergesetzt hat. Ebenso wie der Delors-Bericht wird auch der Faure-Bericht im Kapitel 2 noch ausführlicher behandelt.

11 „‚Lebenslanges Lernen', ‚education permanente' und ‚recurrent education' sind als Zukunftsaufgabe des beruflichen Bildungswesens unumstritten. Weitgehend ungeklärt ist jedoch die Frage, wie ein Berufssystem organisiert sein muß, damit lebenslanges Lernen im Rahmen permanenter beruflicher Weiterbildung begünstigt wird" (S. 888).

12 „Durch eine ständige sich wandelnde Umwelt, durch raschen technischen Fortschritt und eine Flut von neuen Informationen steigt die Anforderung an die Bildungssysteme, der schnellen Veraltung von Wissen, Kenntnissen und Fähigkeiten entgegenzuwirken, indem sie nun Wege aufzeigen, die dort weiterführen, wo der bisherige Weg, sprich das bisherige Bildungsangebot, endet. Dies gilt auch und besonders für die berufliche Bildung und speziell für die Weiterbildung. Auch die Berufsbildungspolitik der Schweiz hat sich dieser Problematik angenommen und Ideen entwickelt, wie hier eine Lösung gefunden werden kann" (S. 483).

13 Die pädagogischen Aspekte der internationalen Konzepte werden in den Kapiteln 2 und 3 dezidiert herausgearbeitet. Für die Aufarbeitung der Zeitschriftendiskussion genügt hier zunächst der vorausgreifende Hinweis, dass es sich um ein pädagogisches Elemente des lebenslangen Lernens handelt.

14 Mit dem Ausdruck der Illusion, wie er von Geißler/Orthey hier verwandt wird und der Funktionalität, die der Illusion für die gesellschaftliche Organisationsform zugeschrieben wird, rückt dieser Aspekt in Richtung „Ideologie-Vorwurf": „Der Ausdruck ‚Ideologie' wird also im abwertenden Sinn benutzt, um eine Bewußtseinsform zu kritisieren, weil sie falsche Überzeugungen enthält, weil sie eine tadelnswerte Funktion hat, oder weil sie von zweifelhafter Herkunft ist" (Geuss 1996, S. 31).

15 In der Zusammenstellung des Inhaltsverzeichnisses für die gebundenen Jahrgangsausgaben der DDS ist ein Unterschied zu den anderen Zeitschriften zu verzeichnen: Zwischen 1986 und 1997 wurden lediglich die größeren Beiträge in das Jahrgangsinhaltsverzeichnis aufgenommen, Rezensionen fielen dadurch beispielsweise heraus. Diese spezifische Zusammenstellung der Inhaltsverzeichnisse konnte nicht vollständig durch die Durchsicht aller Zeitschriften der Jahrgänge mit unvollständigem Inhaltsverzeichnis ausgeglichen werden. Die zusätzliche Sichtung der Zeitschriften beschränkt sich auf Stichproben, vor allem in den Jahren, in denen eventuell Rezensionen zu vermuten waren.

16 Er selbst gehörte der Kommission an, die diese Denkschrift im Auftrag des nordrhein-westfälischen Ministerpräsidenten verfasst hat, aus diesem Grund wird der Artikel auch nicht als „Besprechung" eines bildungspolitischen Dokumentes kategorisiert. Klafki verfolgt hier einen umfassenderen Anspruch, als lediglich ein veröffentlichtes Dokument vorzustellen und zu besprechen. Er selbst bezieht sich zwar in keiner Weise auf die Diskussion um lebenslanges Lernen, aufgenommen wurde der Artikel an dieser Stelle aber dennoch, weil das vorgestellte bildungspolitische Programm dem Konzept des lebenslangen Lernens strukturell sehr ähnlich ist.

17 In dem REPORT-Heft zum „Lebenslangen Lernen" (Nr. 39/1997) hat Hannelore Faulstich-Wieland, die wie Klafki auch Mitglied der Kommission war, ebenfalls einen Artikel zu der nordrhein-westfälischen Denkschrift veröffentlicht. Auch wenn sie betont: „Die Bedeutung des lebensbegleitenden Lernens und damit auch der Erwachsenenbildung ist von der Kommission explizit gesehen und hervorgehoben worden" (Faulstich-Wieland 1997, S. 59), hält sie dennoch fest: „Allerdings lag der Schwerpunkt der Ausführungen auf der ‚Schule der Zukunft'. Deren künftige Gestaltung muß Grundlagen für kontinuierliches Lernen schaffen, ohne die Erwachsenenbildung nur schwer ihre Aufgaben erfüllen könnte" (ebd.). Auch hier wird deutlich, dass es sich um ein Konzept für die Schule handelt. Dass eine Vorstellung des Konzeptes allerdings in das Schwerpunktheft aufgenommen wurde, zeigt, dass dennoch die Zusammenhänge zu den Konzepten des lebenslangen Lernens gesehen werden, auch wenn Faulstich-Wieland sich auf die Darstellung der Inhalte der „Denkschrift" beschränkt.

18 Im Zusammenhang mit der internationalen Diskussion verweist der Autor ausdrücklich auf den Report des Club of Rome, der ein Vorstoß „in Richtung auf ein neues Bildungsverständnis" (S. 11) sei.

19 Der Fußnotentext lautet: „Vgl. zum folgenden: OECD/CERI, Recurrent Education for the 1980s. Trends and Policies. Vervielfältigtes Arbeitspapier CERI/CD (79)12; ED(79)16, S. 27 ff. sowie OECD/CERI, Recurrent Education. Recent Developments and Future Options. Vervielfältigtes Arbeitspapier ED(77)14; CERI/CD(77)11, S. 17 f." (S. 21).

20 In dieser Rubrik wurden folgende Publikationen angeführt, die einen Bezug zum lebenslangen Lernen aufweisen: Werner Wiater (Hrsg.): Erwachsenenbildung und Lebenslauf. Mündigkeit als lebenslanger Prozeß. München 1994 (2/95, S. 187); Jochen Kade, Wolfgang Seiter: Lebenslanges Lernen. Mögliche Bildungswelten. Opladen 1996, (2/96, S. 190f.); Bernhald Nacke/Günther Dohmen (Hrsg.): Lebenslanges Lernen. Erfahrungen und Anregungen aus Wissenschaft und Praxis. Würzburg 1996 (3/96, S. 286); Günther Dohmen: Das lebenslange Lernen. Leitlinien einer modernen Bildungspolitik. Bonn 1996. (1/97, S. 92); Günther Dohmen (Hrsg.): Selbstgesteuertes lebenslanges Lernen? Bonn 1977 (sic!, diese Publikation erschien 1997), (4/97, S. 378f.); Kurt Schmidt (Hrsg.): Lebenslanges Lernen in Japan. Wien 1997 (4/97, S. 379f.); H. Faulstich-Wieland/E. Nuissl/H. Siebert,/J. Weinberg (Hrsg.): REPORT 39/1997 (Schwerpunktheft zum lebenslangen, selbstgesteuerten Lernen) (4/97, S. 381).

21 Vgl. zu der Einschätzung des Fehlens eines solchen Diskussionsstrangs über die Konzepte des lebenslangen Lernens in Deutschland zu dieser Zeit auch Günther 1982, S. 225-227.

22 Den Fußnoten von Böhmes Text sind folgende Angaben zu den Quellen der unterschiedlichen Definitionen des lebenslangen Lernens zu entnehmen: (1) Hans Tietgens: Lebenslanges Lernen, in: „Pädagogik aktuell", hg. von Gerhard Wehle, München 1973, S. 105. (2) Die entsprechenden Passagen aus dem „Strukturplan für das Bildungswesen" des Deutschen

Bildungsrates. (3) Marie-Theres Starke: Erwachsenenbildung, in: „Handbuch pädagogischer Grundbegriffe" hg. von Josef Speck und Gerhard Wehle, München 1970, S. 364. (4) Wolfgang Schulenberg: Erwachsenenbildung, in: Pädagogik, Fischer Lexikon Bd. 36, hg. von Hans-H. Groothoff, Frankfurt/M. 1973, S. 67. (5) Theodor Wilhelm, Pädagogik der Gegenwart, Stuttgart 1963, S. 447. (6) Franz Pöggeler, Education permanente, life-long learning, in: Lexikon der Pädagogik, Neue Ausgabe, Band 1, Freiburg u. a. 1970, S. 320. (7) Gabriele Kallmeyer u. a. Lernen im Alter? Analysen und Modelle zur Weiterbildung, Grafenau 1976, S. 40.

23 „Das Strukturmerkmal, daß aus Zertifikaten moralisch zwar gewisse Rechte abgeleitet werden, diese aber juristisch nicht in subjektiv einklagbare Ansprüche übersetzt werden können – Zertifikaten also de facto eine systematische Unverbindlichkeit inhärent ist –, ist selbstverständlich auch in der Erwachsenenbildung gegenwärtig" (S. 250).

24 Sie sind immer dort unverzichtbar, wo alltagsgebundenes Lernen den einzelnen zu überfordern droht oder der Zugang zu neuen Lernmilieus und ihren Wissensbeständen in autodidaktischer Lernorganisation zu mühevoll wird" (S. 42).

25 Aus dem Kontext lässt sich jedoch vermuten, dass es sich um die Studie von Jochen Kade und Wolfgang Seiter „Lebenslanges Lernen. Mögliche Bildungswelten" (Opladen 1996) handelt, da dies die einzige deutschsprachige Studie ist, die sich dezidiert mit der subjektiven Bedeutung und Konstitution des Lebenslangen Lernens auseinandersetzt und dies auch gerade in Hinblick auf Biographien und Lebensgestaltung tut.

26 Wie dieses „generelle Konzept" entsteht und aus welchen Elementen es sich zusammensetzt, wird im dritten Kapitel dargestellt.

27 Ob diese drei Muster, die in der Analyse des Aufgreifens von Elementen der bildungspolitischen Dokumente zum lebenslangen Lernen in den Artikeln erziehungswissenschaftlicher Fachzeitschriften deutlich wurden, als generelle Muster des Aufgreifens bildungspolitischer Konzepte und Entwürfe in erziehungswissenschaftlichen Kontexten gelten können, kann hier nicht abschließend geklärt werden, dies wäre aber eine interessante Forschungsperspektive.

28 Es ergeben sich in der Summe der Artikel geringfügige Abweichungen zu Tabelle 1, was sich daraus erklärt, dass zwei Artikel hier nicht zugeordnet wurden: der HBV Artikel von Böhme (4/83a), weil er lediglich in das Themenheft einführt, und der Artikel von Klafki in der DDS (2/96), weil er sich nicht auf das lebenslange Lernen bezieht.

Kapitel 2

1 Unabhängig von der Unterscheidung in internationale und supranationale Organisationen bezeichne ich summarisch alle Organisationen, deren Konzepte analysiert werden, als internationale Organisationen im allgemein üblichen Wortsinn, der darauf hinweist, dass es sich um Einheiten handelt, die die Ebene nationalstaatlicher Verfasstheit überschreiten. Die Spezifizierung in Organisationen, an die nationalstaatliche Rechte abgegeben werden (supranational), hier nur die Europäische Union, und solche, die nicht in die nationalstaatliche Souveränität eingreifen können (international), wie die anderen hier behandelten Organisationen, spielt zunächst keine Rolle (zur Unterscheidung vgl. zum Beispiel die entsprechenden Einträge in: Das Politiklexikon. Schubert u. a., Bonn 1997).

2 Eine Ausnahme bildet unter den hier ausgewählten Organisationen die Europäische Union. Aber auch dort ist gerade die Bildungspolitik ein sehr umstrittenes Feld (vgl. z. B. Hrbek 1994).

3 Die Leitfadenanalysen selbst umfassen ein Vielfaches der Textmenge, die hier für die Zusammenfassung benötigt wird. Aus Platzgründen im Rahmen dieser Publikation sowie aus Gründen des Lesevergnügens habe ich darauf verzichtet, die Analyseergebnisse im Detail darzustellen, sie sind allerdings in unveröffentlichter Form vollständig dokumentiert.

4 Im Weiteren wird das Dokument abkürzend bezeichnet als: Fundamentals. Die vollständige Literaturangabe lautet: COUNCIL OF EUROPE / COUNCIL FOR CULTURAL CO-OPERATION /

committee for out-of-school education (1971a): Permanent Education. Fundamentals for an Integrated Educational Policy. Studies on Permanent Education, no. 21/1971. Strasbourg.

5 Nach der „konzeptionellen Phase" zum lebenslangen Lernen folgte eine Phase der Überprüfung der Umsetzbarkeit. Insgesamt wurden im Rahmen dieser „Überprüfung" des Konzeptes an der Realität von 1972 bis 1976 fünfundzwanzig einzelne Pilotprojekte durchgeführt (vgl. Jocher 1978).

6 Sofern keine anderen Angaben gemacht werden, beziehen sich die Zitate auf die Fundamentals; angegeben wird daher nur die Seitenzahl.

7 Diese Einschätzung ergibt sich aus der Literaturrecherche zu Publikationen des Europarates sowie aus der Sichtung der Sekundärliteratur zu den bildungspolitischen Aktivitäten des Europarates, vgl. hierzu z.B. Giere 1996 oder Vulpius 1999.

8 „Heute" bedeutet zur Zeit der Konzeptentwicklung: Anfang der 1970er Jahre.

9 Das Motto „European Year of Life Long Learning", wird im Deutschen in der Regel mit „Europäisches Jahr des lebensbegleitenden Lernens" wiedergegeben. Dies wird z. B. in den „LLL News Deutschland: Newsletter der gemeinsamen Koordinierungsstelle des Bundes und der Länder für das Europäische Jahr des lebensbegleitenden Lernens 1996" deutlich. Die „LLL – News Deutschland" erschienen während des Europäischen Jahres des lebensbegleitenden Lernens insgesamt fünf Mal, in ihrer Kopfzeile führen sie – mit Ausnahme der ersten Ausgabe – unter dem europäischen Logo zu diesem Jahr das Motto in deutscher und englischer Sprache. Herausgegeben wurden die LLL-News Deutschland vom Gustav-Stresemann-Institut in Bonn.

10 Weißbücher, die die EU-Kommission zu sehr unterschiedlichen Themenfeldern publiziert, sind politische Positionspapiere, die am Ende eines Diskussionsprozesses im Rahmen der EU-Kommission stehen. Sie dienen in der Regel als Impulse für verbindliche Regelungen.

11 Das Weißbuch ist 1995 erstmals publiziert worden (EGKS-EG-EAG, Brüssel – Luxemburg 1995), die hier zugrundeliegende Ausgabe wurde 1996 vom Amt für amtliche Veröffentlichungen der Europäischen Gemeinschaften in Luxemburg veröffentlicht. Die vollständige Literaturangabe lautet: Europäische Kommission / Generaldirektion XXII – Allgemeine und berufliche Bildung und Jugend / Generaldirektion V – Beschäftigung, Arbeitsbeziehungen und Soziale Angelegenheiten: Lehren und Lernen auf dem Weg zur kognitiven Gesellschaft. Weißbuch zur allgemeinen und beruflichen Bildung. Amt für amtliche Veröffentlichungen der Europäischen Gemeinschaft: Luxemburg 1996 (1996b). Im Folgenden wird dieses Dokument „Weißbuch" genannt.

12 Vgl. zu dieser Einschätzung auch: Giere 1996, die in ihrem Überblick „Lebenslanges Lernen in der Literatur weltweit: 1968 – 1996" die Europäische Kommission erst mit der Publikation der beiden Weißbücher und der Ausrufung des Europäischen Jahres des lebensbegleitenden Lernens aufnimmt.

13 Im weiteren Textverlauf wird „Hervorhebung im Original" abgekürzt mit HiO.

14 Welche „Grundsatzdebatten" an dieser Stelle angesprochen sind, wird nicht benannt. Es könnte sein, dass sich dieser Ausdruck auf das Ende des „Ost-West-Konfliktes" bezieht, er könnte aber auch auf die zunehmende rechtliche Kodifizierung der Europäischen Union gemünzt sein, der eben häufig „Grundsatzdebatten" vorausgehen.

15 Edgar Faure war der Vorsitzende der Kommission, die den Bericht ausgearbeitet hat, daher ist der Bericht unter dem Namen „Faure-Report" oder „Faure-Bericht" allgemein bekannt. Die vollständige Literaturangabe der hier benutzten Ausgabe lautet: FAURE, Edgar / HERRERA, Felipe / KADDOURA, Abdul-Razzak / LOPES, Henri / PETROVSKI, Artuhur V. / RAHNEMA, Majid / WARD, Frederick Champion: Wie wir leben lernen. Der Unesco-Bericht über Ziel und Zukunft unserer Erziehungsprogramme. Rowohlt Taschenbuch Verlag: Reinbek bei Hamburg 1973. Das Original erschien 1972 unter dem Titel „Apprendre à etre" als UNESCO-Publikation. Im Folgenden wird das Dokument mit Faure-Bericht oder Faure-Report bezeichnet.

16 Ebenso wie der „Faure-Bericht" ist auch der „Delors-Bericht" unter dem Namen des Kommissionsvorsitzenden, in diesem Fall war es Jacques Delors, einschlägig bekannt. An diese Gepflogenheit schließt sich auch der vorliegende Text an. Die vollständige Angabe der hier benutzten Ausgabe lautet: DEUTSCHE UNESCO-KOMMISSION (Hrsg.) / DELORS; Jacques / MUFTI, In´am Al / AMAGI, Isao / CARNEIRO, Roberto / CHUNG, Fay / GEREMEK, Bronislaw / GORHAM, William / KORNHAUSER, Aleksandra / MANLEY, Michael / QUERO, Masisla Padrón / SAVANE, Marie-Angélique / SINGH, Karan / STAVENHAGEN, Rodolfo / SUHR, Myong Won / NANZHAO, Zhou: Lernfähigkeit: Unser verborgener Reichtum. UNESCO-Bericht zur Bildung für das 21. Jahrhundert. Luchterhand: Neuwied, Kriftel, Berlin 1997. Das Original erschien 1996 unter den beiden Titeln „Learning: The Treasure Within – Report to UNESCO of the International Commission on Education for the Twenty-first Century" und „L´Education: un tresor est caché dedans – Rapport à l´UNESCO de la Commission international sur l´ èducation pour le vingt et unième siècle".

17 Die Arbeit der Delors-Kommission ist im Anhang des Delors-Berichtes ausführlich festgehalten (vgl. Deutsche UNESCO-Kommission 1997, S. 224-241).

18 Christiane Gerlach hat die Agenda beispielsweise in ihr Buch über Konzepte und Entwicklungen zum lebenslangen Lernen aufgenommen (Gerlach 2000, S. 140 ff.).

19 In diesem Kapitel werden die Zitate, die aus dem Faure-Bericht stammen, nur mit den entsprechenden Seitenzahlen angegeben. Alle anderen Quellen werden mit vollständigen Angaben aufgeführt.

20 Innerhalb der deutschsprachigen Ausgabe des Faure-Berichts wird in der Regel der Begriff Erziehung verwendet, beispielsweise: „Der Erwachsene hingegen ist in seinen Eigenschaften als Produzent, Konsument, Bürger, Familienvater, als glücklicher oder unglücklicher Mensch Gegenstand der permanenten Erziehung" (S. 222). An diesen Sprachgebrauch schließen sich auch die folgenden Ausführungen zum Faure-Bericht weitestgehend an. Die Definition von Erziehung wird im Bericht folgendermaßen gegeben: „Die Erziehung wird also künftig nicht mehr durch einen bestimmten Inhalt definiert, den man sich aneignen muß, sondern versteht sich als *Entwicklungsprozeß des Menschen,* der durch seine verschiedenen Erfahrungen lernt, sich auszudrücken, zu kommunizieren, die Welt zu befragen und immer mehr er selbst zu werde" (S. 207).

21 Im Anschluss an den französischen Originalausdruck „éducation permanente" wird der Ansatz des Faure-Bericht mit Education Permanente bezeichnet.

22 Sowohl in der Zusammensetzung der Kommission, an der neben Edgar Faure aus Frankreich noch Mitglieder aus Chile, Syrien, der Demokratischen Volksrepublik Kongo, der UdSSR, dem Iran und den USA beteiligt waren, als auch in den Forschungsaufenthalten der Kommissionsmitglieder in insgesamt 23 Ländern spiegelt sich der Anspruch auf Internationalität wider.

23 „Das bedeutet keineswegs, daß die Erziehung, weil sie nicht aus eigener Kraft die Bedingungen der Gesellschaft modifizieren und korrigieren kann, nur ein passives Rädchen im Getriebe der Gesellschaft abgibt. Das Verhältnis der Unterordnung zwischen ihr und dem sozioökonomischen System läßt durchaus noch Möglichkeiten, wenn auch nicht auf das Ganze, so doch zumindest auf Teile dieses Ganzen einzuwirken. Es gibt Bestrebungen im Sinne einer Erneuerung der Strukturen und Inhalte der Erziehung, damit sie mehr oder weniger direkt zu den sozialen Veränderungen beitragen kann, was durchaus möglich ist unter der Bedingung, daß man eine Vorstellung von der Gesellschaft hat, für die man die Erziehungsziele formuliert" (S. 115).

24 Zitate, die sich in diesem Kapitel auf den Delors-Bericht beziehen, werden nur mit Seitenzahl angegeben. Alle anderen Quellen werden mit vollständigen Angaben versehen.

25 Auf den Faure-Bericht kommt Jacques Delors auch in seinem Vorwort schon zu sprechen und stellt Traditionslinien vom Faure-Bericht „Wie wir leben lernen" zu dem im Delors-Bericht als vierte Säule der Bildung bezeichneten „Lernen für das Leben" her (vgl. S. 19).

26 Das CERI ist die Abteilung für Forschungen und Analysen im Bereich Bildung und Erziehung innerhalb der OECD.

27 Im Textverlauf wird dieses Dokument mit „Recurrent-Dokument" abgekürzt, die vollständige Literaturangabe der analysierten Ausgabe ist: SEKRETARIAT DER STÄNDIGEN KONFERENZ DER KULTUSMINISTER DER LÄNDER IN DER BUNDESREPUBLIK DEUTSCHLAND (Hrsg.): Ausbildung und Praxis im periodischen Wechsel (Recurrent Education): Ein Beitrag des Zentrums für Bildungsforschung und -innovation (CERI) der OECD. Herausgabe und Übersetzung mit Genehmigung der OECD. o. O., o. J. Englisches Original von 1973 mit dem Titel: „Recurrent Education: A Strategy for Lifelong Learning."

28 Vgl. zur Entwicklung der Diskussion um Recurrent Education innerhalb des OECD-Zusammenhanges auch: Papadopoulos 1996, S. 131-140. Im Laufe der 1970er Jahre wurden von OECD/CERI mehrere Länderstudien in Bezug auf Recurrent Education veröffentlicht, beispielsweise 1974 zu Großbritannien und Australien, 1975 zu Neuseeland, 1976 zu Japan, Schweiz, Frankreich und Dänemark und 1977 zu Österreich.

29 Im Weiteren abgekürzt mit: „Lifelong-Dokument"; die vollständige Literaturangabe lautet: OECD: Lifelong Learning for All. Meeting of the Education Committee at Ministerial Level, 16 – 17 January 1996. Original 1996. Reprint 1997. OECD: Paris 1997.

30 Jourdan bezieht sich auf eine vorher von ihm zitierte Aussage Knolls, in der dieser der Recurrent Education nur eine marginale Bedeutung bescheinigt, vgl. Jourdan 1999, S. 8.

31 Im Weißbuch der EU steht zwar auch das Individuum, das zum Aufbau und zur Erhaltung seiner Beschäftigungsfähigkeit verpflichtet ist, im Zentrum, es soll aber keine grundlegende Gesellschaftsveränderung anstoßen, sondern sich an bereits vorhandene Tendenzen der Entwicklung zur kognitiven Gesellschaft anpassen. Insofern trifft obige Einschätzung vor allem auf die Publikationen von Europarat und UNESCO zu.

32 Innerhalb dieses Kapitels werden Zitate aus dem Recurrent-Dokument mit der entsprechenden Seitenzahl angegeben, alle Zitate, die sich nicht auf das Recurrent-Dokument beziehen, werden mit vollständigen Angaben versehen.

33 Bei Zitaten aus diesem Dokument wird innerhalb dieses Kapitels nur die Seitenzahl angegeben, Zitate aus anderen Quellen werden mit vollständigen Angaben versehen.

34 In der Analyse werde ich mich auf den Background-Report konzentrieren, da weder in den Issues for Discussion noch im Kommuniqué neue Aspekte geliefert werden, sondern sich vielmehr beide aus den im Background-Report gelieferten Informationen und Argumenten speisen. Durch die Entscheidung der OECD, im Lifelong-Dokument auch den Background-Report abzudrucken, erhält dieser eine „bildungspolitische Funktion" innerhalb des gesamten (bildungspolitischen) Dokuments. Die bildungspolitische Manifestation im engeren Sinne stellt allerdings das Kommuniqué der Minister dar.

Kapitel 3

1 Zunächst wurde auch nach der Reichweite der Organisation (europäisch/international) unterschieden. Diese Konstellation bringt aber keine einschlägigen Besonderheiten hervor. Aus dieser ergebnislosen Gegenüberstellung der Dokumente lässt sich lediglich ableiten, dass die geographische Reichweite der jeweiligen Organisation keinen großen Einfluss auf die konkrete Ausgestaltung der Konzepte hat. Es kommen vielmehr Aspekte zum Tragen, die eher mit der konkreten Organisation in Verbindung zu bringen sind als mit der Frage europäisch oder international: beispielsweise die Berücksichtigung der Alphabetisierung in den Publikationen der UNESCO oder der Aspekt der europäischen Identität in dem Weißbuch der EU.

Kapitel 4

1 Dieses inzwischen weit verbreitete und viel diskutierte Konzept wird ursprünglich mit dem britischen Soziologen Anthony Giddens in Verbindung gebracht. Vgl. hierzu beispielsweise: Giddens, Anthony: Der dritte Weg. Die Erneuerung der sozialen Demokratie. Frankfurt am Main 1999.

2 Ähnlich wie der „Dritte Weg" ist auch das Schlagwort der „Reflexiven Moderne" inzwischen aus den Debatten um die aktuellen Veränderungen der Gesellschaft nicht mehr wegzudenken. Im Gegensatz zum „Dritten Weg" stellt es aber kein Programm dar, sondern ist vielmehr eine Beschreibung und Analyse von gesellschaftlichen Entwicklungen und ihren Auswirkungen auf die Individuen. Zentrales Moment ist der Bedeutungsverlust von festen, sicheren Vorgaben, der einerseits eine größere Entscheidungsfreiheit ermöglicht, aber auch den Zwang zu ständiger Entscheidung mit sich bringt. (Vgl. hierzu zum Beispiel Beck, Ulrich: Risikogesellschaft. Auf dem Weg in eine andere Moderne. Frankfurt 1986).

3 Dass das Programm des Lebenslangen Lernens keineswegs für alle attraktiv ist, zeigen beispielsweise Bolder und Hendrich in ihrer Studie „Fremde Bildungswelten. Alternative Strategien lebenslangen Lernens" (Opladen 2000).

5.2 Literatur

a) Quellen – Bildungspolitische Dokumente

Europarat

Council of Europe: Permanent Education. A Compendium of Studies commissioned by the Council of Cultural Co-operation. A Contribution to the United Nations´ International Education Year. Strasbourg 1970.

Council of Europe: Today and Tomorrow in European Adult Education. A Study of the Present Situation and Future Developments by J. A. Simpson. Strasbourg 1972.

Council of Europe/Council for Cultural Cooperation: The Place of Education by Correspondence in Permanent Education. A Study of Correspondence in the Member States of the Council of Europe by E. G. Wedell. Strasbourg 1970.

Council of Europe/Council for Cultural Cooperation: Permanent Education. The Basis and Essentials. Strasbourg 1973.

Council of Europe/Council for Cultural Cooperation: Permanent Education – a Framework for Recurrent Education: Theory and Practice. Strasbourg 1975.

Council of Europe/Council for Cultural Cooperation: Permanent Education. Final Report of the Steering Group on Permanent Education presented by Bertrand Schwartz, Project Director and Anne de Blignieres. CCC/EP (77) 8 revised. Strasbourg 1978.

Council of Europe/Council for Cultural Cooperation/Committee for Out-of-School Education: Permanent Education. Fundamentals for an Integrated Educational Policy. Studies on Permanent Education no. 21/1971. Strasbourg 1971a.

Council of Europe/Council for Cultural Cooperation/Committee for Out-of-School Education: Permanent education. Synopsis of Fifteen Studies. Studies on Permanent Education no. 19/1971. Strasbourg 1971b.

Council of Europe/Council for Cultural Cooperation/Committee for Out-of-School Education and Cultural Development: Organisation, Content and Methods of Adult Education. Report on Intensive Project No. 7A presented by the Project Director Henri Janne. CCC/EES (77) 3-E. Strasbourg 1977.

Europarat/Rat für Kulturelle Zusammenarbeit: Weiterbildung. Eine Synopse aus 15 Studien. In: Mitteilungen aus der Arbeitsmarkt- und Berufsforschung. Heft 4/1972. S. 329-372.

Europäische Union

Cresson, Edith: Vorwort. In: Europäische Kommission/Generaldirektion XXII – Allgemeine und Berufliche Bildung (Hrsg.) / Gass, J. R.: Luxemburg 1996. S. 5-6.

Europäische Kommission: Wachstum, Wettbewerbsfähigkeit, Beschäftigung. Herausforderungen der Gegenwart und Wege ins 21. Jahrhundert. Weißbuch. Amt für amtliche Veröffentlichungen der Europäischen Gemeinschaften: Luxemburg 1994.

Europäische Kommission/Generaldirektion XXII – Allgemeine und Berufliche Bildung (Hrsg.)/ Gass, J. R.: Ziele, Struktur und Mittel des lebensbegleitenden Lernens. Europäisches Jahr des lebensbegleitenden Lernens 1996. Amt für amtliche Veröffentlichungen der Europäischen Gemeinschaften: Luxemburg 1996.

Europäische Kommission/Generaldirektion XXII – Allgemeine und Berufliche Bildung und Jugend/Generaldirektion V – Beschäftigung, Arbeitsbeziehungen und soziale Angelegenheiten: Lehren und Lernen. Auf dem Weg zur kognitiven Gesellschaft. Weißbuch zur allgemeinen und beruflichen Bildung. Amt für amtliche Veröffentlichungen der Europäischen Gemeinschaften: Luxemburg 1996.

Kommission der Europäischen Gemeinschaften: Arbeitsunterlage der Kommission: Leitlinien für die Gemeinschaftsaktion im Bereich Allgemeine und Berufliche Bildung. KOM (93) 183 endg. Brüssel: 5. Mai 1993.

Kommission der Europäischen Gemeinschaften: Mitteilungen der Kommission. Bilanz der Folgearbeiten zum Weißbuch „Lehren und Lernen: Auf dem Weg zur kognitiven Gesellschaft". Brüssel, den 29.05.1997. (KOM (97) 256 endg.) (1997a)

Kommission der Europäischen Gemeinschaften: Mitteilungen der Kommission. Für ein Europa des Wissens. Brüssel, den 12.11.1997. (KOM (97)563 endg.) (1997b)

Kommission der Europäischen Gemeinschaften: Arbeitsdokument der Kommissionsdienststellen. Memorandum über das Lebenslange Lernen. Brüssel, den 30.10.2000. (SEK(2000) 1832) (2000)

United Nations Educational, Scientific and Cultural Organization (UNESCO)

Deutsche UNESCO-Kommission (Hrsg.): Das Internationale Erziehungsjahr 1970. Brücke zwischen zwei Entwicklungsdekaden. Redaktion: Peter Schmock. Köln 1970.

Deutsche UNESCO-Kommission (Hrsg.): Empfehlungen über die Entwicklung der Weiterbildung. Recommendation on the development of adult education. Verabschiedet von der 19. Generalkonferenz der UNESCO am 26. November 1976. Bonn 1979[2].

Deutsche UNESCO-Kommission (Hrsg.): Delors; Jacques/MMufti, In´am Ai/Amagi Isao/Carneiro, Roberto/Chung, Fay/Geremek Bronislaw/Gorham William/Kornhauser, Aleksandra/Manley, Michael/Quero, Masisla Padrón/Savane, Marie-Angélique/Singh, Karan/Stavenhagen, Rodolfo/Suhr, Myong Won/Nanzhao, Zhou: Lernfähigkeit: Unser verborgener Reichtum. UNESCO-Bericht zur Bildung für das 21. Jahrhundert. Luchterhand: Neuwied/Krieftel/Berlin 1997.

Deutsche UNESCO-Kommission/Österreichische UNESCO-Kommission/Schweizerische UNESCO-Kommission (Hrsg.): Mittelfristige Strategien der UNESCO 1996 – 2001. UNESCO-Dokument 28 C/4. Bonn 1997.

Faure, Edgar: Schreiben des Präsidenten Edgar Faure an René Maheu, Generaldirektor der UNESCO vom 18. Mai 1972. In: Ders. et al. (Hrsg.): Reinbek bei Hamburg 1973. S. 21-24.

Faure, Edgar/Herrera, Felipe/Kaddoura, Abdul-Razzak/Lopes, Henri/ Petrovski, Artuhur V./ Rehnema, Majid/Ward, Frederick Champion: Learning to Be. The World of Education Today and Tomorrow. UNESCO: Paris 1972.

Faure, Edgar/Herrera, Felipe/Kaddoura, Abdul-Razzak/Lopes, Henri/ Petrovski, Artuhur V./ Rahnema, Majid/Ward, Frederick Champion: Wie wir leben lernen. Der UNESCO-Bericht über Ziel und Zukunft unserer Erziehungsprogramme. Rowohlt Taschenbuch Verlag: Reinbek bei Hamburg 1973.

Lengrand, Paul: Permanente Erziehung. Eine Einführung. Mit einer Einleitung von Gottfried Hausmann. Verlag Dokumentation: München-Pullach/Berlin 1972.

Maheu, René: Antwort an Edgar Faure vom 29. Mai 1972. In: Faure et al. (Hrsg.): Reinbek bei Hamburg 1973. S. 24-25.

UNESCO-Institut für Pädagogik (Hrsg.): CONFINTEA. Hamburger Deklaration zum Lernen im Erwachsenenalter. Agenda für die Zukunft. Fünfte Internationale Konferenz über Erwachsenenbildung 14. – 18. Juli 1997. Hamburg 1998.

Organisation for Economic Cooperation (OECD)

Gass, J. R.: Vorwort. In: Sekretariat der Ständigen Konferenz der Kultusminister der Länder in der Bundesrepublik Deutschland (Hrsg.): o. O., o. J. Englisches Original von 1973. S. I-III.

OECD: Lifelong Learning for All. Meeting of the Education Committee at Ministerial Level, 16 – 17 January 1996. Original 1996. Reprint 1997. OECD: Paris 1997.

OECD/Centre for Educational Research and Innovation (CERI): Recurrent Education: A Strategy for Lifelong Learning. OECD: Paris 1973.

OECD/Centre for Educational Research and Innovation (CERI): Policy and Development in OECD Member Countries. United Kingdom. OECD: Paris 1974a.

OECD/Centre for Educational Research and Innovation (CERI): Policy and Development in OECD Member Countries. Australia. OECD: Paris 1974b.

OECD/Centre for Educational Research and Innovation (CERI): Policy and Development in OECD Member Countries. New Zealand. OECD: Paris 1975.

OECD/Centre for Educational Research and Innovation (CERI): Policy and Development in OECD Member Countries. Japan. OECD: Paris 1976a.

OECD/Centre for Educational Research and Innovation (CERI): Policy and Development in OECD Member Countries. Switzerland. OECD: Paris 1976b.

OECD/Centre for Educational Research and Innovation (CERI): Policy and Development in OECD Member Countries. France. OECD: Paris 1976c.

OECD/Centre for Educational Research and Innovation (CERI): Policy and Development in OECD Member Countries. Denmark. OECD: Paris 1976d.

OECD/Centre for Educational Research and Innovation (CERI): Policy and Development in OECD Member Countries. Austria. OECD: Paris 1977.

Sekretariat der Ständigen Konferenz der Kultusminister der Länder in der Bundesrepublik Deutschland (Hrsg.): Ausbildung und Praxis im periodischen Wechsel (Recurrent Education): Ein Beitrag des Zentrums für Bildungsforschung und -innovation (CERI) der OECD. Herausgabe und Übersetzung mit Genehmigung der OECD. o.O., o.J. Englisches Original von 1973, Angaben oben.

Dokumente anderer Organisationen

Bundesministerium für Bildung, Wissenschaft, Forschung und Technologie (Hrsg.)/Dohmen, Günther: Das lebenslange Lernen. Leitlinien einer modernen Bildungspolitik. Bonn 1996a.

Bundesministerium für Bildung, Wissenschaft, Forschung und Technologie (Hrsg.)/Dohmen, Günther: Lifelong Learning. Guidelines for a Modern Education Policy. Bonn 1996b.

Botkin, James W./Elmandjra, Mahdi/Malitza, Mircea: Das menschliche Dilemma : Zukunft und Lernen. Club of Rome-Bericht für die achtziger Jahre. Hrsg. von Aurelio Pecci. Molden: Wien, München 1979.

Fraunhofer-Gesellschaft e.V. (Hrsg.): Lebenslanges Lernen. Aufbruch in die Zukunft. Modetrend oder Bildungsbedarf. Nationale Konferenz Deutschland für Lebenslanges Lernen 1996 am 25. und 26. November 1996 in Bad Godesberg – Konferenzband. Erlangen 1996.

Gustav-Stresemann-Institut e.V. (Hrsg.): LLL – News Deutschland. Newsletter der gemeinsamen Koordinierungsstelle des Bundes und der Länder für das Europäische Jahr des lebensbegleitenden Lernens 1996. Im Auftrag des Bundesministeriums für Bildung, Wissenschaft, Forschung und Technologie (BMBF) in Bonn. Ausgaben 1 – 5 1996 (damit Erscheinen eingestellt).

Hans-Böckler-Stiftung (Hrsg.)/Sachverständigenrat Bildung: Ein neues Leitbild für das Bildungssystem – Elemente einer künftigen Berufsbildung. Diskussionspapiere Nr. 2, Dezember 1998. Düsseldorf 1998.

Zeitschriftenartikel

Die Deutsche Schule (DDS)

Hoffmann, Dietrich: ‚Lernen ist ein lebenslanger Prozess'. Zur Erinnerung an Heinrich Roth. In: DDS 6/83. S. 460-468.

Klafki, Wolfgang: Lernen für die Zukunft. Das Schulkonzept der NRW-Denkschrift zur Bildungsreform. In: DDS 2/96. S. 156-170.

Recum, Hasso von: Perspektiven des Bildungswesens in den 80er Jahren. Entwicklungen unter veränderten Konstellationen. In: DDS 1/82. S. 10-22.

Hessische Blätter für Volksbildung (HBV)

Böhme, Günther: [Rezension zu] Heinrich Dauber und Etienne Verne (Hrsg.): Freiheit zum Lernen. Alternativen zur lebenslänglichen Verschulung. Die Einheit von Leben, Lernen, Arbeiten. Reinbek 1976. In: HBV 3/77. S. 263-264.

Böhme, Günther: Über den Begriff des lebenslangen Lernens und seine Folgen. In: HBV 2/78. S. 93-100. (1978a).

Böhme, Günther: [Rezension zu] Gerd Kadelbach (Hrsg.): Leben heißt Lernen. Konzepte der Erwachsenenbildung. Ravensburg 1975. In: HBV 2/78. S. 160. (1978b).

Böhme, Günther: Lebenslanges Lernen. In: HBV 4/83. S. 253-254. (1983a).

Böhme, Günther: Neue Aspekte eines alten Begriffs. Reflexionen über ‚lebenslanges Lernen'. In: HBV 4/83. S. 255-262. (1983b).

Böhme, Günther: [Rezension zu] Invitation to Lifelong Learning edited by Ronals Gross. Chicago/Illinois 1982. In: HBV 4/83. S. 343-344. (1983c)

Deutscher Volkshochschul-Verband: Stellungnahme zum Weißbuch der Europäischen Kommission 'Lehren und Lernen – Auf dem Weg zur kognitiven Gesellschaft." In: HBV 3/96. S. 280.

Dittmann, Rainer: Teilnehmerfluktuation in der Weiterbildung. In: HBV 4/83. S. 319-325.

Fülgraff, Barbara: Lernen in der zweiten Lebenshälfte. Überlegungen zur lebenslangen Sozialisation. In: HBV 3/72. S. 249 – 256.

Harney, Klaus/Krieg, Bernhard unter Mitarbeit von Gahlmann, Jürgen: Teilnehmerorientierung und lebenslanges Lernen aus systemtheoretischer Sicht. Überlegungen zur Professionsstruktur der Erwachsenenbildung. In: HBV 4/83. S. 303-312.

Holzapfel, Günter: [Rezension u. a. zu] Joachim H. Knoll (Hrsg.): Lebenslanges Lernen, Erwachsenenbildung in Theorie und Praxis. Hamburg 1974. In: HBV 1/76. S. 84-88.

Jocher, Herbert: Der Beitrag des Europarates zur Erwachsenenbildung. In: HBV 1/82. S. 8-12.

Jütting, Dieter H./Jung, Werner: Lebenslanges Lernen als Erwachsenenbildung? Versuche zur Bestimmung zwischen Fremdversorgung und lebensweltlicher Selbstfindung. In: HBV 4/83. S. 313-318.

Kade, Jochen: Der Erwachsene als normatives Leitbild menschlicher Entwicklung. Historisch-systematische Aspekte lebenslaufbezogener Erwachsenenbildung. In: HBV 4/83. S. 270-278.

Knoll, Joachim H.: [Rezension zu] International Journal of Lifelong Education, Vol. 1, No.1, 1982. In: HBV 4/82. S. 341-342.

Knoll, Joachim H.: 'Lebenslanges Lernen´ im internationalen Vergleich. In: HBV 4/83. S. 279-287.

Kolland, Franz: Lebenslauf und Bildung: Potentiale und Zwänge für lebenslanges Lernen. In: HBV 2/97. S. 109-116.

Nittel, Dieter: Zertifikate ohne Ende – einige Anmerkungen über ‚abschlußbezogene' Varianten des lebenslangen Lernens. In: HBV 3/96. S. 243-255.

N.N.: Internationales Erziehungsjahr 1970 der UNESCO. In: HBV 2/70. S. 152.

N.N.: Internationale Empfehlung der UNESCO zur Erwachsenenbildung. In: HBV 1/77. S. 58.

N.N.: [Rezension zu] Werner Wiater (Hrsg.): Erwachsenenbildung und Lebenslauf. Mündigkeit als lebenslanger Prozeß. München 1994. In: HBV 2/95. S. 187.

N.N.: Europäisches Jahr für lebensbegleitendes Lernen. In: HBV 1/96. S. 73. (1996a).

N.N.: [Rezension zu] Jochen Kade/Wolfgang Seiter: Lebenslanges Lernen. Mögliche Bildungswelten. Opladen 1996. In: HBV 2/96. S. 190 – 191. (1996b).

N.N.: [Rezension zu] Bernhard Nacke, Günther Dohmen (Hrsg.): Lebenslanges Lernen. Erfahrungen und Anregungen aus Wissenschaft und Praxis. Würzburg 1996. (1996c).

N.N.: [Rezension zu] Günther Dohmen: Das lebenslange Lernen. Leitlinien einer modernen Bildungspolitik. Bonn 1996. In: HBV 1/97. S. 92. (1997a).

N.N.: UNESCO legt den Report der Internationalen Kommission zu Bildung für das 21. Jahrhundert vor: 'Learning: The Treasure Within". In: HBV 2/97. S. 177. (1997b).

N.N.: [Rezension zu] Günther Dohmen (Hrsg.): Selbstgesteuertes lebenslanges Lernen? Ergebnisse der Fachtagung des Bundesministeriums für Bildung, Wissenschaft, Forschung und Technologie. Bonn 1977 [sic! erschienen 1997]. In: HBV 4/97. S. 378-379. (1997c).

N.N.:[Rezension zu] Hannelore Faulstich-Wieland u. a. (Hrsg.): REPORT Literatur- und Forschungsreport Weiterbildung Nr. 39, 1997. In: HBV 4/97. S. 381.

N.N.: [Rezension zu] Kurt Schmid (Hrsg.): Lebenslanges Lernen in Japan. Wien 1997. In: HBV 4/97. S. 379-380. (1997d).

Polemann, Otto: Education permanente für die ältere Generation. In: HBV 3/72. S. 276-278.

rd.: Schule und lebenslanges Lernen. In: HBV 4/79. S. 381.

rd.: Schule und lebenslanges Lernen. In: HBV 1/82. S. 81.

Schäffter, Ortfried: Perspektiven weiterbildender Studien. Der Beitrag der Hochschulen zum lebensbegleitenden Lernen. In: HBV 1/97. S. 37-52.

Senzky, Klaus: Lerninteresse als Ursprung und Ziel ständiger Bildung. In: HBV 4/83. S. 295-302.

Siebert, Horst: Schule und 'lebenslanges Lernen'. In: HBV 4/83. S. 288-294.

Tietgens, Hans: Zur Psychologie der Lebensspanne. In: HBV 4/83. S. 263-269.

Zeitschrift für Berufs- und Wirtschaftspädagogik (ZBW) vormals: Die deutsche Berufs- und Fachschule: Monatsschrift für Berufs- und Wirtschaftspädagogik (DtBFSch.)

Eberle, Franz: Anforderungen an den Hochschulunterricht zur Förderung des lebenslangen Lernens. In: ZBW 2/97. S. 145-159.

Geißler, Karlheinz A./Orthey, Frank Michael: Warum wird eigentlich so viel gelernt? Über die Einbildungen einer 'Lerngesellschaft'. In: ZBW 2/97. S. 205-208.

Grüner, Herbert: Die Berufsbildungspolitik in der Schweiz unter dem Aspekt der permanenten Weiterbildung. In: ZBW 6/90. S. 483-490.

Haeberlin, Urs: [Rezension zu] Gretler, Armin/Haag, Daniel/Halter, Eduard/Kramer, Roger/Munari, Silvio/Stoll, Francois: Die Schweiz auf dem Weg zur Education permanente. Zürich Aarau (für die Schweiz)/Köln (für die Bundesrepublik Deutschland) 1972. In: DtBFSch. 7/73. S. 554-556.

Herausgeber und Verleger: Perspektiven für das Jahr 1970. In: DtBFSch. 1/70. S. 1-2.

Jost, Wolfdietrich: [Rezension zu] Kommission der Europäischen Gemeinschaften: Weißbuch zur allgemeinen und beruflichen Bildung. Lehren und Lernen. Auf dem Weg zur kognitiven Gesellschaft. Brüssel 1995. In: ZBW 5/96. S. 553-557.

Jost, Wolfdietrich: [Rezension zu] Learning: The Treasure within. Report to UNESCO of the International Commission on Education for the Twenty-first Century. Paris 1996. In: ZBW 5/97. S. 553-557.

Kleinschmidt, Gottfried: [Rezension zu] Bundesministerium für Unterricht und Kulturelle Angelegenheiten (Hrsg.): Neues Lernen für die Gesellschaft von morgen. Innsbruck 1996. In: ZBW 1/97. S. 110-111.

Lachmann, Gerhard: Further Education in England und Wales. Modell für ein Organisationssystem permanenter beruflicher Weiterbildung? In: ZBW 12/82. S. 888-903.

Münch, Joachim: Nationale Konferenz Deutschland für lebenslanges Lernen 1996. 25. und 26. November in Bonn. AG 2: Probleme, Ansätze und Perspektiven der Weiterbildung in Klein- und Mittelbetrieben. In: ZBW 2/97. S. 201-205.

N.N.: Please Post. The Commission on Lifelong Learning. In: ZBW 6/97. S. 657.

Zeitschrift für Pädagogik (ZfPäd)

Dauber, Heinrich/Fritsch, Helmut/Liegle, Ludwig/Sachs, Wolfgang/Scheilke, Christoph Th./Spiekermann, Marlies: Lebenslanges Lernen – lebenslängliche Schule? Analyse und Kritik des OECD-Berichts „Recurrent Education". In: ZfPäd 2/75. S. 173-192.

Kern, Peter/Wittig, Hans-Georg: Der „Lernbericht" des Club of Rome. In: ZfPäd 1/81. S. 127-138.

Knoll, Joachim H.: [Rezension zu] Armin Gretler/Daniel Haag/Eduard Halter/Roger Kramer/ Silvio Munari/Francois Stoll: *Die Schweiz auf dem Weg zur Education permanente*. Versuch einer Gesamtkonzeption des schweizerischen Bildungswesens. Aarau: Benzinger & Sauer-länder 1972. In: ZfPäd 5/73. S. 837-840.

Treml, Alfred K.: Lernen oder Untergehen? *Kritische Anmerkungen zum „Lernbericht" des CLUB OF ROME*. In: ZfPäd 1/81. S. 139-144.

b) Sekundärliteratur

Arbeitsgruppe Bildungsbericht am Max-Planck-Institut für Bildungsforschung: Das Bildungs-wesen in der Bundesrepublik Deutschland. Strukturen und Entwicklungen im Überblick. Voll-ständig überarbeitete und erweiterte Neuausgabe. Rowohlt: Reinbek bei Hamburg 1997[2].

Atchoarena, David: Lifelong education in selected industrialized countries. UNESCO: Paris 1995.

Beck, Ulrich: Risikogesellschaft. Auf dem Weg in eine andere Moderne. edition suhrkamp 1365. Neue Folge Band 365. Suhrkamp: Frankfurt a. M. 1986.

Bolder, Axel/Hendrich, Wolfgang: Fremde Bildungswelten. Alternative Strategien lebenslan-gen Lernens. Studien zur Erziehungswissenschaft und Bildungsforschung Band 18. Leske und Budrich: Opladen 2000.

Brödel, Rainer (Hrsg.): Erwachsenenbildung in der Moderne. Studien zur Erziehungswissen-schaft und Bildungsforschung Band 9. Leske und Budrich: Opladen 1997. (1997a).

Brödel, Rainer: Erwachsenenbildung in der gesellschaftlichen Moderne. In: Ders. (Hrsg): Opladen 1997. S. 9-49. (1997b).

Brödel, Rainer (Hrsg.): Lebenslanges Lernen – lebensbegleitende Bildung. Grundlagen der Weiterbildung. Luchterhand: Neuwied/Kriftel 1998. (1998a).

Brödel, Rainer: Lebenslanges Lernen – lebensbegleitende Bildung. In: Ders. (Hrsg.): Neu-wied u.a. 1998. S. 1-32. (1998b).

Brookfield, Stephen D.: Postscript: An Agenda for Research and Policy. In: Tuijnman (ed.): Oxford et al. 1996. S. 889-895.

Bundeszentrale für politische Bildung: Arbeitshilfen für die politische Bildung. Von der EG zur Europäischen Union. Vertiefung und Erweiterung. Bonn1996[2].

Colletta N. J.: Formal, Nonformal, and Informal Education. In: Tuijnman (ed.): Oxford et al. 1996. S. 22-27.

Coombs, Philip, H.: The World Educational Crisis. New York 1968.

coombs, Philip, H.: Die Weltbildungskrise. Stuttgart 1969.

Council of Europe. Leitfaden durch den Europarat. Strasbourg 1976.

Dauber, Heinrich/Verne, Etienne (Hrsg.): Freiheit zum Lernen. Alternativen zur lebensländli-chen Verschulung. Die Einheit von Leben. Lernen und Arbeiten. Rowohlt Taschenbuch Ver-lag: Reinbek bei Hamburg 1976.

Deutscher Bildungsrat: Empfehlungen der Bildungskommission. Strukturplan für das Bildungs-wesen. Ernst Klett Verlag: Stuttgart 1971[3].

Dewe, Bernd: Bildung in der Lerngesellschaft: Lebenslanges Lernen oder lebensbegleitende Bildung. In: Olbertz, Jan (Hrsg.): Erziehungswissenschaft: Traditionen – Themen – Perspekti-ven. Leske und Budrich: Opladen 1997. S. 87-101.

Dohmen, Günther (1996 a und b) siehe Dokumente anderer Organisationen: Bundesministerium für Bildung, Wissenschaft, Forschung und Technologie (Hrsg.): DOHMEN, Günther.

Dohmen; Günther: Das Jahr des lebenslangen Lernens – was hat es gebracht? In: report 39/ 1997. S. 10-26.

Eckstein, Max A.: Comparative Education: Concepts and Theories. In: Husén et al. (eds.): Oxford et al. 1985. S. 855-858.

Faulstich-Wieland, Hannelore: ‚Zukunft der Bildung – Schule der Zukunft'. In: report 39/1997. S. 59-68.

Field, John: Lifelong Learning and the New Educational Order. Stoke on Trent (UK) / Sterling (USA) 2000.

Frischkopf, Arthur: Zur Institutionalisierung des quartären Bildungsbereichs am Beispiel von Nordrhein-Westfalen. In: Brödel (Hrsg.): Opladen 1997. S. 147-159.

Geißler, Karlheinz A.: Die Immer-Weiterbildung. In: Grundlagen der Weiterbildung-Zeitschrift 4/97. S. 164-166.

Geißler, Karlheinz A.: Lernen ein Leben lang? In: Universitas 624/1998. S. 561-571.

Gerlach, Christiane: Lebenslanges Lernen. Konzepte und Entwicklungen 1972 bis 1997. Kölner Studien zur internationalen Erwachsenenbildung. Beiheft zum Internationalen Jahrbuch der Erwachsenenbildung 12. Böhlau: Köln/Weimar/Wien 2000.

Geuss, Raymond: Die Idee einer kritischen Theorie. Unveränderte Neuausgabe. Syndikat Buchgesellschaft: Bodenheim 1996.

Giddens, Anthony: Der dritte Weg: die Erneuerung der sozialen Demokratie. Suhrkamp: Frankfurt am Main 1999.

Giere, Ursula: Lebenslanges Lernen in der Literatur weltweit: 1968 – 1996. Eine Analyse ausgewählter Literatur. In: Katholische Bundesarbeitsgemeinschaft für Erwachsenenbildung / Nacke, Bernhard/Dohmen,Günther (Hrsg.): Erfahrungen und Anregungen aus Wissenschaft und Praxis. Ergebnisse aus der Fachtagung vom 13. bis 15. Dezember 1995 in Bensberg. Bonn 1996. S. 150-174.

Gieseke, Wiltrud: Lebenslanges Lernen aus der Perspektive der Geschlechterdifferenz. Ein Essay. In: report 39/1997. S. 79-87.

Günther, Ute: Erwachsenenbildung als Gegenstand der internationalen Diskussion. Dargestellt am Beispiel der UNESCO „Recommendation on the development of adult education" und der Überlegungen zum Prinzip des lebenslangen Lernens. Studien zur internationalen Erwachsenenbildung Band 2. Böhlau: Köln, Wien 1982.

Haan, Gerhard de: Über Metaphern im pädagogischen Denken. In: Oelkers, Jürgen/Tenorth, Heinz-Elmar (Hrsg.): Pädagogisches Wissen. Reihe Pädagogik. Beltz: Weinheim und Basel 1993. S. 361-372.

Hasan, A.: Lifelong Learning. In: Tuijnman (ed.): Oxford et al. 1996. S. 33-41.

Heger, Rolf-Joachim: Erwachsenenbildung. In: Lenzen (Hrsg.): Reinbek bei Hamburg 1996. S. 407-424.

Holzkamp, Klaus: Lernen. Subjektwissenschaftliche Grundlegung. Studienausgabe. Campus: Frankfurt a. M./New York 1995.

Houle, Cyril, O.: The inquiring mind. A study of the adult who continues learning. Wisconsin. 1961.

Hrbek, Rudolf (Hrsg.): Europäische Bildungspolitik und die Anforderungen des Subsidiaritätsprinzips. Beiträge einer Tagung des Europäischen Zentrums für Föderalismus-Forschung in Zusammenarbeit mit dem Bundesministerium für Bildung und Wissenschaft und dem deutsch-italienischen Studienzentrum Villa Vigoni, 22.-23. November 1993, in der Villa Vigoni/ Loveno di Menaggio. Schriftenreihe des Europäischen Zentrums für Föderalismus-Forschung. Band 2. Nomos Verlagsgesellschaft: Baden-Baden 1994.

Husén, Torsten/Postlethwaite, Neville (eds.): The International Encyclopedia of Education. First Edition. Pergamon: Oxford et al. 1985.

Husén, Torsten/Postlethwaite, Neville (eds.): The International Encyclopedia of Education. First Edition. Supplementary Volume. Pergamon: Oxford et al. 1989.

Illich, Ivan: Entschulung der Gesellschaft. Eine Streitschrift. Vierte überarbeitete und erweiterte Auflage. Beck'sche Reihe 1132. Beck: München 1995.

Jocher, Herbert: Das Arbeitsprogramm des Europarates im Bereich der Erwachsenenbildung. Einige Aspekte und Bemerkungen. In: Internationale Erwachsenenbildung in Geschichte und Gegenwart. Zusammengestellt von Knoll, Joachim H./Künzel, Klaus. Dokumentationen zur Geschichte der Erwachsenenbildung. Westermann: Braunschweig 1981. S. 157-161.

Jourdan, Manfred: Recurrent Education im Kontext der OECD. In: Grundlagen der Weiterbildung. Praxishilfen – Loseblattsammlung. Kapitel 1.20.40. Luchterhand: Neuwied et al. 1990.

Kade, Jochen/Seitter, Wolfgang: Lebenslanges Lernen. Mögliche Bildungswelten. Leske und Budrich: Opladen 1996.

Kade, Jochen/Seitter, Wolfgang: Bildung – Risiko – Genuß: Dimensionen und Ambivalenzen lebenslangen Lernens in der Moderne. In: Brödel (Hrsg.): Neuwied/Kriftel 1998. S. 51-59.

Kallen, Denis: Lebenslanges Lernen in der Retrospektive. In: Berufsbildung. Heft 8/9 1996. S. 17-24.

Klein, Wolfgang: Argumentationsanalyse. Ein Begriffsrahmen und ein Beispiel. In: Kopperschmidt, Josef/Schanze, Helmut (Hrsg.): Argumente – Argumentationen. Interdisziplinäre Problemzugänge.Wilhelm Fink: München 1985. S. 208-260.

Knoll, Joachim H.: Internationale Weiterbildung und Erwachsenenbildung. Konzepte, Institutionen, Methoden. Wissenschaftliche Buchgesellschaft: Darmstadt 1996.

Knoll, Joachim H.: Internationalität von Erwachsenenbildung/Weiterbildung. In: Grundlagen der Weiterbildung. Praxishilfen – Loseblattsammlung. Kapitel 1.20.10. Luchterhand: Neuwied et al. 1997a.

Knoll, Joachim H.: „Lebenslanges Lernen' im Kontext internationaler Bildungspolitik und Bildungsreform. Zur Genese eines Begriffs und seiner Operationalisierung in nationalen Bildungssystemen. In: report 39/1997b. S. 27-40.

Knoll; Joachim H.: ‚Lebenslanges Lernen' und internationale Bildungspolitik – Zur Genese eines Begriffs und dessen nationale Operationalisierungen. In: Brödel (Hrsg.): Neuwied/Kriftel 1998. S. 35-50.

Kopperschmidt, Josef: Methodik der Argumentationsanalyse. problemata 119. frommann-holzboog: Stuttgart-Bad Cannstatt 1989.

Krug, Peter: Das Europäische Jahr des lebensbegleitenden Lernens 1996. Perspektiven für die Weiterbildung. In: report 39/1997. S. 50-58.

Lenzen, Dieter (Hrsg.): Pädagogische Grundbegriffe. Rowohlt: Reinbek bei Hamburg. Band 1 1996⁴, Band 2 1997⁴.

Link, Georg: Europarat. In: Weidenfeld/Wessels (Hrsg.): Bonn 1997. S. 198-202.

Lipsmeier, Antonius/Münk, Dieter: Die Berufsausbildung der Gemeinschaft für die 90er Jahre. Analyse der Stellungnahmen der EU-Mitglieder zum Memorandum der Kommission. Ein Gutachten. Hrsg. von Bundesministerium für Bildung und Wissenschaft. Studien zu Bildung und Wissenschaft 114. Bonn 1994.

Mühlbradt, Frank W.: Wirtschaftslexikon. Daten, Fakten und Zusammenhänge. 5. aktualisierte Auflage. Cornelsen: Berlin 1998.

Neu-Altenheimer, Irmela: Für eine Kultur des Friedens – „Bildung" aus der Sicht der UNESCO. In: Lenhard, Volker/Hörner, Horst (Hrsg.): Aspekte Internationaler Erziehungswissenschaft. Festschrift für Hermann Röhrs. Deutscher Studien Verlag: Weinheim 1996. S. 12-24.

Nohlen, Dieter (Hrsg.): Lexikon Dritte Welt. Länder, Organisationen, Theorien, Begriffe, Personen. Vollständig überarbeitete Neuauflage. Rowohlt: Reinbek bei Hamburg 1996[9]. (1996a)

Nohlen, Dieter (Hrsg.): Wörterbuch Staat und Politik. Piper: München/Zürich 1996[4]. (1996b)

Nuissl, Ekkehard: Institutionen im lebenslangen Lernen. In: report 39/1997. S. 41-49.

Nuissl von Rein, Ekkehard: Erwachsenenbildung im Kontext europäischer Perspektiven. In: Brödel (Hrsg.): Opladen 1997. S. 242-254.

OECD/Zentrum für Forschung und Innovation im Bildungswesen: Bildungspolitische Analysen 1998. Deutsche Übersetzung im Auftrag des Bundesministeriums für Bildung und Forschung. OECD: Paris 1998.

Papadopoulos, George S.: Die Entwicklung des Bildungswesens von 1960 bis 1990. Der Beitrag der OECD. Bildungsforschung internationaler Organisationen 13. Peter Lang: Frankfurt a. M. et al. 1996.

Parschen, Harm/Wigger, Lothar (Hrsg.): Pädagogisches Argumentieren. Beiträge zur Theorie und Geschichte der Erziehungswissenschaft 12. Deutscher Studien Verlag: Weinheim 1992.

Picht, Georg: Die deutsche Bildungskatastrophe. Analyse und Dokumentation. Walter: Olten und Freiburg im Preisgau 1964.

Postlethwaite, Neville T. (ed.): The Encyclopedia of Comparative Education and National Systems of Education. Pergamon: Oxford et al. 1988. (1988a).

Postlethwaite, Neville T.: Preface. In: Ders. (ed.): Oxford et al. 1988. S. XVII – XXVII. (1988b).

Reuter, Lutz R.: UNESCO und Weiterbildung. In: Grundlagen der Weiterbildung. Praxishilfen – Loseblattsammlung. Kapitel 1.20.20. Luchterhand: Neuwied et al. 1999.

Schubert, Klaus/Klein, Marina: Das Politiklexikon. Dietz: Bonn 1997.

Schütze, Hans G.: Weiterbildung im bildungspolitischen Konzept der OECD. In: Grundlagen der Weiterbildung. Praxishilfen – Loseblattsammlung. Kapitel 1.20.30. Luchterhand: Neuwied et al. 1995.

Seiffert, Helmut: Wörterbuch der wissenschaftstheoretischen Terminologie. Einführung in die Wissenschaftstheorie Band 4. Beck: München 1997.

Sennett, Richard: Der flexible Mensch. Die Kultur des neuen Kapitalismus. Berlin Verlag: Berlin 1998[7].

Sutton, P. J.: Lifelong and Continuing Education. In: Tuijnman (ed.): Oxford et al. 1996. S. 27-33.

Tillmann, Klaus-Jürgen: Erziehungswissenschaft und Bildungspolitik. Erfahrungen aus der jüngsten Reformphase. In: Zeitschrift für Pädagogik 37/1991. S. 955-974.

Tippelt, Rudolf (Hrsg.): Handbuch Erwachsenenbildung/Weiterbildung. Leske und Budrich: Opladen 1994.

Titmus, Colin J.: Adult and Lifelong Education: Comparative Studies. In: Husén et al. (eds.): Oxford et al. 1989. S. 94-98.

Tuijnman, Albert C. (ed.): International Encyclopedia of Adult Education and Training. Second Edition. Pergamon: Oxford et al. 1996.

Vorbeck, Michael: Bildungsforschung im Europa der Regionen – Im Dienste europäischer

Bildungspolitik. In: Brinkmann, Günther (Hrsg.): Europa der Regionen. Herausforderungen für Bildungspolitik und Bildungsforschung. Studien und Dokumentationen zur vergleichenden Bildungsforschung Band 57. Böhlau: Köln/Weimar/Wien 1994. S. 49-60.

Voß, Renate: Lebenslanges Lernen und Berufsbildung. Eine Bedingungsanalyse. Foschung und Praxis beruflicher Bildung Band 6. Peter Lang: Frankfurt a. M./Bern/Las Vegas 1978.

Vulpius, Axel: Europarat. In: Grundlagen der Weiterbildung. Praxishilfen – Loseblattsammlung. Kapitel 1.20.60. Luchterhand: Neuwied et al. 1999.

Weber, Karl/Wittpoth, Jürgen: Zum Verhältnis von bildungspolitischem Diskurs, Strukturentwicklung und Partizipation in der Weiterbildung. In: Derichs-Kunstmann, Karin/Faulstich, Peter/ Wittpoth, Jürgen (Hrsg.): Politik, Disziplin und Profession in der Erwachsenenbildung. Dokumentation der Jahrestagung 1998 der Kommission Erwachsenenbildung der Deutschen Gesellschaft für Erziehungswissenschaft. Beiheft zum report 1999. S.152-158.

Weidenfeld, Werner/Wessels, Wolfgang (Hrsg.): Europa von A-Z. Taschenbuch der europäischen Integration. Lizenzausgabe für die Bundeszentrale für politische Bildung. Bonn 1997.

Weidenmann, Bernd: Lernen – Lerntheorie. In: Lenzen, Dieter (Hg.): Pädagogische Grundbegriffe. Band 2. Rowohlt: Reinbek bei Hamburg. 1997[4]. S. 996-1010.

Wilpert, Gero von: Sachwörterbuch der Literatur. 7. verbesserte und erweiterte Auflage. Kröner: Stuttgart 1989.

Wissenschaftlicher Rat der Duden-Redaktion (Hrsg.): Duden. Fremdwörterbuch. 4. neu bearbeitete und erweiterte Auflage. Band 5. Dudenverlag/Bibliographisches Institut: Mannheim/ Wien/Zürich 1982.

Woyke, Wichard (Hrsg.): Handwörterbuch Internationale Politik. 6. aktualisierte Auflage. Lizenzausgabe für die Bundeszentrale für politische Bildung. Bonn 1995.

Wulf, Christoph (Hrsg.): Wörterbuch der Erziehung. Piper: München/Zürich 1974.

c) Zeitungen/Zeitschriften

Berufsbildung. Europäische Zeitschrift. Heft 8/9 Mai – Dezember 1996/II/III. Lebenslanges Lernen: Retrospektive und Perspektiven.

Die Deutsche Berufs- und Fachschule.: Monatsschrift für Berufs- und Wirtschaftspädagogik: 1/1970 – 12/1979.

Die deutsche Schule. Zeitschrift für Erziehungswissenschaft, Bildungspolitik und pädagogische Praxis. (DDS). Ausgabe 1/1970 – 1/1998.

Grundlagen der Weiterbildung – Zeitschrift. 8. Jg. Nr 4/1997.

Hessische Blätter für Volksbildung (HBV). Ausgabe 1/1970 – 4/1998.

Mitteilungen aus der Arbeitsmarkt- und Berufsforschung 5. Jg. Nr. 4/1972/ 7. Jg. Nr. 1/1974.

Report 39. Literatur- und Forschungsreport Weiterbildung. Juni 1997. Thema: Lebenslanges Lernen – Selbstorganisiert?

Universitas. Zeitschrift für interdisziplinäre Wissenschaft. 53. Jg. Nr. 624/1998

Zeitschrift für Berufs- und Wirtschaftspädagogik (ZBW). Ausgabe 1/1980 – 6/1998.

Zeitschrift für Pädagogik. (ZfPäd) Ausgabe 1/1970 – 6/1998.

5.3 Analyseleitfaden

Der Analyseleitfaden setzt sich aus zwei Teilbereichen zusammen, die auf zwei unterschiedlichen Ebenen anzusiedeln sind. Als *„pädagogische Analysekriterien"* bezeichne ich diejenigen, die auf Aspekte der pädagogischen Umsetzung und Situationsgestaltung ausgerichtet sind: Inhalte, Methoden, Rolle von Lehrenden und Lernenden, Zielgruppen, die Frage nach den Institutionen und die Vorstellungen zur biographischen Umsetzung des lebenslangen Lernens. Es handelt sich hierbei um Vorschläge und Anregungen, wie die einzelnen Elemente zu gestalten wären, wenn das jeweilige Konzept des lebenslangen Lernens umgesetzt werden würde.

Auf einer anderen Ebene sind die *„Argumentationszusammenhänge"* innerhalb der Dokumente anzusiedeln, die ebenfalls Gegenstand der Analyse sind. In den einzelnen Texten werden durch die Fragen in diesem Teilbereich des Leitfadens Argumentationsmuster, Begründungszusammenhänge und Zielvorstellungen herausgearbeitet. Wie wird versucht, für das pädagogische bzw. bildungspolitische Ansinnen durch *externe* Referenzen Plausibilität zu erzeugen bzw. die Leserinnen und Leser von der Notwendigkeit, den entwickelten Ansatz umzusetzen, zu überzeugen? Bei diesem Unterfangen der „Plausibilitäts- oder Notwendigkeitserzeugung" handelt es sich in der Regel um außerpädagogische Argumentationsbezüge, die nicht auf eine Umsetzung oder direkte Gestaltung der pädagogischen Situation abzielen. Sie sollen vielmehr in der Lesesituation bereits ihre Wirkung entfalten und die Lesenden von der Notwendigkeit des neuen Konzeptes überzeugen. Nur wenn es mittels der Argumentation gelingt, eine relevante Akzeptanz für das jeweilige Konzept zu erreichen, haben die „pädagogischen Aspekte" der Konzepte eine Chance, im Rahmen einer Neugestaltung des Bildungswesens Realität zu werden. Mit den externen Bezügen zur Begründung des Konzeptes eng verbunden ist auch die Frage nach den Zielen, die mit dem jeweiligen Konzept verwirklicht werden sollen.

Ohne näher auf die theoretische Begründung der einzelnen Fragen einzugehen, wird an dieser Stelle der Leitfaden, der die Grundlage für die Analyse der bildungspolitischen Dokumente war, dokumentiert.

Argumentationsbereich

a) Welche textstrukturellen *Argumentationsmuster* unterstützen durch den Aufbau des Textes die inhaltliche Argumentation für das lebenslange Lernen?
b) Aus welchen Bereichen stammen die Geltungsgründe, die angeführt werden, um für eine Akzeptanz des Konzeptes „Lebenslanges Lernen"

zu sorgen und auf welchen *Begründungszusammenhängen* baut die Argumentation auf?

c) Welche *Ziele* werden mit dem lebenslangen Lernen verknüpft, deren Erreichung kollektiv wünschenswert und unumstritten ist und die ihre Akzeptanz auf das lebenslange Lernen übertragen, indem es als Medium oder Weg ihrer Erreichung angegeben wird?

Pädagogische Analysekriterien

a) Welche *Inhalte* bzw. Fähigkeiten werden im Zusammenhang mit dem lebenslangen Lernen als relevant und notwendig erachtet? *Was* soll gelernt werden?

b) Werden *Methoden* oder Strategien des Lernens bzw. Lehrens vorgeschlagen, wie die angestrebten Inhalte angeeignet werden sollen? *Wie* soll gelernt werden?

c) Wie sehen die *Rollendefinitionen* für die Lehrenden und die Lernenden in den Konzepten aus? Welche Aussagen werden zum Verhältnis von Lehrenden und Lernenden in der pädagogischen Situation getroffen?

d) Wird *Institutionen* eine Funktion für die Organisation von Bildungsprozessen zugewiesen? Handelt es sich dabei um Bildungsinstitutionen bzw. wenn andere Institutionen Funktionen zugewiesen bekommen, um welche Institutionen handelt es sich?

e) Wird eine explizite *Zielgruppendefinition* vorgenommen oder gibt es begründete Hinweise für die implizite Ausrichtung des Konzeptes auf bestimmte Bevölkerungsgruppen?

f) Existieren Anregungen, wie der Anspruch, ein Leben lang zu lernen, innerhalb der individuellen *Biographie* sinnvoll umgesetzt werden kann bzw. wie er umgesetzt werden soll?

Die Autorin

Katrin Kraus, Dipl.-Päd.) hat Erziehungswissenschaften studiert und ist zur Zeit wissenschaftliche Mitarbeiterin an der Universität Trier. Sie war in verschiedenen Bereichen der Erwachsenenbildung tätig und hat in einem vergleichenden Forschungsprojekt zum Ausbildungsbereich gearbeitet.

Arbeitsschwerpunkte: Berufliche (Weiter-)Bildung, internationale Bildungspolitik sowie der Zusammenhang von Arbeit und Bildung.

Ausgewählte Veröffentlichungen: „Zukunft ohne Arbeit? Beiträge zur Krise der Arbeitsgesellschaft". Frankfurt/M. 1998 (Mitherausgabe). „Die bildungspolitischen Kompetenzen, Aktivitäten und Perspektiven der Europäischen Union – ein aktueller Überblick" (im Druck).

Die Grundlagen für dieses Buch wurden im Rahmen einer Diplomarbeit im Fach Pädagogik an der Universität Trier gelegt. Die Anregung, mich mit internationaler Bildungspolitik zu beschäftigen, erhielt ich vor allem durch Prof. Dr. Philipp Gonon. Ihm und Dr. Randolf Körzel, die die Arbeit betreut haben, danke ich für ihre kritischen Kommentare und Anregungen. Auch Annette Kuppler und Thomas Geisen haben in vielen Diskussionen, die ich mit ihnen während des Entstehungsprozesses der Arbeit führen konnte, erheblich zur Klärung und Präzisierung meiner Gedanken beigetragen. Frank Ritz war im entscheidenden Moment mit einem „Ersatzcomputer" zur Stelle. Ihnen allen möchte ich an dieser Stelle für ihre Unterstützung herzlich danken.

Katrin Kraus